Predigten zum Lesejahr C

Erfüllt vom Heiligen Geist

Michael Pflaum

Predigten zum Lesejahr C

Erfüllt vom Heiligen Geist

Bibliographische Information der Deutschen Nationalbibliothek
Die Deutsche Nationalbibliothek verzeichnet diese Publikation
in der deutschen Nationalbibliographie; detaillierte bibliographische Daten sind im Internet über http://dnb.d-nb.de abrufbar

© 2017 Michael Pflaum
Herstellung und Verlag:
BoD – Books on Demand, Norderstedt

ISBN: 9783741291197

„Erfüllt vom Heiligen Geist"
Lk 4,1

Inhaltsverzeichnis

1. Adventssonntag: Gott als Dirigent 11
2. Adventssonntag: Solowjews Test und Jesus im Pfarrgemeinderat 14
3. Adventssonntag: Die Entwicklung des Elan vital 17
4. Adventssonntag: Maria und Elisabeth begegnen sich 21
Christmette: Wunderbarer Tausch 22
1. Weihnachtsfeiertag: Jesus und Bischof Ketteler 25
2. Weihnachtsfeiertag: Stephanus, der erste Diakon 29
Fest Heilige Familie: Streitszene 32
2. Sonntag nach Weihnachten: Jesus geschichtlich verstehen. 35
Erscheinung des Herrn: Der Messias-Titel 39
Taufe Jesu: Das Sakrament der Taufe 43
Aschermittwoch: Auch dies vergeht… 47
1. Fastensonntag: Die Versuchung, Gott sein zu wollen 50
2. Fastensonntag: Dei Verbum – Die Offenbarungskonstitution 53
3. Fastensonntag: Entscheide Dich! 61
4. Fastensonntag: Von Solowjew und anderen, die Umwege gegangen sind 64
5. Fastensonntag: Sündige Systeme – Einsichten des Theologen Walter Wink 68
Palmsonntag: Warum ist das Kreuz erlösend? 73
Gründonnerstag: Die Fußwaschung 78
Osternacht: Auferstehung - die Offenbarung Gottes 81

Ostern: Aus der Auferstehung leben bringt Freude und Freiheit 85

Ostermontag: Das leere Grab ist der unauflösbare Rest 89

2. Ostersonntag: Sehnsucht nach eigener Gotteserfahrung. 92

3. Ostersonntag: Theologie der Arbeit 95

4. Ostersonntag: Gaudium et spes – Die Pastoralkonstitution 99

5. Ostersonntag: Zuhören und spiegeln 106

6. Ostersonntag: Die Apostelgeschichte und ihre Höhepunkte 111

Christi Himmelfahrt: Jesus Christus, der Hohepriester..... 115

7. Ostersonntag: UND-Theologie 119

Pfingsten: Der Heilige Geist wirkt in der Apostelgeschichte 123

Dreifaltigkeitssonntag: Trinität nach Hans Urs von Balthasar 127

Fronleichnam: Wir sind Leib Christi 131

2. Sonntag im Jahreskreis: Selbstverwirklichung – hohes Ideal oder Egotrip?... 133

3. Sonntag im Jahreskreis: Predigt zum Lukasevangelium 138

4. Sonntag im Jahreskreis: Innere Empathie 142

5. Sonntag im Jahreskreis: Drei Berufungen 143

6. Sonntag im Jahreskreis: Das Standbein in Gott verankert 146

7. Sonntag im Jahreskreis: Ziemlich beste Freunde........... 150

8. Sonntag im Jahreskreis: Weniger Ver-urteilen mit gewaltfreier Kommunikation, lösungsorientierten Arbeiten und Ignatius 153

9. Sonntag im Jahreskreis: Wie wird Jesus für uns der Christus? 158

10. Sonntag im Jahreskreis: Eckhart Tolle und Paulus 162

11. Sonntag im Jahreskreis: Variationen – wie Jesus auch hätte handeln können.. 165

12. Sonntag im Jahreskreis: Die Frage aller Fragen und für wen hältst Du mich? 169

13. Sonntag im Jahreskreis: Menschensohn, Sohn Gottes und Knecht Gottes. 173

14. Sonntag im Jahreskreis: Das Reich Gottes - das zentrale Thema der Predigt Jesu 177

15. Sonntag im Jahreskreis: Sehen, Urteilen, Handeln 181

16. Sonntag im Jahreskreis: Martha und Maria als Tendenzen in mir.. 185

17. Sonntag im Jahreskreis: Ein Bibelgespräch über das Vaterunser 188

18. Sonntag im Jahreskreis: Ignatius´ Theologie nach Hugo und Karl Rahner 193

19. Sonntag im Jahreskreis: Beten ist Warten auf den Herrn 197

20. Sonntag im Jahreskreis: Oscar Romero bei Johannes Paul II. 200

21. Sonntag im Jahreskreis: Was ist mit der Hölle? 204

22. Sonntag im Jahreskreis: Gleichnisse als seelische Arznei 209

23. Sonntag im Jahreskreis: Jüngersein in der Wandergruppe Jesu ... 213

24. Sonntag im Jahreskreis: Sind wir beide Söhne in einem? ... 217

25. Sonntag im Jahreskreis: Untreuer Verwalter und Demokratie ... 220

26. Sonntag im Jahreskreis: Soziale Ungerechtigkeit ... 225

27. Sonntag im Jahreskreis: Die Tugend Demut ... 230

28. Sonntag im Jahreskreis: Ein schöner und erhabener Gottesdienst ... 233

29. Sonntag im Jahreskreis: Beten mit erhobenen Händen 237

30. Sonntag im Jahreskreis: Falsche Vorstellungen von der Beziehung zu Gott ... 241

31. Sonntag im Jahreskreis: Zachäus und der moderne Mensch ... 244

32. Sonntag im Jahreskreis: Spuren für die Ewigkeit bei ihm ... 247

33. Sonntag im Jahreskreis: Beethovens letzte Sonate ... 248

Christkönig: Jesus Christus ist der Kyrios! ... 253

Allerheiligen: Werden wir, was wir sind. ... 257

Anmerkungen: ... 262

1. Adventssonntag: Gott als Dirigent

Lk 21, 25-28.34-36
Fluchtpunkt Beim Bilder Malen in der Schule, im Kunstunterricht habe ich gelernt, was ein Fluchtpunkt ist. Zeichne ich zum Beispiel ein Zimmer, dann müssen die Kanten der Seitenwände als verlängerte Linien auf einen Punkt in der Mitte des Bildes zulaufen. Wenn ich eine Straße male, laufen die Seitenlinien und die Mittellinie zusammen im Horizont, dem Fluchtpunkt. Warum sage ich das? Das Evangelium am Anfang des Kirchenjahres ist ein solcher Fluchtpunkt!
Fluchtpunkt der Geschichte Warum fängt das Kirchenjahr mit einem Text über die letzten Dinge an? Damit man den Anfang vom Ende her versteht! Das gibt uns am Anfang einen Fluchtpunkt, auf den alles zu läuft. Mit diesem Fluchtpunkt können wir alles Folgende richtig einordnen: der Mensch Jesus ist der Christus, der Weltvollender, der Fluchtpunkt der Menschheitsgeschichte!
Nun gibt es aber unterschiedliche Deutungen von: den Anfang vom Ende her verstehen!
Eine mögliche Interpretation ist die Vorstellung von einem fertigen Plan. So wie ein Architekt einen Plan für das vollendete Haus entwirft, so hat Gott für die ganze Menschheitsgeschichte einen fertigen Plan entworfen, der mit Christus als König der Welt endet.
Prozessdenken Es ist aber noch eine andere Deutung möglich. Philosophen wie zum Beispiel Whitehead und Bergson geben uns dafür Hinweise. Gott ist die treibende Kraft, die zur heilenden und versöhnenden Vollendung hintreibt. Als Schöpferkraft ist er die Lebensschwungkraft, der Elan vital in jedem Leben. Gott ist eher wie ein Poet, der die geschichtlichen Prozesse mit zärtlicher Geduld leitet, neue

Offenheit eröffnet und zugleich immer alles auf einen Fluchtpunkt hintreibt: seine Vision von der Wahrheit, Schönheit und Güte.

Ist Gott eher gleich einem Puppenspieler oder eher gleich einem Dirigenten? Gott gewährt den Menschen Freiheit. Gibt er dann nicht die Allmacht auf? Vergleichen wir dazu einen Puppenspieler mit einem Dirigenten. Ein Puppenspieler erscheint uns allmächtig gegenüber seinen Puppen. Die Puppen machen das, was die Fäden „befehlen". Der Puppenspieler hat alle Fäden in der Hand.

Ein Dirigent dagegen hat es mit Menschen zu tun, die frei sind, sich weigern können, lustlos sein können usw. Er muss die Musiker inspirieren, begeistern, motivieren.

Wer ist mehr zu bewundern: ein Puppenspieler, der durch seine Fäden armselig allmächtig seine leblosen Puppen in der Hand hat, oder ein Dirigent, der durch Überzeugung und Ausstrahlung die Musiker motivieren und das Orchester leiten muss? Ich bewundere den Dirigenten mehr: Er ist mächtiger als der Puppenspieler, der alle Fäden in der Hand hat, weil er sogar Einfluss nimmt auf freie Menschen. Gott ist eher ein Dirigent als ein Puppenspieler, und diese Vorstellung erhöht auch unser Bild von der Macht Gottes!

Gott – der Dirigent der Welt Noch etwas verdeutlicht dieses Gleichnis. Ein Dirigent macht selbst keine Töne. Die Zuhörer werden auf der CD keinen einzelnen Ton vom Dirigenten hören. Und trotzdem: der Dirigent vermittelt seine Energie, seinen Elan, seine Interpretation den Musikern. Und so erkennen Musikexperten, ob eine Sinfonie zum Beispiel Karajan oder Celibidache dirigiert hat. Ist das nicht ein schönes Gleichnis für Gottes Wirken in der Welt? Physiker, Chemiker, Biologen usw. können nur die einzelnen Töne analysieren. Mit ihrem Blickwinkel hören sie nur die Musiker. Aber der Gläubige, der Theologe erkennt im Gesamten das

Wirken Gottes, wie der Musikexperte bei einer Aufnahme den Stil eines Dirigenten erkennen kann.

Und wohin führt uns Gott als Dirigent der Welt? Wenn wir Jesus Christus als Fluchtpunkt der Menschheitsgeschichte vor Augen haben, dann können wir nicht in zwei Extreme verfallen: den Optimismus, der in naive Fortschrittgläubigkeit verfällt und den Pessimismus, der alle Geschichte als Zerfall deutet. Die Moderne war und ist für beide Extreme anfällig. Die rasanten Fortschritte in Wissenschaft und Technik beflügeln immer wieder einen naiven Optimismus, als ob wir mit Technik alle Probleme lösen könnten. Die zwei Weltkriege, der 11. September und die tragische Politik danach, der Klimawandel, die Finanzkrisen usw. lassen uns verzagen und treiben viele dazu, die Geschichte als eine Fahrt in den Abgrund zu deuten.

Der Christ kann sagen: auch wenn es viele Krisen gibt, kann ich – fast paradox – an einen Vollender glauben! Der adventliche Mensch hat einen Fluchtpunkt, die zweite Ankunft Jesu Christi am Ende der Zeit. Die Adventszeit ist eben nicht nur eine Vorbereitungszeit auf Weihnachten. Sie will uns außerdem deutlich machen, dass zum Christsein eine Haltung gehört, die wir adventlich nennen sollten. Der adventlich denkende Christ weiß, dass letztlich alles gut wird, aber nie so, wie wir Menschen uns das vorstellen. Deswegen ist der adventliche Mensch in der Gegenwart wachsam auf die Realität, immer bereit, darin einen Ruf Gottes in die heilende Richtung zu entdecken.

2. Adventssonntag: Solowjews Test und Jesus im Pfarrgemeinderat

Lk 3, 1-6
Jesus im Pfarrgemeinderat Für Pfarrgemeinderäte, die sich einen Besinnungstag gönnen, gibt es eine wertvolle spirituelle Übung: Die Teilnehmer dürfen sich vorstellen, dass Jesus ihre Pfarrei besucht. Vielleicht kommt er zuerst einmal an Ihre Haustüre und klingelt. Sie laden ihn zum Kaffeetrinken ein und erzählen ihm von Ihrem Leben, von dem Leben in diesem Viertel. Was erzählen Sie ihm? Worauf sind Sie stolz, welches Thema macht Sie eventuell betreten? Dann führen Sie ihn durch das Pfarreigebiet. Was zeigen Sie ihm? Was wird Ihnen deutlich, wenn Sie gerade Jesus durch Ihr Viertel führen. Wo wird Jesus besonders hinschauen? Was wird ihn besonders interessieren?
Am Abend ist Pfarrgemeinderatssitzung und Jesus ist dabei. Der Vorsitzende bittet ihn, einige Worte zu sagen. Was könnte Jesus unserem Pfarrgemeinderat sagen? Was wird er wertschätzen? Wo wird er uns ermahnen? Auf was in seiner Botschaft wird er nochmal besonders hinweisen? Und welche Fragen werden wir ihm stellen wollen?
Sie können sich vorstellen, dass jeder der Teilnehmer erst einmal für sich selber oder zu zweit eine gewisse Zeit braucht, um sich diese Fantasiereise mit Jesus und drei Stationen auszumalen und Antworten auf die vielen Fragen zu finden. Dabei ergibt sich die Möglichkeit, aus eingefahrenen Denkgewohnheiten auszusteigen und wieder einmal ganz bewusst Jesus und seine Botschaft als Maßstab sich vor Augen zuführen – und das nicht allgemein, sondern ganz bewusst in Bezug zu meinem Leben und in Bezug zu unserer Pfarrei.

Denn die Aufforderung von Jesaja gilt ja auch heute noch: Eine Stimme ruft in der Wüste: Bereitet dem Herrn den Weg! Ebnet ihm die Straßen! Und alle Menschen werden das Heil sehen, das von Gott kommt.
Solowjews Test Der russische Theologe und Philosoph im 19. Jahrhundert Wladimir Solowjew, ein Zeitgenosse von Dostojewski und Tolstoi, formulierte die entscheidende Aufgabe des einzelnen Christen und der ganzen Kirche und der ganzen Welt ähnlich: Christus in allem Gestalt gewinnen lassen. Leben bedeutet: Bereitet dem Herrn den Weg!
Er betont, dass die Befolgung von Geboten und Regeln, und seien es Gebote und Regeln des Evangeliums, nicht unbedingt dazu führen, dass wirklich Christus Gestalt gewinnt, dass wirklich ihm der Weg bereitet wird. Denn sogar höchste Gebote können nach dem Buchstaben aber nicht nach dem Geiste verstanden werden. Und wie kann es geschehen, dass wir dem Herrn den Weg bereiten, dass wir ihn Gestalt gewinnen lassen?
„Die beste und einzige Prüfung liegt doch so nahe! Man braucht nur, bevor man sich zu irgendeinem Schritt entscheidet, der für das persönliche oder gesellschaftliche Leben Bedeutung hat, in seiner Seele das Bild Christi wachzurufen, sich darauf zu konzentrieren und sich zu fragen: könnte er diesen Schritt tun, oder mit – mit anderen Worten – wird er ihn gutheißen oder nicht, wird er mich, wenn ich ihn tue, segnen oder nicht? Allen möchte ich diese Überprüfung vorschlagen – Sie trügt nicht."[1]
Man könnte sagen, völlig im Geiste Johannes des Täufers spricht Solowjew weiter: „Wenn alle Menschen guten Willens, sowohl die Privatpersonen wie auch die bahnbrechenden Männer des sozialen Lebens und die Lenker der christlichen Völker, künftig in allen zweifelhaften Fällen dieses verlässliche Mittel anwenden würden, dann wäre das schon der Beginn der Wiederkunft Christi und die

Vorbereitung zu seinem Jüngsten Gericht – denn die Zeit ist nahe."[2]

Vielleicht ist uns diese Sprache etwas zu pathetisch, aber das Entscheidende bleibt. Solowjew gibt uns eine wahrlich durch und durch wertvolle spirituelle Übung an die Hand. Nehmen Sie zum Beispiel eine Ikone mit dem Antlitz Christi und schauen Sie sie an. Welche Frage bewegt Sie, welche Entscheidung müssen Sie fällen? Welche Möglichkeiten haben Sie durchgespielt? Und dann horchen Sie in sich hinein und schauen das Bild Jesu Christi an, welche Entscheidung wird er gutheißen, welche wird er begrüßen und segnen?

Die am Anfang vorgestellte spirituelle Übung für Pfarrgemeinderäte ist natürlich eine Ausweitung und Variation von Solowjews Empfehlung.

Ich lade Sie herzlich ein: Probieren Sie eine dieser Übungen einmal aus, dann folgen Sie dem Aufruf Jesajas, den Johannes der Täufer in seiner Predigt aufgegriffen hat: Bereitet dem Herrn den Weg!

Und bleiben wir im Alltag wachsam und offen! Damit es uns nicht ergeht wie einem Mann, dem vom Himmel her versprochen wurde, dass Jesus vorbeikommt. Voll Freude bereitet er alles vor. Dann kommt eine arme Witwe, die er wegschickt, weil er ja auf Jesus wartet. Ebenso schickte er ein hungriges Kind weg und einen unschuldig Flüchtenden. Am Abend ist er sehr traurig, weil Jesus nicht gekommen ist und da muss er aus dem Himmel vernehmen: Ich kam dreimal zu dir, und du hast mich dreimal abgewiesen.

3. Adventssonntag: Die Entwicklung des Elan vital

Lk 3, 10-18
„Es ist ein Ros entsprungen aus einer Wurzel zart." Dieses bekannte Adventslied ist der Grund für den heutigen Sonntag, den Gaudete-Sonntag: Freut euch, rufen uns die Lesungen zu. Aber warum? Was ist der Grund der Freude?
Der Wurzelstock ist ein Symbol für die stockende Lebensschwungkraft. Und da verkündet Jesaja: Ein kleiner Reis, ein kleines Pflänzchen wächst aus der Wurzel – die Wurzel ist nicht das totale Aus! Es kann auch da weitergehen. Das ist der Grund der Freude.
Wir können eine Geschichte schreiben, die genau auf diese Momente schaut, in denen aus einer abgestorbenen Wurzel ein neues Pflänzchen wächst. Welchen Weg ging mit dieser Sichtweise die Lebensschwungkraft, die Kraft Gottes? Wo setzte sie sich durch?
Henri Bergson hat diesen Weg in seinem Buch **„Schöpferische Entwicklung"** nachgezeichnet. Dieses philosophische Werk wurde 1927 sogar mit dem Literaturnobelpreis geehrt.
Am Anfang der Schöpfungs- und Heilsgeschichte steht die Kraft Gottes: Mit dem Philosophen Bergson möchte ich die Schöpferkraft des Heiligen Geistes auch Lebensschwungkraft nennen. Diese Lebensschwungkraft, dieser Elan vital wirkt durch die ganze Geschichte.
Jedoch: Immer wieder bleibt sie stocken, verzweigt sich, kann später eventuell an einer Stelle weiterwirken. Zuerst schuf die Lebensschwungkraft in der Materie das Leben, die ersten Lebewesen.

Die kleinen Lebewesen, wie Einzeller und Bakterien, versuchten zwei Dinge der Lebensschwungkraft zu verwirklichen: Energie ansammeln und sich bewegen.

Als die Lebewesen größer wurden, konnte die Lebensschwungkraft nicht mehr beides vereinigt lassen. Die Bewegung teilte sich auf: Die Pflanzen spezialisierten sich, sie sammeln Energie mit der Photosynthese. Die Tiere dagegen können sich bewegen, sind aber unfähig, Licht in biochemische Energiestoffe umzuwandeln. Sie müssen Pflanzen oder andere Tiere fressen.

In gewisser Weise stockte die Lebensschwungkraft bei den Pflanzen und blieb auf einem Niveau stehen: Pflanzen bewegen sich nicht.

Bei den Tieren wirkte die Lebensschwungkraft weiter. Und so stellte sich in dieser Entwicklung die Frage: Wie die Bewegungsfreiheit gestalten?

Wieder verzweigte sich die Lebensschwungkraft, die Kraft Gottes und wieder bei einer eingeschlagenen Richtung stockte die Lebensschwungkraft:

Die Insekten bildeten den Instinkt aus. So perfekt ein Bienenstaat ist, er ist doch im Vergleich zum anderen Weg eine Sackgasse.

Die Wirbeltiere entwickelten sich zum Menschen weiter. Hier stockte die Lebensschwungkraft nicht.

Eine neue Stufe von Bewusstsein und Freiheit wurde erklommen: Der Mensch hat Intelligenz, er kann über sich selbst nachdenken, planen, Werkzeuge herstellen, sprechen. Mit diesen neuen Fähigkeiten kann er seine Möglichkeiten, seine Freiheit gestalten.

Aber wie können die Menschen ihre Freiheit so gestalten, dass die Lebensschwungkraft, die Dynamik Gottes in der Geschichte weitergeht und nicht steckenbleibt, wie bei den Pflanzen und den Insekten? Wie können Menschen ermuntert werden, dass sie ihre Intelligenz und Freiheit nicht egoistisch, allein zu ihrem Eigennutz missbrauchen?

Gott wirkte weiter in der Geschichte – Ein zentraler Höhepunkt: Gott offenbart sich am Sinai und gibt Mose und dem Volk Israel die 10 Gebote.

Aber was macht Israel aus dieser Lebensschwungkraft, die aus diesen Geboten fließen? Es lässt die Dynamik Gottes verkümmern. Es verfällt wie andere Völker in Ungerechtigkeit und Unbarmherzigkeit und verliert ihr Gottvertrauen.

Jesajas Bild von der Wurzel bedeutet genau dies: Gottes Wille und Dynamik Gottes ist verkümmert, das Volk Israel will oder kann nicht gut die menschliche Freiheit gestalten.

Die Lebensschwungkraft stockt wieder! Und wie bei den Stockungen vorher geht es an einer Stelle weiter.

Jesus Christus Ein kleiner Zweig wächst aus der Wurzel. Ein Mensch, Jesus, erfasst intuitiv in einer ganz klaren und bewussten Weise die Lebensschwungkraft, den Geist Gottes, die Dynamik Gottes selbst. Er spürt: Das Reich Gottes setzt sich durch und mein Vater möchte durch mich, mein Handeln und meine Predigten einen neuen Impuls setzen, einen unwiderruflichen Neuanfang.

Deswegen ist Jesus der Höhepunkt der Geschichte! Nicht nur ist die Dynamik Gottes weitergekommen. Sondern einem Mensch wird der tiefste Wille Gottes deutlich und dieser Mensch selbst offenbart und verkörpert diesen Willen Gottes. Dieser Mensch Jesu lebt die Dynamik Gottes, den Elan vital selbst aus.

Er überwindet alle Egoismen: den Egoismus der einzelnen, einer Gruppe oder eines Volkes. Denn wenn alle Menschen Kinder Gottes sind, gilt es auch, die eigenen Feinde zu lieben. Und so wendet er sich gerade den Ausgestoßenen zu und predigt die tätige Nächstenliebe. Am Kreuz verwirklicht er diese Liebe weltumspannend, sogar seine Feinde einschließend.

Beim Urknall entstand Materie. Da begann die Lebensschwungkraft Gottes zu wirken. Der Höhepunkt ist Jesus Christus. Dieser Reis aus der Wurzel Jesajas ist Kraftquelle und Maßstab und Halt für heute und für immer!

Der Friede Gottes Die Paulus-Lesung bezeichnet diese Kraft Gottes mit: der Friede, der alles Denken übersteigt. Ja so ist der Friede Gottes, immer gegenwärtig, nicht mit dem Verstand zu begreifen, aber wirkmächtig, trotz aller Stockungen wirkt er weiter, auch wenn wir es nicht merken: Der Friede Gottes ist Grund, Ziel und Halt jetzt und ewig. Er ist der tiefste Grund der Freude!

4. Adventssonntag: Maria und Elisabeth begegnen sich

Siehe „Exerzitien der Nächstenliebe"
Predigt zur 32. Woche

Christmette: Wunderbarer Tausch

Als Kind habe ich in der Weihnachtszeit gerne eine Hörspielkassette mit den Weihnachtslegenden von Waggerl gehört. Vor kurzem ist sie mir wieder in die Finger gekommen und ich habe hinein gehört. Schnell war ich in meine Kindheitstage zurückversetzt. Und so verband ich mit den Geschichten etwas von dem Weihnachtszauber, den gerade Kinder besonders erleben können. Auf den ersten Blick sind es hübsche süße Weihnachtsgeschichten. Aber tiefer geblickt offenbaren sie erzählerisch, humorvoll verpackt, zentrale Aspekte des Geheimnisses von Weihnachten. Eigentlich macht Waggerl nichts anderes als Lukas: Er erzählt Geschichten, um wichtige theologische Wahrheiten auszudrücken. Man kann es einfach als narrative Theologie bezeichnen. Zwei Legenden möchte ich erzählen, um mit ihnen zum Geheimnis von Weihnachten vorzudringen.

Die erste Legende erzählt vom Erzengel Gabriel, der es sich nicht nehmen lassen kann, den Stall mit einer Schar von Engeln gründlich zu putzen und zu reinigen und alles Ungeziefer zu vertreiben, bevor der heilige Joseph und die selige Gottesmutter Maria eintreffen würden.. Ochs und Esel ließen sie im Stall! Der Esel wurde ja später noch für die Flucht nach Ägypten gebraucht und der Ochs war zu träge, um ihn aus dem Stall zu befördern. Warum musste es unbedingt so ein erbärmlicher Stall sein? Das ging selbst so einem hohen Engel wie dem Erzengel Gabriel nicht in den Kopf! Aber wie der Zufall will, ein kleiner Floh wurde von den Engeln doch nicht entdeckt!

Als nun das Kind geboren war, erwachte der Floh im Stroh der Krippe. Er erkannte die Situation, und wollte flüchten: So viel Licht, so viele Engel, das war zu viel für den kleinen Floh. Und so sprach er mit dem Jesuskind, ob er von seinem Platz

aus kurz zu seinem Ohr springen könne, um dann weiter einen Satz zur Glatze des Josefs und weiter zum Fenstersims machen zu können. Das Jesuskind gab ihm zu verstehen, dass es ruhig halten werde. Und so nahm der Floh Anlauf und sprang mit zwei Sätzen auf den Fenstersims. Da berührte Maria ihren Mann und sagte: Sieh einmal, es lächelt schon!
Jesus lächelt: Sehen wir dieses Lächeln einmal eher als ein Lächeln Gottes. Was bedeutet dieses Lächeln dann? Ich glaube, Gott lächelt über den Erzengel Gabriel! Dieser große Erzengel scheint nicht ganz zu kapieren, auf was es eigentlich bei Weihnachten ankommt. Gott selbst macht sich ganz klein und geht wirklich ganz in die tiefsten Tiefen der Welt hinein. Gott möchte nicht in einem Palast der Reichen, die die Armen unterdrücken, geboren werden. Gott möchte in Jesus Christus wirklich Mensch werden mit allem Drum und Dran. Der Erzengel vertreibt das angebliche Ungeziefer. Aber hat Gott nicht auch die Käfer und die Flöhe geschaffen? Jesus Christus lächelt: Ich ziehe keine Grenzlinie zwischen guten Tieren und Ungeziefer. Ich gehe ganz in die Welt hinein. Da darf sogar ein Floh in mein Ohr hüpfen.
In einer anderen Legende wird von einem kleinen Hirtenjungen erzählt, der im Gegensatz zum Erzengel die Menschwerdung viel besser versteht. Als die Hirten aufbrachen, um dem Engel zu folgen und den Stall zu finden, ließen sie einen kleinen Hirtenjungen am Feuer zurück. Du bist noch zu klein, sagten sie zu ihm. Da war der kleine Junge enttäuscht und nach einer gewissen Zeit nahm er seinen ganzen Mut zusammen und ging den andern Hirten nach, denn er wollte auch das Kind sehen. Als er aber am Stall ankam, waren die anderen schon auf einem anderen Weg zurückgegangen. Josef und Maria schliefen schon. Nur das Jesuskind lag still aber wach in seiner Krippe. Da dachte der Junge, dass der kleine Säugling irgendwie einsam dalag. So ging der Hirtenjunge zum Jesuskind, nahm seinen rechten

Daumen und steckte diesen in seinen Mund. So hatte der Hirtenjunge dem Jesuskind das gegeben, worüber sich so viele Babys vor und nach Jesus gefreut haben: ihren eigenen Daumen.

Ja jetzt lächeln wir: Denn der Hirtenjunge hat verstanden. **Jesus ist wirklich wahrer Mensch**, mit ganz normalen menschlichen Bedürfnissen. Er könnte uns ja gar nicht verstehen, wenn er nicht all unsere Bedürfnisse mit uns teilen würde. Er könnte uns gar nicht heilen, wenn er Freud und Leid mit uns nicht teilen würde.

Gott ist ganz in seine Schöpfung hinein gegangen und hat sich völlig mit uns solidarisiert. Deswegen versteht uns Jesus aus ganzem Herzen. Deswegen heilen die verwundeten Herzen an der Krippe, weil wir dort erkennen, dass wir nie von Gott getrennt sind, getrennt waren oder sein werden, sondern immer von Gottes Liebe durchdrungen sind.

Für Weihnachten gibt es eine Präfation, die sich nennt: der **wunderbare Tausch**. Darin heißt es: Denn einen wunderbaren Tausch hast du vollzogen! Dein göttliches Wort wurde ein sterblicher Mensch, und wir sterbliche Menschen empfangen in Christus dein göttliches Leben.

Der Hirtenjunge hat dem Jesuskind seinen Daumen geschenkt. Was er von Jesus bekam, hat er wohl nicht gleich gemerkt. Aber wir können es heute freudig besingen. Denn es wurde uns allen geschenkt: Durch dieses Kind entdecken wir: Wir sind wirklich immer hineingenommen in die göttliche Liebe, die uns umfängt, trägt, führt, heilt und Leben in Fülle schenkt.

1. Weihnachtsfeiertag: Jesus und Bischof Ketteler

Wir feiern heute den Geburtstag unseres Herrn Jesus Christus. Die ersten, die sich mit Maria und Joseph über die Geburt des Kindes gefreut haben, waren die Hirten. Arme Hirten, die für wenig Geld hart schufteten und Wind und Wetter ertrugen.
Am 25. Dezember ist noch jemand anderes geboren: im Jahre 1811 in Münster wurde Wilhelm Emmanuel von Ketteler geboren, der später Bischof von Mainz wurde. Er ist einer der wichtigsten Wegbereiter der katholischen Soziallehre.
Gibt es zwischen den beiden über den gemeinsamen Geburtstag hinaus einen Zusammenhang, der naheliegt, warum ich in einer Weihnachtspredigt auf Wilhelm Emmanuel von Ketteler komme?
Ja, diesen Zusammenhang gibt es: Ketteler kann uns einen wichtigen Aspekt von Weihnachten deutlich machen! Für ihn gehört die soziale Frage zum Glaubenssatz der Kirche, zum Wesen des christlichen Glaubens. Alles, was Menschen unterdrückt, beleidigt Gott!
Warum sind die ersten Zeugen der Geburt Jesu arme Hirten? Warum findet die heilige Familie keine Herberge? Und warum muss der Sohn Gottes in einem Stall zur Welt kommen?
Gott ist solidarisch mit den Ärmsten Ja da können sich der Evangelist Lukas und der Bischof Ketteler die Hand reichen. Beide wollen auf ihre Weise deutlich machen: Gott wird nicht nur Mensch, sondern vom ersten Augenblick seines Menschenlebens ist Gott solidarisch mit den Ärmsten. Diese besondere Solidarität mit den Leidenden und Armen gehört wesentlich zur Menschwerdung Gottes, genauso wie die soziale Frage zum Wesen des christlichen Glaubens gehört. Denn auch die Heilige Familie litt unter staatlicher Willkür,

unter Armut und Ausgrenzung: Wegen der Volkszählung müssen sie sich auf den Weg machen.
Soziale Dimension vergessen Aber es wird oft vergessen, dass die soziale Frage in das Zentrum der Weihnachtsbotschaft gehört. Erich Kästner hat mit einer Umdichtung eines bekannten Weihnachtsliedes sarkastisch humorvoll auf diese Vergesslichkeit von vielen Christen hingewiesen:

Morgen, Kinder, wird's nichts geben!
Nur wer hat, kriegt noch geschenkt.
Mutter schenkte euch das Leben.
Das genügt, wenn man's bedenkt.
Einmal kommt auch eure Zeit.
Morgen ist's noch nicht soweit.

Doch ihr dürft nicht traurig werden.
Reiche haben Armut gern.
Gänsebraten macht Beschwerden.
Puppen sind nicht mehr modern.
Morgen kommt der Weihnachtsmann.
Allerdings nur nebenan.

Wenn wir uns heute am Weihnachtstag an den Bischof Ketteler erinnern, hilft er uns, dass wir uns der sozialen Dimension der Weihnachtsbotschaft bewusst werden. Beim ersten deutschen Katholikentag in Mainz im Jahre 1848 – zu dieser Zeit sind die Folgen der Frühindustrialisierung offensichtlich – hält der 1844 geweihte Priester Ketteler aus dem Stegreif eine Rede, die tiefen Eindruck auf alle Zuhörer hinterließ: „Die schwerste Frage, die bei allen gesetzlichen Bestimmungen, bei allen Staatsformen noch nicht gelöst ist, das ist die soziale Frage. Ich kann es mit aller Wahrheit aussprechen: die Schwierigkeit, die Größe, die Dringlichkeit dieser Aufgabe erfüllt mich mit der größten Freude; nicht die Not freut mich, die ich in Wahrheit im tiefsten Herzen mitfühle, nicht das Elend meine Brüder – nein, sondern dass es jetzt sich zeigen wird und zeigen muss, welche Kirche die Kraft der göttlichen Wahrheit in sich trage."[3]

Eigentum verpflichtet Im gleichen Jahr wurde er zu Adventspredigten in Mainz eingeladen und widmete sich gleich einem heißen Eisen der sozialen Frage: Ist das Recht auf Eigentum absolut und unantastbar? Oder ist Besitz und Eigentum das Grundübel und muss abgeschafft werden, wie die Kommunisten fordern? Beide Extreme lehnte er ab: „Die falsche Lehre vom starken Recht des Eigentums ist eine fortgesetzte Sünde wider die Natur, indem sie kein Unrecht darin sieht, das zur Befriedigung der unangemessensten Habsucht, der ausschweifendsten Sinnenlust zu verwenden. Aus dem entstellten Eigentumsrecht ist die falsche Lehre des Kommunismus hervorgegangen. Auch sie ist eine Sünde gegen die Natur, […] [weil sie] einen Kampf aller gegen alle hervorruft und so die Bedingungen des menschlichen Daseins vernichten würde."[4]

Ketteler plädiert mit Thomas von Aquin dafür, dass Eigentum verpflichtet, dass Eigentum nur ein beschränktes Nutzungsrecht ist und kein absolutes Recht. Seine Theologie hat Eingang gefunden in unser deutsches Grundgesetz. Artikel 14: Eigentum verpflichtet. Sein Gebrauch soll zugleich dem Wohle der Allgemeinheit dienen. Hat man diesen Artikel inzwischen vergessen? Viele Superreiche in Deutschland hätten gar nichts dagegen, mehr Steuern abzuführen. Aber die Politik traut sich nicht, stärker der immer größer werdenden Schere zwischen Arm und Reich entgegenzutreten.

Ketteler setzte sich auch für Arbeitsschutzgesetze ein, für das Verbot der Kinderarbeit, für Gewerkschaften, für Genossenschaften und forderte, die Arbeiter am Gewinn zu beteiligen. Er wurde damit Impulsgeber für die deutschen

Sozialgesetze und Mitbegründer der katholischen Arbeiterbewegung.
Würde des Menschen All dies tat er aus einer grundsätzlichen Erkenntnis heraus: Es geht um die Würde des Menschen! Wenn Gott Mensch wird, dann ist der politische Einsatz für die Würde des Menschen Gottesdienst. Oder wie Kardinal Reinhard Marx schreibt: „Spiritualität und Weltverantwortung, Mystik und Politik gehören zusammen. Mystik ist keine Weltflucht und Politik keine Glaubensflucht."[5]
Weihnachten ist und bleibt unser Fest für unsere Menschenwürde. Setzen wir uns wie Ketteler für sie ein!

2. Weihnachtsfeiertag: Stephanus, der erste Diakon

Wir feiern heute den ersten Märtyrer der Kirche: Stephanus! Gleichzeitig feiern wir heute auch den ersten Diakon der Kirche: Stephanus! Ich möchte zu beidem etwas sagen.
Zuerst zu Stephanus, dem Diakon! Die Einsetzung der Diakone in der Apostelgeschichte ist eine seltsame Geschichte. Die Diakone werden eingesetzt, um den Dienst an den Tischen zu verrichten, das bedeutet zum Beispiel die Witwen täglich zu versorgen. Auf Deutsch gesagt: Die Diakone sollten eigentlich die Aufgabe übernehmen, die heute die Caritas übernimmt. Nicht umsonst heißt der evangelische Wohlfahrtsverband Diakonie. Die Apostel sollen sich dagegen um die Verkündigung des Wortes Gottes kümmern.
Aber dann passiert etwas Erstaunliches im Text: Es wird berichtet, dass Stephanus Wunder und große Zeichen unter dem Volk tat. Er wird festgenommen, nicht deswegen weil er Witwen versorgt, sondern weil er Predigten hält, die dem Hohen Rat und den Schriftgelehrten nicht gefallen. Seltsam: Sind nicht die Apostel für die Predigt zuständig? Und jetzt wird nicht ein Apostel sondern der Diakon Stephanus festgenommen, weil er zu provokativ predigt?
Wir merken, dass Lukas die Sachlage nicht ganz vollständig und klar darlegt. Er möchte eine Einheit in der Urgemeinde suggerieren. Aber so einheitlich, wie Lukas das sich ausmalt oder ausmalen will, war die Urgemeinde nicht. Eines z. B. verschweigt er gewissermaßen. In Jerusalem gibt es nicht eine einheitliche christliche Gemeinde. Es gibt die Hebräer: das sind galiläische Juden oder Juden aus Jerusalem, wie z.B. die Apostel, die Christen geworden sind. Und es gibt die Hellenisten: das sind Juden, die früher außerhalb von Israel zum Beispiel in Ägypten oder in Griechenland gewohnt haben

und griechisch sprechen. Einige von diesen Exiljuden sind nach Jerusalem zurückgekehrt. Und einige von diesen Juden sind eben Christen geworden. Genau diese hellenistischen Judenchristen wurden von den Aposteln vernachlässigt. Für diese wurden die Diakone ausgewählt.

Die hellenistischen Judenchristen waren im Gegensatz zu den Aposteln tempelkritisch. Lukas sagt zwar, dass alle Christen in den Tempel gingen, um zu beten. Aber das stimmt eben nicht ganz. Die hellenistischen Judenchristen und insbesondere Stephanus ließen kritische Töne gegen den Tempel laut werden. Und deswegen wurde Stephanus festgenommen. Dann wurden sogar viele hellenistische Judenchristen verfolgt. Aber nicht die Christen um die Apostel herum, die hebräisch sprachen.

Das erklärt die Spannungen im Text: der Diakon ist einerseits für den Dienst an den Tischen da und andererseits kritischer Prediger. Diese Spannung zeigt sich auch heute noch: Der Diakon soll sowohl den Armen, Kranken und Notleidenden beistehen als auch das Evangelium im Gottesdienst verkünden und auslegen. Tatsache ist, dass dem Diakon meistens das passiert, was den Aposteln nach Apostelgeschichte passiert ist. Sie sind sehr viel für die Liturgie zuständig und ganz wenig für echte Diakonie. Sie haben ihren helfenden Dienst zum Großteil an die Caritas delegiert.

Wort und Tat Aber dieses Problem gilt nicht nur für den Diakon. Vielmehr kommt hier ein grundsätzliches Problem zum Vorschein, in das wir alle rutschen können. Es ist die Frage nach der Übereinstimmung zwischen Wort und Tat. Es ist ein Problem von Menschen überhaupt: Jeder weiß, wie unsympathisch Menschen sind, die große Versprechungen machen und sie nicht einhalten, die große Reden schwingen aber keine Taten folgen lassen. Es ist aber auch ein Problem der Kirche! Sie muss sich immer kritisch fragen: Lebe ich das, was ich verkünde? Genau das hat mir der Bischof bei der

Weihe zum Auftrag gegeben: Lese das Evangelium, verkünde, was du liest, und lebe, was du verkündest.

Stephanus der Märtyrer Stephanus ist hier gerade in seiner letzten Lebensstunde das große Vorbild: er hält vor dem Hohen Rat eine große Predigt über Jesus Christus. Aber danach lässt er eine noch größere Tat folgen! Er ist bereit, für diesen Christus zu sterben. Eine höhere Glaubwürdigkeit ist nicht mehr zu erreichen!

Er kann dies aber nur leben, weil er aus einer anderen Glaubwürdigkeit heraus die Kraft bekommt: die Glaubwürdigkeit der Geburt, des Lebens und Sterbens Jesu Christi. Ja schon in der Geburt beginnt diese Glaubwürdigkeit: Gott lässt die Engel predigen; er selbst aber vollzieht die Tat: Er erniedrigt sich und wird Mensch! Unbegreifliche Größe Gottes! Umgekehrt zeigen gerade alle Märtyrer, allen voran der erste Märtyrer der Christenheit, Stephanus, die Macht und Kraft des Glaubens.

Wenn wir von außen als Atheisten den christlichen Glauben betrachten, dann erscheint das doch alles irgendwie seltsam: Da wird Jesus Christus als Retter gepriesen. Und was hat er bewirkt? Von außen betrachtet: Nichts! Er ist in einer Krippe geboren – wahrlich keine Ausgangsposition, um etwas mit „Macht" zu ändern. Er ist am Kreuz gestorben – die Römer hat er nicht aus dem Land getrieben. Ist unser Glaube verrückt, ein Hirngespinst?

Stephanus zeigt uns die wahre Macht und Kraft, die wir durch den Glauben an Jesus Christus bekommen! Er starb – ohne seine Feinde zu hassen und ohne in Hoffnungslosigkeit zu verfallen! Das zeigt den wahren Sieg, die wahre Errettung, die mit Jesus kam: Dass wir sogar im Tod nicht verzweifeln müssen, dass wir unseren Feinden nicht mit Gewalt und Hass begegnen müssen.

Gelobt und gepriesen seien die Märtyrer, die für diesen unseren Gott Zeugnis ablegten!

Fest Heilige Familie: Streitszene

Lk 2, 41-52
Vielleicht kennen Sie diese Darstellungen der Heiligen Familie! Es wird eine idyllische Familie gezeigt: Der kleine Junge Jesus hilft Joseph in der Werkstatt bei der Arbeit. Familienharmonie, Familienidylle: Kein Streit, Jesus ist ein vorbildlicher Sohn. Eine perfekte Familie!
Besteht darin die Heiligkeit der Heiligen Familie?
Eines ist auf jeden Fall klar: Diese Vorstellung der Heiligen Familie als Familienidylle wurde auch benutzt, um Kinder brav und unterwürfig zu halten. So stellt sich die Frage: Wie war die Heilige Familie wirklich? Und wenn wir eine vage historische Vorstellung davon haben, wie die Heilige Familie tatsächlich war, stellt sich die Frage: Worin zeigt sich ihre Heiligkeit?
Wie kann die Heilige Familie uns ein Vorbild sein?
Von Familienidylle lesen wir in der Bibel jedenfalls nichts! Die einzige Geschichte handelt von einem Missverständnis: Im Lukasevangelium haben wir nur die Geschichte vom zwölfjährigen Jesus im Tempel.
In der heutigen Zeit wäre das ja nicht einmal so dramatisch abgelaufen. Mutter Maria hätte zum Handy gegriffen und den zwölfjährigen Jesus angerufen: Wo bist du überhaupt? Jetzt komme aber schleunigst zurück!
Damals ohne Handy war die Sache dramatischer: Drei Tage suchen die Eltern nach Jesus! Drei Tage Sorge! Und was bekommen sie für eine Antwort: Warum habt ihr mich gesucht? Besonders verständnisvoll ist das nicht! Wenn wir nicht wüssten, dass es Jesus gesagt hat, würden wir sagen: So ein verzogener Bengel.
Ein Bild der Kunstgeschichte zeigt diese Streitszene sehr gut: Josef schaut ernst Jesus an und verweist auf Maria. Seinem

Gesicht kann man leicht die Sprechblase zuordnen: Schau mal, wie du deiner Mutter Sorgen bereitet hast. Und Jesus mit verschränkten Armen und bockigem Gesicht! So eine Körpersprache kennen Eltern auch heute. Der 12-Jährige drückt damit aus: Ihr versteht mich einfach nicht!

Alle vier Evangelisten haben kein Interesse, ein Familienidyll von der Heiligen Familie zu zeichnen. Das finde ich sehr sympathisch. Die heilige Familie ist nicht mehr ein unerreichbares und unrealistisches Ideal. Wenn es auch in der Heiligen Familie Missverständnisse zwischen den Eltern und dem Sohn gab, dann ist der Weg frei, dass die Heilige Familie in ihrer eigentlichen Heiligkeit ein wirkliches Vorbild für unsere Familien sein kann.

Das erste: **Es kann immer wieder Missverständnisse zwischen Eltern und Kinder geben.**

Was ich bei einer Passage von Gregory Bateson gelernt habe: Kulturelle Werte werden nie Eins zu Eins an die nächste Generation weitergegeben. Kinder lernen nie durch bloße Wiederholung und durch reine Aufnahme. Kinder und Jugendliche sind in ihrem Lernprozess auch immer mehr oder weniger schöpferisch. Sie finden neue Wege, um ein Problem zu lösen. Und das macht Eltern und Lehrer stutzig, weil diese neuen Wege für sie ungewöhnlich sind. Heute lernen Kinder durch den Computer und das Internet ganz anders als noch vor 20 Jahren. Wichtig ist zu sehen: Sie lernen nicht unbedingt schlechter sondern anders. Und dieses „Anders" schafft Missverständnisse.

Ist das nicht genau auch das Missverständnis zwischen Jesus und seinen Eltern? Jesus geht seinen eigenen Lernweg. Er sucht nach seiner eigenen Beziehung zu Gottvater und sucht das Gespräch mit den Glaubensexperten im Tempel. Aber das verstehen seine Eltern nicht.

Die Missverständnisse in der Heiligen Familie steigern sich noch, nachdem Jesus seine Predigttätigkeit beginnt. Im

Markusevangelium wird berichtet, dass Verwandte Jesus mit Gewalt in die Großfamilie zurückholen wollten, weil sie dachten, Jesus sei verrückt geworden.

Die heilige Familie ist also nicht heilig, weil es in ihr keine Missverständnisse gäbe und alles idyllisch ist. **Die Heilige Familie ist heilig in der Art und Weise, wie sie mit den Missverständnissen umgeht:**
Maria lässt ihren Sohn nicht allein, als er das schwere Kreuz tragen muss. Sie leidet mit und verlässt ihn in seiner schwersten Stunde nicht.

Und auch die Großfamilie lernt aus den Missverständnissen: der Herrenbruder Jakobus wird nach Ostern neben Petrus Gemeindeleiter in der Jerusalemer Urgemeinde.

Die Heiligkeit zeigt sich also darin, bereit zu sein mitzuleiden, und bereit zu sein, dazu zu lernen. Und diese so verstandene Heiligkeit ist wirklich ein wertvolles Vorbild auch für heutige Familien: Seien wir bereit bei allen Missverständnissen und Streitigkeiten, uns wieder zu öffnen, zuzuhören, seien wir bereit, dazu zu lernen. Und stützen wir uns gegenseitig, bereit das Leid anderer in unseren Familien mitzutragen. Darin ist die Heilige Familie uns wirklich ein aufbauendes Vorbild, das uns immer wieder Kraft geben kann.

2. Sonntag nach Weihnachten: Jesus geschichtlich verstehen.

Joh 1,1-18
Das Wort ist Fleisch geworden und hat unter uns gewohnt! Ja Jesus hat unter den Menschen gewohnt, gepredigt, geheilt, gestritten, ist durch Galiläa gewandert. Seine Worte und Taten, seine Begegnungen und Lebensetappen, insgesamt seine Lebensgeschichte offenbaren ihn als den Christus. Das göttliche Wort zeigt sich, weil es Fleisch geworden ist und unter uns gewohnt hat: Weil es Geschichte gemacht hat!
Seltsam ist dann schon, dass im Credo, das im Konzil von Nicäa verabschiedet wurde, diese Geschichte fast nicht vorkommt. Da steht nicht: Jesus hat das anbrechende Reich Gottes verkündet, Kranke geheilt, mit Zöllnern und Sündern gegessen und sich mit Pharisäern gestritten! Und Chalcedon spricht davon, dass in Jesus Christus die göttliche Natur und die menschliche Natur unvermischt und ungetrennt vereinigt sind.
Natur-Denken vs. Geschichtsdenken Die ersten Konzilien haben also das Geschichtliche nicht im Blick! Sie denken in anderen Begriffen: Natur, Wesen usw. Verpassen sie durch diesen Blickwinkel etwas? Und hat das heute noch Auswirkungen? Ja die ersten vier Konzilien haben Wertvolles und Wichtiges über Jesus Christus gesagt, in anderen Predigten habe ich das schon gewürdigt. Heute möchte ich aber aufzeigen, wie wichtig es ist, dass wir Jesus Christus geschichtlich denken! Und dass diese Perspektive in den vier Konzilien verloren ging. Keine Frage: Die vier Evangelisten dachten noch geschichtlich. Deswegen erzählen sie aus dem Leben Jesu.
Kreuzestod Beginnen wir mit dem Höhepunkt des Lebens Jesu, weil der Unterschied zwischen „Natur-Denken" und

„Geschichts-Denken" dort ganz deutlich wird: der Kreuzestod. Im „Natur-Denken" ist das Kreuz nur Blutvergießen, Opfer! Und irgendwie muss man sich dann die Erlösung magisch oder als grausames Bezahlungsereignis vorstellen: Mit dem Blut Jesu werden wir von unseren Sünden losgekauft! Aber man sieht schon: Das Leben Jesu vor der Kreuzigung kommt in dieser seltsamen Erklärung gar nicht vor!
Geschichtlich gedacht schaut das ganz anders aus: „Jesus verteidigte die Schwachen gegen die Unterdrücker, kam dadurch mit diesen in Konflikt, blieb aber standhaft und wurde dann von ihnen umgebracht, weil er sie störte. Das Kreuz ist Ergebnis der Verteidigung der Schwachen und deshalb Ausdruck der Liebe. So kann man sagen, dass es im Kreuz Erlösung gibt, dass das Kreuz gute Nachricht ist."[6] In dieser Hingabe Jesu, die im Kreuz gipfelt, zeigt sich die barmherzige Liebe Gottes, die uns rettet und erlöst.
Erlösung Und wie erleben wir die Erlösung? Im „Natur-Denken" stellt man sich das vielleicht ganz einfach so vor: Zuerst waren wir sündiger Natur. Durch das Blut Jesu Christi sind wir rein gewaschen und sind jetzt in der Gnaden-Natur, bewirkt durch die Sakramente. Wunderbar! Dann ist alles in Ordnung! Und wenn man durch Sünden wieder zurückfällt, kommt man durch die Beichte wieder in den Gnaden-Zustand zurück.
Im geschichtlichen Denken nehmen wir Jesus Christus als Lehrer, Vorbild und Kraftquelle: Jesus rettet, indem er uns den Weg eines Lebens zeigt, der uns Heil schenkt. Wir antworten auf die bedingungslose Liebe Gottes. Christus gibt uns die Kraft, immer mehr aus dem Frieden Gottes zu leben, auch in der Bedrängnis. Wir erleben Erlösung, indem wir versuchen, ihm nachzufolgen.[7] So wird Erlösung geschichtlich verstanden. Erlösung ereignet sich in der Lebensgeschichte!

An Wendepunkten feiern und erleben wir in den Sakramenten besonders diese Kraft in unserem Leben.

Auferstehung Auch die Auferstehung kann man verschieden verstehen: „Auferstehung als Natur verstanden besagt einfach eine Rückkehr in die Existenz, und für die Lebenden ist sie mit einer Erwartung eines Lebens jenseits des Todes verbunden. Auferstehung als Geschichte ist etwas anderes. Sie ist Gerechtigkeit für die Opfer, ist die Hoffnung, dass der Mörder letztlich nicht über das Opfer triumphieren wird, und ist die Hoffnung, dass wir an dieser Hoffnung teilhaben können."[8]

Die Reich Gottes-Botschaft Das Natur-Denken der Konzilien hat total vergessen, dass Jesus Christus immer vom anbrechenden Reich Gottes predigt. Jesus lebte aus der Glaubensgewissheit, dass Gott sich immer neu mit seiner Liebe durchsetzt, dass sein Reich immer neu anbricht, für alle Menschen und besonders für die Armen, Kranken und Ausgestoßenen. Wenn wir geschichtlich denken, ist uns das plötzlich ganz wichtig. Mit dem Leben und Handeln Jesu beginnt eine neue Zeit, das Reich Gottes bricht an!

Ein guter König, ein guter Mensch Ein Vergleich, der all das Gesagte noch mal verdeutlichen will: Ist ein Mensch ein König, weil königliches Blut in ihm fließt? Das wäre Natur-Denken! Aber ein guter König ist er damit noch lange nicht! Wenn er aber in Hingabe bereit ist, von einem guten Lehrer zu lernen, wenn er mit offenen Augen und Herzen in die Schule des Lebens geht, dann kann er auch ein guter König werden. Das ist geschichtliches Denken.

In Chalcedon spricht man selbstverständlich von menschlicher und göttlicher Natur, als ob man das schon wüsste. So wie es Aristoteles definierte: Der Mensch ist ein Lebewesen mit Vernunft. Gott ist der unbewegte Beweger. Und jetzt müssen wir noch definieren, was Jesus Christus ist. Aber es ist doch vielmehr umgekehrt: Erst durch die

Lebensgeschichte Jesu, durch sein Lebenszeugnis wissen wir, dass Gott barmherzige Liebe ist, wissen wir, wie wahre Menschlichkeit zu leben ist. Denn er ist das Vorbild für gutes wahres Menschenleben!

Erscheinung des Herrn: Der Messias-Titel

Mt 2, 1-12
Die Sterndeuter suchen den Messias. Und sie finden ihn in einem kleinen Kind und verehren Jesus. Immer wieder wird dann Jesus der Messias genannt. In ihm soll sich die große Hoffnung der Juden, das Warten auf den Messias, erfüllen. Messias heißt Gesalbter, im Griechischen Christos. Jesus ist der Gesalbte. Messias bzw. Christus ist ein Titel, der ihm verliehen wurde, ähnlich wie der Titel Herr, König, Hohepriester oder Lehrer.

In aller Munde und doch ein unbekannter Titel Einerseits wurde dieser Titel ganz zentral: Mit dem Namen Jesus verbunden wird er zum üblichen Namen: Wir nennen Jesus Christus, unseren Herrn und uns selbst Christen.

Andererseits: Wer kennt die Bedeutung von Messias? Wer hat eine Ahnung davon, was eigentlich gemeint sein könnte, wenn Jesus als der Messias, als der Christus bezeichnet wird? So zentral und bekannt das Wort auch wurde, seine Bedeutungsfülle hat es für die meisten verloren. Es ist heute nur ein Name. Bei Titeln wie Lehrer oder König haben wir sofort Assoziationen. Wir erahnen, was gemeint ist, wenn jemand sagt, Jesus ist mein Lehrer. Aber was meint: Jesus ist der Messias? Wenn wir schon Christen heißen, ist es sicherlich eine Bereicherung, wenn wir auch wissen, was das Wort eigentlich meinen kann!

Messias im Alten Testament Für das Volk Israel ist der Messias ein Erlöser. Man erwartete eine verwandelte Welt, ein Reich Gottes, und einen Mittler, einen Heiland, der den Wandel einleitet.

Der Messias ist für das Alte Testament von Gott gesandt, um sein Volk zu erlösen und zu befreien; ein König, der die Knechtschaft beendet und den Glauben stärkt. Der Glaube an den kommenden Messias hat deswegen immer auch eine politische Dimension! Er wird ein neues Reich errichten. Er wird als gerechter und friedvoller König kommen, wie z. B. Sacharja vorhergesagt hat. (Sach 9,9.) Als die Hoffnungen auf einen baldigen Messias enttäuscht wurden, entstand die Vorstellung eines Messias, der am Ende der Zeiten kommen wird.

Ist dieser Jesus der Messias? Nicht nur in der Sterndeutergeschichte des Matthäus, schon zu Lebzeiten Jesu fragten sich viele: Ist dieser Jesus der Messias? Ob der historische Jesus es zugelassen hat, dass man ihn den Messias nannte, können wir heute nicht mehr historisch sicher herausfinden. Nach den Evangelisten Markus, Matthäus und Lukas jedenfalls weist Jesus nicht zurück, dass sich einige messianische Hoffnungen des Volkes auf ihn richten.

Wie kamen aber die ersten Christen dazu, Jesus als den Christus, den Gesalbten, den Messias zu bezeichnen? Und hat sich dann für sie die Bedeutung von Messias verändert, wenn sie nun Jesus nach Ostern Christus nannten?

Der Messias ist der Gekreuzigte Wahrscheinlich hat die Ostererfahrung die Jünger unmittelbar dazu geführt, Jesus als Messias zu bekennen. Der Messias ist der Auferstandene, der Erhöhte, der Herr in unserer Mitte. Aber dann ist der Messias auch der am Kreuz Gestorbene! Und das bringt etwas Neues, Unerhörtes in die Bedeutung von Messias: Der Messias bringt Rettung, allerdings unerwartet durch Kreuz und Auferstehung. So umfasst für die Evangelisten der Messiastitel das irdische Leben Jesu, Tod und Auferstehung, seine Gegenwart in der Gemeinde und sein Kommen in Zukunft.

Mit der weiteren Entwicklung in den ersten Jahrhunderten gingen auch wichtige Aspekte des Messiastitels verloren. Sie gilt es wieder neu zu entdecken. Dafür müssen wir auf das jüdische Verständnis zurückgreifen.

Der Messias hat geschichtliche und politische Bedeutung
1. Der Messias soll eine Rettung bringen, die sich in der Geschichte ereignet. Heil und Erlösung darf nicht aufs Jenseits und das Ende der Zeiten verschoben werden. Das Reich Gottes bricht schon in der Geschichte an. Das verkündete Jesus und das war auch die Hoffnung, die das jüdische Volk mit dem kommenden Messias verband. Christus bewirkt also schon in der Geschichte Erlösung, Gerechtigkeit und Frieden.
2. Der Messias erlöst nicht die einzelnen Menschen von ihren Sünden, sondern er bewirkt auch Heil unter den Völkern. Seine Erlösung ist nicht nur spirituell und individuell. Auf Christus dürfen wir auch bauen, wenn wir kulturelle, soziale und politische Hoffnungen hegen. Die Sterndeuter werden auch als Könige angesehen. Sie gehen als Könige zum Kind – also ist dieses Kind nicht nur eine rein spirituelle sondern auch gesellschaftliche und politische Hoffnung. Eine Hoffnung für alle Völker der Welt. Der herrschende Herodes möchte den jetzigen politischen Zustand aufrechterhalten, deswegen muss er diese Hoffnung vernichten.
3. Der Messias geht erst zu den Armen. Den Hirten wird zuerst die frohe Botschaft von der Geburt verkündet. Der Messias selbst wird in einer Nische geboren und solidarisiert sich von Anfang an mit den Armen und Ausgestoßenen.
Jesus wollte kein politischer Messias sein. Aber seine Botschaft vom anbrechenden Reich Gottes kritisiert Systeme der Ungerechtigkeit, seine Botschaft hat politische Bedeutung – und genau das wird auch durch den Messiastitel ausgedrückt. Sehr pointiert ausgedrückt schreibt Sobrino: „Wir wollen daran erinnern, wie gut der Messianismus ist, um einschläfernde und eingeschläferte neoliberale Demokratien aufzuwecken."[9]
Man mache sich keine Illusionen: Die messianische Hoffnung nach mehr Gerechtigkeit und Frieden unter den Völkern geht

nur über das Kreuz. Es ist ein steiniger Weg, mit vielen Rückschlägen und Ohnmachtserfahrungen. Noch mal Sobrino: „Die besten „Messiasse" im Lauf der Geschichte, Personen wie Erzbischof Romero, wurden verfolgt und nach drei Jahren war man mit ihnen fertig."[10]

Das ist auch eine Erklärung für das Messiasgeheimnis im Markusevangelium. In diesem Evangelium verbietet Jesus immer wieder, z. B. den Dämonen, ihn als Messias zu bezeichnen. Denn der wahre Messias bringt keinen einfachen Triumph über irgendwelche Feinde durch Kampf oder zaubert einfach alles Leid hinweg. Jesus Christus heilte das Bösen an der Wurzel durch Vergebung, Ohnmacht und Hingabe an die Liebe des Vaters.

Taufe Jesu: Das Sakrament der Taufe

Wir feiern heute das Fest Taufe Jesu. Ich möchte dies zum Anlass nehmen, um über das Sakrament der Taufe zu sprechen. In den letzten Jahren wurde ein Lied zum neuen Taufschlager. Zu Recht, denn es enthält poetisch formuliert wichtige theologische Aussagen über die Taufe. Es ist das Lied, dass wir nach der Lesung gesungen haben:
Vergiss es nie (evtl. Liedtext vorlesen) Wir feiern in der Taufe, dass wir Kinder Gottes sind, dass wir von Gott geschaffen, geliebt und gehalten sind, dass wir alle ein genialer Gedanke Gottes sind, wie es in dem Lied heißt. Unser Leben mag ganz verschieden ablaufen, ob in Dur oder Moll, ob mal schwer oder mal leicht, Gott will mich und hat mich ins Leben gesetzt. Das soll ich nie vergessen. Das muss und darf ich mir immer neu klar machen.
Aber warum ist gerade Wasser ein solch gutes Zeichen für diese Gnade? Und warum werden wir explizit im Namen des Vaters, des Sohnes und des Heiligen Geistes getauft? Können wir vielleicht sogar dem Vater, dem Sohn und dem Heiligen Geist verschiedene Aspekte von Gnade zuordnen, die wir in der Taufe feiern?
Ein Sakrament ist ein Zeichen. Wir Menschen brauchen Zeichen. Gottes Gnade ist zwar da und wirkt, aber sie ist unsichtbar. Also brauchen wir Zeichen, die diese unsichtbare Gnade etwas offensichtlicher machen und feiern.
Die Gnade, die die Taufe feiert: Nicht anders ist es bei der Taufe. Welche Gnade Gottes wird in der Taufe gefeiert?
1. Gott ist dein liebender Schöpfer. Das drückt das Lied „Vergiss es nie" sehr schön aus. Wir feiern in der Taufe, dass Gott nicht nur allgemein zu den Menschen, sondern ganz speziell zu diesem Täufling Ja sagt, dass Gott für diesen Menschen Schöpfer und Vater ist und ihn absolut bejaht.

Dabei ist Gott der Handelnde! Wir werden von Gott geschaffen und geliebt, unabhängig davon, was wir daraus machen. Wir bekommen diese Gnade einfach geschenkt. Ich bin aus Gott und in Gottes Hand und nichts kann mich vom göttlichen Vater trennen.

2. Jesus Christus ist für mich und für dich gestorben und auferstanden. Das ist der zweite Aspekt der Taufgnade. Gott liebt mich mit einer Trotzdem-Liebe. Ich bin in eine Welt hineingeboren, in der ich auch immer wieder von Egoismus, Gewalt, Lüge und Angst heimgesucht werde, in der ich selbst immer wieder auch sündig werde. Aber Jesu Tod am Kreuz zeigt mir, dass Gott mich trotzdem liebt, und die Auferstehung Jesu gibt mir die Zuversicht, dass Gottes Liebe stärker ist als die Dunkelheit dieser Welt und sie erlöst.

3. Der Heilige Geist führt alle Getauften zusammen und schafft Gemeinschaft mit Gott und untereinander. Er ist der eigentliche Gründer der Kirche. Deswegen ist auch er der aktiv Handelnde, der den Täufling in die Kirche aufnimmt.

Gottvater sagt sein schöpferisches Ja, Gott Sohn erlöst und der Heilige Geist vereint. Das sind die drei Aspekte von Gnade, die wir in der Taufe feiern.

Die Zeichen in der Feier Im Ritual der Taufe werden diese drei Aspekte gefeiert und verdeutlicht durch die sakramentalen Zeichen.

- Wir sagen: Ich taufe dich im Namen des Vaters, des Sohnes und des Heiligen Geistes. Amen. Da ist der dreifache Aspekt der Gnade schon verdeutlicht: Gottes schöpferisches Ja, Gottes Erlösen und Gottes Vereinen.
- Der Priester erfragt den Namen des Täuflings. Er möchte ihn in der Taufe direkt mit Namen ansprechen, weil Gott auch jeden Einzelnen anspricht.

- Wasser ist Symbol der Fruchtbarkeit. Denn ohne Wasser ist Leben gar nicht möglich. Somit ist Wasser deutliches Zeichen für die lebensspendende Kraft Gottes. Wasser ist aber auch Symbol der Reinigung. So wird Wasser zum Zeichen für die erlösende Gnade Gottes. Christus wäscht uns von den Sünden rein.
- Wir können uns nicht selbst taufen. Wir werden getauft. Das verdeutlicht, dass Gott aktiv uns seine Gnade schenkt. Wir sind passiv und Empfangende.
- Die Taufe ist außerdem ein sozialer Akt, es bedarf mindestens eines Spenders, wobei dieser Spender nur den Ritus vollzieht. Dadurch wird deutlich, dass der Heilige Geist uns in seine Kirche aufnimmt.

Aber es reicht nicht, wenn wir nur darüber sprechen, was die unsichtbare Gnade ist und wie sie im Ritus gefeiert wird. Wir müssen auch aufzeigen, wie sie im Alltag, in der Lebenswelt wenigstens andeutungsweise erfahrbar wird. Denn ein Ritus soll ja offensichtlich machen, was im Leben eigentlich erfahrbar ist, aber was wir ohne den Ritus nicht deutlich erkennen würden.

Die Taufgnade im Leben und Alltag So können wir nochmal die drei Aspekte durchgehen und fragen: Ist das im menschlichen Leben andeutungsweise vorhanden, was wir in der Taufe feiern?

1. Gottes schöpferisches liebendes Ja erleben wir in unserem Leben, wenn wir vielleicht anfangen, über unser Leben zu philosophieren und uns fragen: Sind wir Kinder des Zufalls? Sind wir eine Laune der Natur? Aber woher kommt dann der natürliche Drang des Lebens, Leben zu erhalten, weiterzuleben, für andere Menschen dazu sein z.B. als Vater und Mutter für die eigenen Kinder? Woher bekommen wir die Kraft, auch in schwierigen Situationen durchzuhalten? Woher kommt die Ahnung, sei sie in dunklen Stunden auch noch so

leise, dass das Leben nicht sinnlos ist? Woher kommt die Kraft, dennoch zu lieben, dennoch zu hoffen, zum Leben ja zu sagen, wieder aufzustehen? Da ahnen wir, dass die Gnade Gottes wirkt. Sein Ja zu mir, dass er mich in seiner geliebten Hand hält.

2. Und woher kommt die Stimme des Gewissens, die mir in meinen dunklen Stunden, wo ich mich unvollkommen, hartherzig oder schwach fühle, sagt: Fange trotzdem an, wende dich trotzdem um, sage trotzdem ja zu dir. Erleben wir dann nicht, manchmal nur schwach, die Liebe Jesu Christi, der uns erlöst hat?!

3. Zuletzt erlebe ich mich als ein Mensch, der nicht alleine leben möchte, der merkt: Ich werde nur Mensch, wenn ich mit anderen Menschen zusammenlebe, wenn ich in Beziehung bin, wenn ich in Gemeinschaft lebe. Und auch wenn die sichtbare Gemeinschaft der Kinder Gottes, die Kirche, unvollkommen ist, erlebe ich in ihr und ahne ich in ihr, dass der Heilige Geist der Grund dieser Gemeinschaft ist.

Denn darauf kommt es letztlich bei allen Sakramenten an! Dass wir in unserem Leben durch die Sakramente spüren: die Gnade wirkt in meinem Alltag, Gott ist wirklich bei mir, auch wenn ich es manchmal nur ganz leise spüre.[11]

Aschermittwoch: Auch dies vergeht...

Der Ring Nach einer alten Sufi-Geschichte lebte einst im Orient ein König, der ständig zwischen Glück und Kummer hin und her schwankte. Enttäuscht vom Leben ließ er nach einem Weisen schicken, der in seinem Königreich wohnte.
Als der Weise kam, sagte der König zu ihm: „Ich möchte wie du sein. Kannst du mir etwas geben, das meinem Leben Gelassenheit und Weisheit verleiht"
Der Weise schenkte ihm daraufhin einen Ring mit der Inschrift: „Auch dies geht vorbei."
Der Weise empfahl ihm: „Sobald etwas geschieht, lies seine Inschrift, bevor du das Ereignis gut oder schlecht nennst. Dann wirst du gelassen werden und inneren Frieden gewinnen."
Vergänglich Immer wieder erleben wir, dass Dinge, Ereignisse, Verbindungen vergehen: Jede Party geht mal vorbei, der schöne Urlaub geht zu Ende, die Lieblingshose zerreißt so, dass sie nicht mehr zu flicken ist, ein Freund oder eine Freundin macht Schluss, oder ein lieber Verwandter stirbt.
Wir wollen die Vergänglichkeit nicht wahrhaben. Wir wollen Schönes festhalten. Und Unangenehmes wollen wir sofort loswerden. Auch hier akzeptieren wir nicht, dass wir nicht aus dem Fluss der Zeit aussteigen können.
Zwei Fehlhaltungen: Wenn wir uns dann doch die Vergänglichkeit bewusst gemacht haben, können wir in zwei Fehlhaltungen verfallen:
Entweder Resignation: Alles ist sinnlos, weil alles vergeht. Alles ist nur Windhauch und sonst nichts!
Oder wir eilen von einem zum nächsten Highlight. Wenn die Party vorbei ist, gehe ich zur nächsten. Dieses Eilen von Highlights zu Highlights verdrängt die Vergänglichkeit.

Der Aschermittwoch lädt uns ein, dass wir der Vergänglichkeit ins Auge schauen. Wir sind eingeladen, nicht wegzuschauen. Können wir etwas Positives der Vergänglichkeit abgewinnen?
Nur durch den Fluss der Zeit wird Neues möglich. Weil wir in der Zeit leben, wird Veränderung möglich. Nur so ist Reifung möglich.
Die wunderbare Geschichte von dem Ring mit der Aufschrift: „Auch dies geht vorbei", ist eine Einladung, sich nicht nur am Aschermittwoch der Vergänglichkeit sich bewusst zu machen. Der Weise verspricht dem König durch diese Übung inneren Frieden zu finden.
Warum kann dieser Ring dem König Gelassenheit und inneren Frieden geben? Weil er lernt, sich mit der Vergänglichkeit zu versöhnen und die Chancen in der Vergänglichkeit zu entdecken. Der König hörte auf, gegen etwas anzugehen, was er sowieso nicht ändern kann: er kann die Vergänglichkeit nicht aus der Welt schaffen. Nur wer das akzeptiert, kann auch inneren Frieden finden.
Der Satz des Ringes kann auch helfen, von einer Sucht loszukommen. Wenn mir z. B. der Gedanke kommt, jetzt muss ich unbedingt eine Zigarette rauchen, dann kann ich mir sagen: Auch dieser Gedanke geht vorbei. Warte ab, hänge dich nicht an den Satz. Der Drang geht vorbei. Und wenn ich öfters denn Drang vorbei gehen lasse, ohne ihm zu folgen, wird auch die Sucht insgesamt abflachen.
Das Bewusstmachen der Vergänglichkeit erhöht also die innere Freiheit. Der König hängt sein Herz nicht komplett an Vergängliches. Er macht sich weniger abhängig von vergänglichen Dingen und Ereignissen.
Manchmal lernen wir diese innere Freiheit erst durch schmerzvolle Verlusterfahrungen. Das Vergängliche ist weg und der echte Halt und Wert zeigt sich, offenbart sich!

Aber wir können die innere Freiheit auch erkennen, wenn wir einen tieferen Halt spüren: Ich bin jenseits aller Vergänglichkeit von Gott getragen. Ich bin Kind Gottes. Was ich bin, kann nicht werden und vergehen. Ich entdecke: Ich bin! Jenseits all dem, was ich habe. Es gibt sogar ein „Ich bin", das tiefer reicht als mein Körper! Ich bin in Gott!

Daraus erwächst mir wirklich innere Freiheit. Dann kann ich loslassen, dann kann ich Unangenehmes leichter ertragen, dann kann ich Schönes bewusster genießen, ohne daran zu klammern.

1. Fastensonntag: Die Versuchung, Gott sein zu wollen

Lk 4, 1-13
Die ersten drei Evangelien, die synoptischen Evangelien Markus, Matthäus und Lukas, und das Johannes-Evangelium unterscheiden sich. Bei den Synoptikern verkündet Jesus das anbrechende Reich Gottes in Gleichnissen und lässt es durch seine Heilungen und seine Mähler mit Sündern und Ausgestoßenen erfahrbar werden. Bei Johannes redet Jesus hauptsächlich über sich selbst: Ich bin der Weg, ich bin das Licht der Welt, ich bin die Tür. Der Vater und ich sind eins.
In den synoptischen Evangelien unterscheidet sich Jesus von Gott, den er liebevoll Abba-Vater nennt. Im Johannes-Evangelium sagt er dagegen: Ich und der Vater sind eins. (Joh 10,30) Wer mich gesehen hat, hat den Vater gesehen. (Johannes 14,9b) **Wie passt das zusammen?**
Historisch-kritisch ist der Unterschied schnell gelöst: der historische Jesus hat das anbrechende Reich Gottes verkündet. Er hat sich selbst nicht in den Mittelpunkt seiner Predigt gestellt. Die drei ersten Evangelien geben viel mehr vom historischen Jesus wieder als Johannes. Johannes ist dagegen eine theologische Reflexion zu der Frage: Wer ist dieser Jesus? Was ist sein innerstes Wesen?
Aber wir können noch eine tiefere Erklärung dafür finden. Die Theologie sagte immer, dass der Sünder letztlich selbst Gott sein will. Er will sich nicht von Gott sagen lassen, was gut und was böse ist. Er will autonom und autark sein. Auf diese Grundhybris stellt der Name Mi-cha-el die Gretchen-Frage: Wer ist wie Gott?
Jesus, der wirklich historische Jesus unterscheidet sich von Gott, seinem Vater. Jesus weiß sich von Gott gesandt und er betet zu ihm und möchte seinem Willen folgen.

Aber gerade WEIL sich Jesus vom Vater unterscheidet, den Abstand zu Gott hält, ist er ohne Sünde, der wahre Mensch, das Gegenteil der Sünde, und somit die Selbstoffenbarung Gottes: die Tür zu Gott, das Licht Gottes, der Weg zu Gott. Und so kann Johannes im Rückblick sagen: Jesus und der Vater sind eins! Wer Jesus gesehen hat, hat den Vater gesehen. Aber das ist gerade deswegen so, weil der historische Jesus diese Sätze nie gesagt hat und auch nie gesagt hätte!

Um es mal ganz salopp zu sagen: Wenn Jesus so geredet hätte, hätten ihn seine Jünger als eingebildeten, übergeschnappten Egozentriker schnell verlassen.

Aber gerade weil Jesus ganz selbstlos das Reich Gottes verkündete und seine Mitmenschen zum „Vater unser" führen wollte, merkten die Jünger im Rückblick: Jesus muss der Sohn Gottes sein, der Weg zum Vater, das Licht der Welt, die Tür zum Vater.

Zwei Seiten einer Medaille Somit sind die drei Synoptiker Markus, Matthäus und Lukas auf der einen Seite und Johannes auf der anderen Seite, zwei Seiten einer Medaille, zwei Pole die sich gegenseitig ergänzen.

Versuchungsgeschichte Wenn wir nun die Versuchungsgeschichte nach Lukas mit diesen Überlegungen betrachten, können wir die Strategie vom Teufel auch so verstehen, dass er Jesus dazu lockt, sich in den Mittelpunkt zu stellen, „Gott" sein zu wollen. So wie sich viele Menschen Gott vorstellen: als Superman, als der Big Boss und als der Zauberer. Brot herzaubern, Big Boss der Welt und als Superman durch die Lüfte fliegen. Aber das ist ja genau die Ursünde: Gott sein wollen! Die Verweigerung der Selbstunterscheidung: Ich bin nicht Gott.

Und wie reagiert Jesus? Er unterscheidet sich von Gott, hält Abstand und hält seinen Blick auf Gott gerichtet. Vor Gott sollst du dich niederwerfen. Du sollst Gott nicht auf die Probe stellen. Du lebst vom Wort Gottes und nicht vom Brot allein.

Gerade in dieser Absage, sich zu überheben, zeigt sich Jesus als wahrer Mensch, ungetrennt von Gott, Gottes Sohn, die Offenbarung Gottes.

Wer den Lockungen des Teufels, Zauberer, Big Boss, Superman sein zu wollen, kommt zu Nietzsches Gedanken: „Wenn es einen Gott gäbe – wie ertrüge ich, nicht dieser Gott zu sein?" Man würde in ein gefährliches Denken kommen: „Religion ist doch nur eine Krücke für Schwache, ich hingegen benötige gar keinen Gott – ich bin mir selbst Gott", verkündete resolut und entschieden ein junger Mann in einer öffentlichen Diskussion Tomas Halik.

Darauf antwortet der Priester Halik: „Aber langweilt Sie das nicht bloß? Leider Gottes weiß ich von mir ganz genau, was ich überhaupt von mir selbst erwarten kann, während mein Gott mich unablässig überrascht. Ich halte mich lieber in Räumlichkeiten mit offenem Ausblick auf als in Räumen mit verschlossenen Fenstern."[12]

Dieser Dialog zeigt, dass diese realistische Demut, nämlich zu bekennen, dass man nicht Gott ist, eigentlich mich befreit, öffnet, erleichtert, zu einem Abenteurer macht: das Abenteuer mit Gott und dem Leben, das er schenkt!

2. Fastensonntag: Dei Verbum – Die Offenbarungskonstitution

Lk 9, 28b-36
Entstehung Wenn wir die Entstehung der Offenbarungskonstitution in einem Theaterstück darstellen wollten, dann würde im ersten Akt der Höhepunkt ein riesiger Tumult sein.
Einen Aufstand der Bischöfe müsste man zeigen, die empört den ersten Entwurf für die Offenbarungskonstitution ablehnen. Die theologische Kommission unter der Leitung von Kardinal Ottaviani legte ihren Entwurf vor. Ottaviani, der Leiter des heiligen Offiziums bzw. heutiger Name der Glaubenskongregation, hatte im Hinterkopf für das ganze Konzil folgenden Plan: die Kurie bereitet die Texte vor, die Bischöfe machen einige kleine Änderungen, und nach kurzer Zeit ist das Konzil beendet und wir können wie gehabt weitermachen.
Am 14.11.1962 merkte er, dass sein Plan nicht aufging: Die Bischöfe zerrissen in ihren Kommentaren das Schema in der Luft. Einige Kostproben:
Bischof Lienart aus Frankreich: Der Stil ist frostig, in seinem ganzen Gedankengang ist der Entwurf für das Thema völlig unangemessen.
Kardinal Frings aus Köln: Das Schema, wenn ich offen sprechen darf, gefällt mir nicht. Es ist der Ton, der die Musik macht. Die gleiche Wahrheit kann so verkündet werden, dass die Menschen zu ihr hingezogen werden, und die gleiche Wahrheit so, dass sie von ihr abgeschreckt werden.
Kardinal Bea: Papst Johannes XXIII hat in seiner Eröffnungsansprache eine pastorale Zielsetzung für das Konzil gefordert. Das Schema entspricht dem nicht. Das Schema erreicht die modernen Menschen nicht. Es löst die

Fragen um die moderne kritische Bibelauslegung nicht. Und es ist nicht ökumenisch tauglich. Ein neues Schema müsse kürzer, klar, eindeutiger, pastoraler und ökumenischer sein.

Kardinal Ottaviani wollte nicht zulassen, dass der komplette Entwurf abgelehnt würde. Er argumentierte: Wir haben ja keinen alternativen Text, über den wir beraten könnten. Da beauftragte Kardinal König Karl Rahner einen Alternativtext zu entwerfen. Quasi über Nacht entstand er und wurde vervielfältigt und unter den Bischöfen verteilt. Durch diesen Schachzug war Ottavianis Gesamtplan vereitelt.

Um jedoch auch ökumenisch voranzukommen, kam Papst Johannes XXIII auf eine Idee: Damit alle Konzilstexte die anderen christlichen Kirchen nicht verärgerten, vielmehr wohlwollend zum Dialog einladen, gründete er das Einheitssekretariat. Dieses sollte alle Texte auf die Ökumenetauglichkeit überprüfen.

Mit dem Einheitssekretariat hat Johannes XXIII ein Gegengewicht zum Heiligen Officium geschaffen. Dieses schaute auf die Übereinstimmung der Beschlüsse mit der Tradition, das andere auf die Akzeptanz der Beschlüsse bei anderen Christen.

Um das Schema der Offenbarung zu überarbeiten, gründete Johannes XXIII die gemischte Kommission, bestehend aus Mitgliedern der theologischen Kommission und des Einheitssekretariats. Jetzt waren die verschiedenen Positionen gezwungen, sich zusammenzuraufen.

Bis zur vierten und letzten Sitzungsperiode rangen die Bischöfe und Theologen, bis endlich die endgültige Fassung verabschiedet wurde.

Ein echter Fortschritt in der Lehre Wenn wir verstehen wollen, warum die Offenbarungskonstitution ein echter Fortschritt in der Lehre der Kirche ist, dann ist es wertvoll, die wichtigsten Aussagen des Entwurfs von der theologischen Kommission zu wissen. Denn genau diese theologische

Position wurde durch viele selbstbewusste Bischöfe im Konzil überwunden:
Etwas holzschnitzartig und überspitzt in 10 Sätzen steht im Entwurf folgendes: Wenn ich diese 10 Sätze nun vorlese, können Sie bei sich etwas nachsinnen und nachspüren. Wenn ich das so höre, was gefällt mir nicht, was entspricht nicht meinem Verständnis?
1. Gott gibt wahre Sätze. Das ist die Offenbarung.
2. Die Offenbarung besteht aus Sätzen, die unsere Vernunft teilweise übersteigen.
3. Insbesondere durch Jesus Christus wissen wir um diese Sätze.
4. Wunder beweisen, dass Jesus wahre Sätze von Gott offenbart und Gottes Sohn ist.
5. Jesus gibt die wahren Sätze an die Apostel weiter und gründet eine Stiftung: die Kirche.
6. Vollmacht, die Stiftung weiter zu führen, haben der Papst und unter ihm die Bischöfe.
7. Die wahren Sätze stehen einerseits in der Bibel. Die Autoren waren Werkzeuge des Hl. Geistes und schrieben auf, was dieser ihnen eingibt. Die Heilige Schrift ist komplett wahr und ohne Irrtum.
8. Andererseits gibt es auch wahre Sätze, die die Tradition weitergibt.
9. Das Lehramt verwaltet die Tradition und legt die Schrift aus und steht damit über der Hl. Schrift.
10. Die Gläubigen nehmen das alles im Gehorsam an und folgen den Geboten aus der Offenbarung, dargelegt durch das Lehramt.

Um den entscheidenden Unterschied zwischen Ottavianis Entwurf und der heutigen Konstitution zu verdeutlichen, möchte ich Sie kurz entführen in die Welt des „Fliegenden Klassenzimmers" von Erich Kästner. Wir befinden uns in einem Jungeninternat. Der wichtigste Lehrer und

Bezugspunkt für die Jungen ist ihr Hauslehrer „Justus". Er ist ein Lehrer, der durch sein Vorbild die Jungen prägt. Er ist gerecht, gütig, barmherzig. Er lebt vor, was er sagt.

Der Hauslehrer hätte ja auch die Möglichkeit, eine neuen Schüler einfach die Hausordnung in die Hand zu drücken und zu sagen: Lies das durch, halte dich an alle Regeln, dann bist du ein braver Schüler und gehörst zu uns.

In Ottavianis Entwurf wird Gott so dargestellt, als ob er dem Menschen in Schrift und Tradition die Hausordnung für das Leben in der Welt in die Hand drückt und sagt: Das ist die Wahrheit! Halte dich daran!

In der verabschiedeten Konstitution über die göttliche Offenbarung hat Gott Ähnlichkeiten mit dem Hauslehrer „Justus":

Gott offenbart sich selbst. Der unsichtbare Gott redet mit den Menschen wie mit Freunden. In Jesus Christus offenbart sich Gott selbst: Was Jesus tut, passt zu dem, was er sagt, und umgekehrt, und Worte und Taten zeigen zusammen, dass Jesus Christus Gottes Sohn ist. Auf dem Berg Tabor zeigt sich, dass Jesus Christus Sohn Gottes ist: Gott offenbart sich selbst.

Daraus folgt: Es gibt nicht zwei Quellen der Offenbarung, nämlich Schrift und Tradition, sondern nur eine Offenbarung: Jesus Christus. Er ist der Maßstab für das Christentum.

Fragen zum Verständnis der Hl. Schrift Wie nimmt die Konstitution Stellung zu der modernen historisch-kritischen Bibelauslegung, zur Frage, ob die Heilige Schrift ohne Irrtum ist und wie sie inspiriert ist, und zuletzt zum protestantischen Prinzip: Sola scriptura, allein die Heilige Schrift ist Offenbarung und Maßstab?

Die heiligen Schriftsteller, wie z.B. die vier Evangelisten oder Paulus oder die Propheten im Alten Testament, sind keine willenlosen Sekretäre der eingeflüsterten Worte des Heiligen Geistes. Vielmehr durch ihre menschlichen Fähigkeiten hindurch wirkt der Heilige Geist. Er beseelt ihren Verstand und ihren Willen. Deswegen schreiben die Autoren der Heiligen Schrift auch im Kontext ihrer Zeit und können auch nur in diesem Kontext verstanden werden. Karl Rahner beschreibt in seinem Entwurf dieses Verständnis so: Die Schriften der Bibel sind zugleich göttlich als auch menschlich, so wie der Herr Jesus zugleich wahrer Gott und wahrer Mensch ist, unvermischt und ungeteilt. Wenn die Autoren willenlose Sekretäre des Heiligen Geistes wären, wäre das Menschliche völlig im Göttlichen aufgelöst.

Und gibt es Irrtum in der Bibel? Irren ist doch menschlich! Kardinal König gibt in der Konzilsaula selbst ein Beispiel eines Irrtums in der Bibel: im Markus-Evangelium steht, dass König David zur Zeit des Hohenpriesters Abjatar die heiligen Brote im Tempel gegessen hat, weil er Hunger hatte. Wenn man aber im 1. Buch Samuel nachliest, merkt man, dass der Hohepriester in Wirklichkeit Ahimelech hieß. Markus hat sich also an den falschen Namen erinnert. Solche Irrtümer unterstreichen nur die Menschlichkeit unserer heiligen Autoren und trüben nicht die Wirksamkeit des Heiligen Geistes.

Mit diesem Verständnis von Inspiration kann das Konzil ganz positiv die Ergebnisse der historisch-kritischen Bibelauslegung aufgreifen. Ihre Forschungen sind keine Gefahr für den Glauben sondern eine Hilfe zum tieferen Verständnis der Heiligen Schrift.

Ist der Text für evangelische Theologen und Christen mit ihrem Prinzip von sola scriptura ökumenisch tragfähig? Klar betont der Text einen Vorrang der Schrift gegenüber der Tradition und gegenüber dem Lehramt. Das Lehramt dient der Heiligen Schrift. Trotzdem gibt es Tradition: die Kirchenväter, die Konzilien, das Leben und die Schriften der Heiligen sind in der katholischen Kirche eine Autorität, weil im Leben der Kirche der Heilige Geist wirkt. Deswegen gibt es einen Fortschritt in der Lehre, auch heute! Gerade wenn die Kirche den Glauben in Bezug auf die heutigen Menschen durchbuchstabiert, ist Tradition lebendig, verjüngt sich und macht Fortschritte!

Ein letzter Gedanke: Jesus Christus ist der Höhepunkt der Heilsgeschichte. In dieser ganzen Geschichte hat Gott auf verschiedene Weise zu den Menschen geredet und sich offenbart. Dieses Denken ist die Grundlage für den Dialog mit anderen Religionen und anderen Denkrichtungen. Es geht davon aus, dass Samenkörner der Wahrheit auch in anderen Religionen und Denkrichtungen vorhanden ist. Und wer mit ihnen in den Dialog tritt, der kann von den anderen lernen als auch im Dialog auf respektvolle Weise das Evangelium für heute verkünden.

Lesung aus der Konstitution über die göttliche Offenbarung:
2. Gott hat in seiner Güte und Weisheit beschlossen, sich selbst zu offenbaren und das Geheimnis seines Willens kundzutun. (…) In dieser Offenbarung redet der unsichtbare Gott aus überströmender Liebe die Menschen an wie Freunde und verkehrt mit ihnen, um sie in seine Gemeinschaft einzuladen und aufzunehmen.

Das Offenbarungsgeschehen ereignet sich in Tat und Wort, die innerlich miteinander verknüpft sind. (…) Die Tiefe der durch diese Offenbarung über Gott und über das Heil des Menschen erschlossenen Wahrheit leuchtet uns auf in Christus, der zugleich der Mittler und die Fülle der ganzen Offenbarung ist.

7. (…) Damit das Evangelium in der Kirche für immer unversehrt und lebendig bewahrt werde, haben die Apostel Bischöfe als ihre Nachfolger zurückgelassen und ihnen ihr eigenes Lehramt überliefert. (…) Diese apostolische Überlieferung kennt in der Kirche unter dem Beistand des

Heiligen Geistes einen Fortschritt: es wächst das Verständnis der überlieferten Dinge und Worte durch das Nachsinnen und Studium der Gläubigen.

9. Die heilige Tradition und die Heilige Schrift sind eng miteinander verbunden und haben aneinander Anteil. Demselben göttlichen Quell entspringend, fließen beide gewissermaßen in eins zusammen und streben demselben Ziel zu. (...) Das Lehramt ist nicht über dem Wort Gottes, sondern dient ihm, (...) weil es das Wort Gottes aus göttlichem Auftrag und mit dem Beistand des Heiligen Geistes voll Ehrfurcht hört, heilig bewahrt und treu auslegt.

11. (...) Zur Abfassung der heiligen Bücher hat Gott Menschen erwählt, die ihm durch den Gebrauch ihrer eigenen Fähigkeiten und Kräfte dazu dienen sollen, all das und nur das, was er – in ihnen und durch sie wirksam – geschrieben haben wollte, als echte Verfasser schriftlich zu überliefern.

12. Da Gott in der heiligen Schrift durch Menschen nach Menschenart gesprochen hat, muss der Schrifterklärer, um zu erfassen, was Gott uns mitteilen wollte, sorgfältig erforschen, was die heiligen Schriftsteller wirklich zu sagen beabsichtigten und was Gott mit ihren Worten kundtun wollte. (...) Weiterhin hat der Erklärer nach dem Sinn zu forschen, wie ihn aus einer gegebenen Situation heraus der heilige Schriftsteller den Bedingungen seiner Zeit und Kultur entsprechend – mithilfe der damals üblichen literarischen Gattungen – hat ausdrücken wollen und wirklich zum Ausdruck gebracht hat.

24. Die heilige Theologie ruht auf dem geschriebenen Wort Gottes, zusammen mit der heiligen Überlieferung, wie auf einem bleibenden Fundament. In ihm gewinnt sie sichere Kraft und verjüngt sich ständig, wenn sie alle im Geheimnis Christi beschlossene Wahrheit im Licht des Glaubens durchforscht. (...)

25. (…) Die Gläubigen sollen daran denken, dass Gebet die Lesung der Heiligen Schrift begleiten muss, damit sie zu einem Gespräch werde zwischen Gott und Mensch. (…)
26. So möge durch Lesung und Studium der heiligen Bücher „Gottes Wort seinen Lauf nehmen und verherrlicht werden".

3. Fastensonntag: Entscheide Dich!

Lk 13, 1-9
Ein Mann hat eine Entscheidung zu fällen: Soll ich den Feigenbaum abschlagen oder nicht? Lohnt es sich, ihn stehen zu lassen, oder lohnt es nicht? Der Weingärtner bittet ihn, den Baum noch nicht abzuhacken. Er wird sich um den Feigenbaum kümmern. Ist das nicht eine urmenschliche Situation? Wir stehen vor einer Entscheidung – und wir haben letztlich drei Möglichkeiten: Wir können etwas verändern. Wir können die Situation verlassen. Oder wir freunden uns mit dem Ist-Zustand an. Verändern, Verlassen oder Akzeptieren. Im Englischen gibt es da auch eine einfache Formel: **Change it, leave it or love it!**
Sie sind zum Beispiel mit etwas bei Ihrem Arbeitsplatz unzufrieden: Entweder Sie ändern es, selbst oder mit anderen durch Gespräche und Vorschläge. Oder es nervt Sie so sehr, dass Sie die Arbeitsstelle wechseln. Oder Sie akzeptieren das Unangenehme, freunden sich damit an. Eigentlich ganz logisch – denkt man!
Aber nicht selten wählen Menschen die 4. Option: Nicht entscheiden und jammern! Sie schieben die klare Entscheidung auf, ob sie etwas verändern oder ob sie die Gesamtsituation verlassen oder ob sie sich mit dem Ist-Zustand anfreunden. Was kann diese 4. Option für Vorteile haben? Immerhin kann man bei anderen klagen: „Oh ich leide so unter meiner Arbeit, meinen Kollegen, unter meinem Chef!" Die guten Freunde dürfen dann einen bemitleiden. Das tut gut, auch wenn dadurch nichts in der Situation besser wird. Man kann jemanden, die Kollegen oder den Chef, als Scheusal hinstellen und sich selbst als Opfer.
Wir alle brauchen Zeit für schwere Entscheidungen, wir alle dürfen mal in der Zeit des Suchens unser Herz bei guten

Menschen ausschütten. Aber wer nicht irgendwann sich zwischen change it, leave it or love it entscheidet, tut sich nichts Gutes, kultiviert sich als angeblich unschuldig Leidender, der vielleicht seine Geschichte auch benutzt.
Herr, gib mir den Mut, Dinge zu ändern, die ich ändern kann, die Geduld, die Dinge zu tragen, die ich nicht ändern kann, und die Weisheit, das eine vom anderen zu unterscheiden. – Das ist die Lebenskunst, die gefordert ist: Entweder mutig etwas verändern oder geduldig die Situation tragen. Weisheit zeigt mir, wann das eine oder wann das andere besser ist!
Wer sich der Entscheidung stellt und sie nicht aufschieben will, der fragt sich natürlich dann: Was ist das Richtige? Was bringt mehr Frucht für mein Leben, für das Leben anderer?
Umkehren, wie Jesus uns eindringlich auffordert, heißt dann: **Zur größeren Ehre Gottes entscheiden!** Seine Entscheidung im Blick auf Gott zu fällen, sich von seinem Geist anregen lassen – denn genau das tut dann auch mir gut, führt mich weiter und schenkt mir Lebenssinn.
Zur größeren Ehre Gottes! Das war eines der Wahlsprüche des Hl. Ignatius von Loyola. Er ist auch ein kompetenter Berater bei Entscheidungen. In seinem Exerzitienbuch, stellt er uns **drei Möglichkeiten vor, eine Wahl zu treffen:**
Welchen Beruf soll ich wählen? Soll ich heiraten oder Priester werden oder ins Kloster gehen? Soll ich die jetzige schwierige Situation, also z. B. Beziehung, Arbeitsplatz usw., verlassen, aktiv verändern wollen oder annehmen und ertragen?
Die erste Weise: Du spielst die verschiedenen Möglichkeiten durch und überlegst dir mit deinem Verstand die Vor- und Nachteile bei jeder Möglichkeit. Ignatius empfiehlt sogar, diese Aspekte aufzuschreiben. Danach ergibt sich vielleicht ein eindeutiges Fazit.
Die zweite Weise: Du spielst die verschiedenen Möglichkeiten in einem inneren Kinofilm durch und achtest auf deine Gefühlslage. Wenn ich mir zum Beispiel diese

Möglichkeit, diese Entscheidung und das Leben dazu ganz konkret in meinem inneren Auge ausmale, wie fühle ich mich dabei? Zufrieden, ruhig, klar und das auf längere Zeit? Oder fühle ich mich unzufrieden, unsicher, trocken?

Ignatius erfuhr selber auf dem Krankenbett, als er nicht wusste, ob er Ritter oder frommer Pilger werden sollte, dass ihm die Vorstellung, Pilger zu werden, mehr Trost schenkte, auch nach seiner Traumreise, wie es sein könnte, wenn er Pilger ist. Er nahm dies als innere Regung und Führung des Hl. Geistes an und wurde frommer Pilger.

Die dritte Weise: Du hast plötzlich eine ganz besondere Gewissheit, ohne Zweifel und mit großer Einsicht und Intuition, dass diese Entscheidung richtig ist; oder anders gesagt: dass dieser Lebensstil, diese Entscheidung genau den Willen Gottes trifft. Diese Einsicht kann man nicht aktiv machen. Wer aber eine Zeit lang in die Stille geht, gar nicht mehr über die Frage nachdenkt und im Gebet sich immer neu in die Gegenwart Gottes versenkt, dem wird oft diese Klarheit geschenkt.

Die drei Weisen schließen sich nicht gegenseitig aus, im Gegenteil: Sie ergänzen sich.

Das oberste Prinzip bei der Entscheidung ist die größere Ehre Gottes. Letztlich geht es bei Ignatius nicht darum, bei einer Entscheidung das zu wählen, was mir besser gefällt. Sondern das zu wählen, wo ich meine Fähigkeiten zu einer größeren Ehre Gottes einsetzen kann. Diese Entscheidung ist auch das, was für mich im Innersten am besten ist. Im tiefsten Sinne ist deswegen Hingabe und Dienst für Gott identisch mit Selbstverwirklichung. Oder im Bild des Gleichnisses: Ein Feigenbaum, der Frucht bringt!

4. Fastensonntag: Von Solowjew und anderen, die Umwege gegangen sind

Lk 15, 11-32
Vladimir Solowjew war der berühmteste christliche Philosoph und Theologe in Russland im 19. Jahrhundert. Mit 20 Jahren schreibt er einen Brief an eine Freundin, in dem er seine persönliche Geschichte als verlorener Sohn erzählt. Mit 13 Jahren hat er seinen Kinderglauben abgelegt und wurde Atheist.

„Was mich persönlich betrifft, so zweifelte ich in diesem Alter nicht nur, negierte nicht nur meine früheren Glaubensvorstellungen, sondern ich hasste sie auch von ganzem Herzen - ich schäme mich, wenn ich daran denke, was für überaus dumme Lästerungen ich damals ausgesprochen und begangen habe. [zum Beispiel hat er aus Wut religiöse Gemälde (Ikonen) zerstört und aus dem Fenster geworfen. In der orthodoxen Kirche ist das eine sehr schlimme Tat. Fast vergleichbar wie wenn einer den Leib Christi schändlich zerstört.] - Am Ende der Geschichte sind alle Glaubensüberzeugungen verworfen, und der junge Geist ist vollkommen frei."

Er glaubte nur noch, was die Naturwissenschaften für Ergebnisse vorzuweisen hatten. Mit der Zeit aber, durch weiteres Nachdenken und Suchen, fand er zu einem neuen Glauben zurück. Das war nicht mehr der naive Kinderglaube, sondern ein reifer Glauben, der vor der Vernunft bestehen konnte und das ganze Leben tragen konnte.

War dieser Umweg notwendig?
Eine Mutter erzählte mir, dass ihr Sohn, nachdem er Physik angefangen hatte zu studieren, lange Zeit nicht mehr in die Kirche ging. Er sagte zu seiner Mutter: Ich kann mit dem

Religiösen nichts anfangen. Für mich als Physiker ist das alles unverständlich geworden.

Als er aber Vater wurde, änderte sich das. Inzwischen geht er mit seiner kleinen Tochter in den Kindergottesdienst und hat sich in den Pfarrgemeinderat wählen lassen.

Als im Pfarrgemeinderat mal wieder gejammert wurde, dass so wenige Jugendliche in die Kirche gehen, sagte dieselbe Mutter: Lasst die Jugendlichen gehen, gebt ihnen ihre Freiheit, die kommen schon irgendwann wieder.

Natürlich kommen leider nicht alle wieder zurück. Interessant ist die Frage: Was führt die, die zurückkehren, zu dieser neuen Hinwendung zu Gott?

Unser Gleichnis hat ganz viele Facetten und kann auf ganz viele Geschichten von Menschen angewendet werden. Und unser Gleichnis wirft einige provozierende Fragen auf.

- Wir können unser Gleichnis zum Beispiel im Kontext von Jugendlichen lesen: Sie wollen langsam auf eigenen Füßen stehen, ihre Freiheit erobern und lehnen sich deswegen gegen die Eltern auf. Schmerzvolle Erfahrungen und Streitigkeiten können dabei entstehen. Die Eltern müssen lernen, mehr und mehr die Kinder in die Freiheit los zu lassen. Sie spüren, dass die Kinder in das Abenteuer des Lebens hinein gehen, und man weiß nicht genau, wie dieses Abenteuer ausgeht. Man weiß aus vielen Beispielen, dass es auch misslingen kann. Wenn die Kinder dann erwachsen geworden sind und auf beiden Beinen stehen, kommen viele Kinder zurück, versöhnen sich mit ihren Eltern und danken ihnen für alles, was sie von ihnen bekommen haben.

Kann man nicht auch diese schwere Zeit überspringen? Aber vielleicht kann ein Kind, das nie versucht hat, sich von den Eltern abzunabeln, später nicht richtig dankbar ihnen gegenüber sein?! Wir sehen das ja im Gleichnis am Beispiel des zweiten Sohnes: Er ist neidisch auf seinen anderen Bruder und hat gar nicht verstanden, welch großes Glück er hatte, dass er immer beim Vater war.

- Wir können unser Gleichnis aber auch im Kontext von großen Fehlern und Irrwegen her lesen: In der Suchtberatung der Caritas erzählte ein ehemaliger Spieler, ein ehemaliger Spielsüchtiger seine Geschichte. Er begann mit den Worten: „Ich bin froh, spielsüchtig zu sein." Er sagte bewusst diesen provozierende Satz. Natürlich war es die Hölle für ihn, als er durch seine Spielsucht Geld verlor und seine Ehe aufs Spiel setzte. Aber als er nach einer Wende konsequent seine Sucht ablegte, lernte er (mit Hilfe einer Selbsthilfegruppe), wer er wirklich ist, was für sein Leben wirklich wichtig ist und was sein Leben wirklich sinnvoll macht. Den Sinn des Lebens und sich selbst hat er nur gefunden, weil er durch diese Hölle gegangen ist.

- In der Osternacht heißt es im Exsultet: glückliche Schuld. Hier ist wichtig, klar zu betonen, dass erst im Rückblick, nachdem die Umkehr vollzogen ist, die Schuld (wie z.B. die Sucht unseres ehemaligen Spielers) glücklich wird. Die Schuld an sich, wie zum Beispiel die Sucht an sich, oder der Unglaube an sich ist natürlich nicht zu empfehlen. Aber sie kann im Rückblick eine wichtige Station in einem Lebensbogen sein.

- Am Tiefpunkt: Die Wende der Geschichte besteht darin, dass der ausgezogene Sohn auf einen Tiefpunkt angelangt ist. Als er die Schweine hüten musste, fühlte er sich ganz am Boden. Sein Leben erschien ihm verhunzt, man möchte fast sagen: versaut! Er fühlte sich ohnmächtig.

Die eigene Ohnmacht zu erleben war der Wendepunkt. Dieses Erlebnis zeigte ihm und damit uns allen deutlich: Wir können nicht aus eigener Kraft unser Leben meistern. Wir leben letztlich nur durch die Kraft Gottes. Wer dies vergisst oder nicht wahrhaben will, kommt irgendwann an einen solchen Tiefpunkt - früher und später.

Auch dazu ein Beispiel: Ein älterer Mann, ein ehemals engagierter Gewerkschaftler, glaubte nicht an Gott. Dann starb seine Frau. Ein Jahr nach dem Tod seiner Frau verspürte eine ganz große Trauer und Verlassenheit. Und plötzlich begriff er es, oder der Glaube ergriff ihn: Er glaubte an Gott und in diesem Glauben konnte er seine Trauer tragen. Er sagte mir: Immer machte ich alles aus meiner eigenen Kraft: für die Rechte der Arbeitnehmer kämpfen usw. Aber jetzt ein Jahr nach dem Tod merkte ich: Ich kann meine Frau nicht lebendig machen. So merkte ich, dass ich nun mich zu Gott wenden muss: Ich selber kann nichts machen.

- **Die Rückkehr:** Der schönste Augenblick unserer Geschichte ist natürlich, als der Sohn heimkehrt und der Vater ihn mit offenen Armen empfängt. Das feiern wir in jedem Gottesdienst: Wir dürfen mit Jesus zu unserem gemeinsamen Vater zurückkehren und uns von ihm im gemeinsamen Mahl umarmen lassen.

So hart die Umwege und Irrwege oft sind, wir können vertrauen, dass sich unsere Schuld zu einer glücklichen Schuld wandeln kann, denn: Gott schreibt auch auf krummen Linien gerade!

5. Fastensonntag: Sündige Systeme – Einsichten des Theologen Walter Wink

Joh 8, 1-11
Strukturelle Sünde
Eine Frau soll wegen Ehebruch gesteinigt werden. In dem damaligen Rechtssystem der Juden wurden Ehebrecherinnen, aber nicht Ehebrecher gesteinigt. Die Frauen wurden viel härter bestraft.

Hinter diesem Rechtssystem steht ein Denken, ein Geist, der Frauen herabwürdigt. Die Befreiungstheologie würde das als strukturelle Sünde bezeichnen: Sünde kommt von absondern, die Verbindung abtrennen. Somit ist dieses Denken eine Sünde, es trennt Männer und Frauen. Es erhebt die Männer über die Frauen. Aber es trennt auch von Gott, weil Gott Mann und Frau als gleichwürdig geschaffen hat. Dieses Denken, dieser Geist trennt von Gott. Und weil dieses Denken Strukturen schafft, hier ein Rechtssystem und eine Rechtspraxis, ist es auch eine strukturelle Sünde.

Von Engeln, Dämonen und Systemen
Als ich den Theologen Walter Wink las, kam mir ein Aha-Erlebnis. Denn ich konnte zwei Dinge plötzlich miteinander verbinden. In der Bibel lesen wir oft von Engel und Dämonen. Wir stellen uns diese normalerweise als einzelne getrennte Geistwesen vor, die irgendwo unsichtbar herumschwirren. Walter Wink aber zeigte auf, dass die Menschen in der Antike dies anders verstanden. Engel und Dämonen sind Mächte, die in unseren menschlichen Systemen und Strukturen wirken. Um das zu verstehen, müssen wir ihr Denken etwas umformulieren. Wir sagen zum Beispiel: In dieser Familie, in dieser Pfarrei oder in dieser Firma weht ein guter Geist. Oder wir sagen zum Beispiel: In dieser Firma, in dieser Schule ist der Wurm drin. Genau das meint der Johannes der

Offenbarung, wenn er seine 7 Sendschreiben an den „Engel" der jeweiligen Gemeinde und nicht einfach an die Gemeinde richtet. Mit dem Engel der Gemeinde in XY ist der Geist der Gemeinde gemeint, ihre Spiritualität, ihre gemeinschaftliche Persönlichkeit, oder heute würde man auch sagen: ihr System. Jedes menschliche System hat damit eine äußere Seite und eine geistige innere Seite. Eine Pfarrei ist sowohl ihre Gebäude, Mitglieder und Gremien als auch ihr Geist, ihre Spiritualität, ihr Engel.

Man kann das bei Orchestern sehr gut feststellen: Manche berühmte Orchester haben einen ganz eigenen Stil, an dem sie erkennbar sind. Und große Orchester wie die Berliner oder die Wiener Philharmoniker haben bei allen Veränderungen und Wechseln der Besetzungen über Generationen hinweg einen eigenen Stil bewahrt und weitergegeben. Wir heute würden nicht sagen: Das ist der Engel des Orchesters – antike Menschen würden das so sagen.

Dämonen sind so verstanden destruktive Geister in menschlichen Systemen. Das zerstörerische System der Mafia ist in dieser Denkweise eine böse Macht, ein Dämon.

Jetzt eine zentrale Erkenntnis von Walter Wink:
Wenn wir die Systeme ändern wollen, müssen wir nicht nur ihre äußere Form angehen, sondern auch ihren inneren Geist.

Jesus wollte nicht nur die äußere Form ändern, sondern zuerst den inneren Geist. Die Zeloten zum Beispiel wollten mit Gewalt die Gewaltherrschaft der Römer beenden. Das wäre eine Änderung der äußeren Form gewesen. Aber hätte sich durch so einen gewaltsamen Aufstand, auch wenn er Erfolg gehabt hätte, der Geist verbessert? Die französische Revolution hat uns eines besseren belehrt. Mit seinen Streitgesprächen wollte er den inneren Geist der Menschen und der menschlichen Systeme ändern.

„Wer von euch ohne Sünde ist, werfe den ersten Stein." An welche Sünden denkt Jesus? In einer ersten Deutung können wir vermuten, dass Jesus die Männer anschaut und sie damit fragt: Habt ihr noch nie Ehebruch vollzogen? In einer zweiten weiteren Deutung könnte Jesus meinen: Seid ihr ganz rein im Herzen, ganz mit Gott verbunden, habt ihr immer alle Gebote eingehalten?

Aber wir können in einer dritten Deutung den Blick noch mehr weiten und nicht nur die einzelnen Menschen mit ihren möglichen Sünden anschauen. Dann meint Jesus: Bist du in keine einzige strukturelle Sünde verstrickt? Wenn Du jetzt einen Stein werfen willst, bist Du besessen von dem sündigen Rechtssystem, das Frauen herabwürdigt und sie ungleich mehr für Ehebruch bestraft als Männer. Und vielleicht bist Du auch noch in andere strukturelle Sünden verstrickt… Meistens merken wir sie nämlich nicht!

Oft sind menschliche Systeme zweischneidig, ambivalent, ein Gemisch aus gut und böse, lebensfördernd und lebenshinderlich. Bestes Beispiel die Kirche: sie hat in ihrer Geschichte schon vielen geholfen, aber auch Kreuzzüge durchgeführt, Frauen als Hexen verbrannt und zwangsmissioniert. Bei manchen Systemen überwiegt eindeutig das Böse, wie bei der Mafia, bei anderen eindeutig das Gute, wie bei den katholischen Orden.

Aber können mächtige Institutionen verwandelt werden?
Walter Wink schreibt dazu: „Wenn das Böse so fest im System selbst verankert ist, welche Möglichkeit bleibt uns, diese an Gottes Ziele zurück zu binden? […] Sind die Mächte ihrem Wesen nach böse? Oder sind manche gut? Oder erstrecken sie sich entlang des Spektrums zwischen Gut und Böse? Die Antwort scheint eher zu sein: keines der Genannten. Sie sind zugleich gut und böse, obwohl vielleicht in unterschiedlichem Grade, und sie können verbessert werden.

Vereinfacht dargestellt: Die Mächte sind gut. Als auch: Die Mächte sind abgefallen. Als auch: Die Mächte müssen erlöst werden.
Diese drei Aussagen müssen zusammen gehalten werden, denn jede für sich genommen ist nicht nur unwahr sondern schädlich."[13]
Wer glaubt, Mächte, Institutionen, Staaten sind einfach gut, ist naiv.
Wer glaubt, Mächte, Institutionen, Staaten sind von sich aus böse, wird Pessimist, der verzweifelt aufgibt oder verzweifelt kämpft.
Wer glaubt, Mächte, Institutionen, Staaten sind einfach reformierbar, versucht vielleicht, Utopien umzusetzen und vergisst, dass Umkehr oft nötig ist.
Was ist also zu tun? Den ersten und wichtigsten Schritt zeigt uns Jesus im Evangelium: Die Sünde aufdecken. „Wer von euch ohne Sünde ist, werfe den ersten Stein." Die strukturellen Sünden aufdecken raubt den destruktiven Kräften ihre stärkste Wirksamkeit: dass sie uns unbewusst zum Bösen zwingen. Dann ist Umkehr möglich. Den Stein fallen lassen. Und sich in die Richtung zu mehr Leben, Liebe und Barmherzigkeit zu bewegen. Paulus nennt dieses Aufdecken die Unterscheidung der Geister.
Denn Gott möchte sowohl uns von den zerstörerischen Kräften befreien, als auch menschliche Systeme wie Religionen, Staaten, Rechtssysteme, Schulen, Firmen, Wirtschaftssysteme von ihren strukturellen Sünden erlösen: Weg von Machtsucht, Habsucht, Ehrsucht hin zum Dienst an den Menschen. Denn es ist Gottes Plan, dass diese Systeme den berechtigten Bedürfnissen der Menschen dienen.
Die Mächte sind sowohl gut, als auch abgefallen, als auch erlösbar! „Gott erhält ein gegebenes politisches und wirtschaftliches System, da ein solches unentbehrlich ist, um Menschenleben zu bewahren; verurteilt dieses System, sofern

es Menschenleben zerstört; und drängt zur Transformation in eine humanere Ordnung. Konservative betonen das erste. Revolutionäre das zweite und Reformer das dritte. Von Christen wird erwartet, dass sie alle drei zusammenhalten."[14] Sie müssen entsprechend der jeweiligen Situation mal das eine oder das andere mehr betonen und trotzdem alle drei zusammenhalten. 1989 stürzten friedliche Demonstrationen von Christen den Unrechtsstaat DDR. Im II. Vatikanischen Konzil reformierte sich die Kirche, indem sie sich auf die Heilige Schrift zurückbesann. Und beide Ereignisse zeigen, dass Gottes Geist wirklich durch Menschen Systeme wandeln kann.

Palmsonntag: Warum ist das Kreuz erlösend?

Wir lieben Heldengeschichten: Der Held kämpft gegen einen Bösen, es wird ganz schön gefährlich, zeitweise ist der Ausgang ungewiss, aber dann: Der Böse wird getötet, verhaftet, vernichtet oder vertrieben. Happy End!
Unsere Fernsehprogramme sind voll davon: Krimis, Actionfilme, Thriller, Western, Comic-Superhelden, Sciencefiction, Fantasy. Schon in den Kinderprogrammen können wir diese Heldengeschichten feststellen.
Aber was passiert nie: Die Gegner setzen sich nie zusammen und besprechen ihren Konflikt. Sie lernen beide nie dazu. Hinter all diesen Heldengeschichten steht der Glaube, dass Gewalt retten kann, dass Gewalt Frieden bringt, dass Macht Recht macht.
In diese Logik lässt sich die Passion Jesu nicht einpassen! Die Leute wollen ihn bei seinem Einzug zu einem Helden machen. Jesus weigert sich. Jesu Weg ist keine Heldengeschichte. Das ist auch das Ärgerlich-Falsche an dem Film Passion Christi von Mel Gibbson. „Jesus wird da auf amerikanische Art ganz wunderschön als Champion dargestellt, als Meister im Ertragen von Schmerzen, der im Boxring vom Teufel tausendmal knockout geschlagen wurde und sich dennoch wieder erhebt – und am Ende verdientermaßen auf dem Siegerpodest steht."[15]
Nein, Jesu Passion ist eine Ohnmachtsgeschichte – und gerade darin müssen wir ihren Sinn suchen, ihre erlösende Bedeutung für die Menschheit. „Anderen hat er geholfen, nun soll er sich selbst helfen, wenn er der erwählte Messias Gottes ist." Lk 23,35. Aber Jesus tut es nicht. Er spielt kein einziges Machtspiel mit. Vielmehr wird er zum Spielball der Macht: Von Pilatus zu Herodes, der sich köstlich amüsiert, und

zurück! Der eine Schächer versteht das nicht: Warum setzt Du nicht Deine Macht ein? Warum wirkst Du nicht als Held? „Bist du denn nicht der Messias? Dann hilf dir selbst und auch uns!" Lk 23,39 Der Theologe Sander sagt schön: Jesus „ist kein Herr über Leben und Tod, dessen Herrschaft auf Kosten des Lebens geht. […] Er nimmt sich nicht ein Leben, das ihm gehört, sondern zeigt am eigenen Leib die heillose Gewalt unter Menschen; sein Leben wird den Lebenden gegeben, damit sie wider ihre eigene Gewalt leben lernen."[16]
Einer versteht, dass Jesus das Machtspiel nicht mitspielt, aus der Gewaltspirale aussteigt: Der andere Schächer: Ich habe bei der Gewalt mitgemacht. Dieser aber nicht! „Jesus denk an mich, wenn du in dein Reich kommst." LK 23,42

Warum ist Jesu Kreuzestod das Erlösungsereignis für die Menschheit? Das ist eine große und schwierige Frage. In der Geschichte der Christenheit gab es darauf verschiedene Antworten. Eine krude uns heute total fremde Antwort ist die Loskauftheorie: Gott hat Jesus in den Tod gegeben, um uns Sünder damit vom Teufel freizukaufen. Wenn Gott mit dem Teufel Geschäfte machen muss, wird Gott nicht groß genug und der Teufel zu stark gedacht!

Auch fremd ist uns die Satifikationslehre von Anselm: Der König ist Spitze und Garant der gesellschaftlichen Ordnung. Wer den König beleidigt, muss sühnen, damit die Ordnung wieder hergestellt ist. Wenn der Mensch sündigt, dann verstößt er gegen die Weltordnung und beleidigt Gottes Ehre. Aber wer könnte da Sühne leisten und Ordnung wieder herstellen? Ewige Strafe für den Menschen als Genugtuung für die Ehre Gottes würde aber Gottes Liebe widersprechen. Nur Gott kann die Genugtuung leisten und nur ein Mensch aus Freiheit darf die Genugtuung leisten, deswegen muss Jesus Christus als Mensch und Gottes Sohn dies leisten.

Abgesehen davon, dass uns das Denken von Ehre wieder herstellen fremd ist, werden zwei Aspekte komplett vernachlässigt. Geht es wirklich nur um die Erlösung unserer Sünden? Oder geht es auch darum, dass das Kreuz auch allen Leidtragenden, unschuldigen Opfern Erlösung und Heilung bringen soll? Denken wir an die vielen Opfer der zwei Weltkriege und der vielen Diktaturen im 20. Jahrhundert allein!

Und da wären wir beim zweiten Aspekt: All diese Opfer verweisen darauf, dass die großen Sünden nicht Taten eines Einzelnen aus eigenen Überlegungen und Freiheit sind. Sondern viel tiefer geht das Netz von Gewaltherrschaft, Unterdrückung, kollektiver Verblendung. Tod bringende Ideologien beinhalten den Glauben, dass Gewalt retten kann, dass Gewalt Frieden bringt, dass Macht Recht macht.

Jesus spricht es doch selber an in der Lukaspassion: Die Könige herrschen über ihre Völker, und die Mächtigen lassen sich Wohltäter nennen. Lk 22,25. Aber der Friede im römischen Reich wurde durch Gewalt erreicht und durch Gewalt, Ungerechtigkeit und Unterdrückung aufrechterhalten.

Inwiefern ist dann Jesu Kreuzestod erlösend? Hier einige Gedanken. **Nehmen wir den Kreuzestod mal als Sakrament, als offenbarendes Zeichen der erlösenden Liebe Gottes.**

1. Dann ist der Kreuzestod Jesu eine Zusage von Gottes Kraft an alle, die aus der Gewaltspirale, aus dem Teufelskreis des Freund-Feind-Schemas und der Verurteilungen ausbrechen wollen. Jesus, der Sohn Gottes, zeigt uns den Weg, dass in der Ohnmacht des Kreuzes der Samen zur Heilung steckt. Martin Luther King und Nelson Mandela haben als Christen genau daran geglaubt. Das Martyrium Martin Luther Kings war dann auch Samen, die Unterdrückung der Schwarzen zu überwinden. Wer auf das Kreuz Christi schaut, öffnet sich der Kraft, diesen Weg der Ohnmacht zu gehen.

2. Jesus wendet sich den Frauen zu und solidarisiert sich mit ihrem kommenden Leid. Das Kreuz ist Sakrament der Liebe Gottes, dass Gott sich mit allen Opfern solidarisiert und wirklich mitleidet. Damals und heute und immer. Vor dem Kreuz darf jeder klagen und all sein Leid ausschütten. Heilung und Trost von Gott fließt uns zu, wenn wir aufs Kreuz schauen.

3. Jesus vergibt am Kreuz den Tätern. Er versteht, dass sie verblendet sind. Damit offenbart er, dass Gott immer schon unsere Verblendungen, unser Verstricktheit in die Gewaltspirale, unser Versagen verzeiht, und wir zur Umkehr und neuen Schritten fähig werden, wenn wir aufs Kreuz schauen. Es offenbart, dass Gottes Liebe immer schon eine Trotzdem-Liebe ist, bis zum Äußersten.

4. Jesus erlebt die Gottesferne und bleibt doch auf seinen Vater ausgerichtet: Mein Gott, warum hast du mich verlassen. Das ist die tiefste Solidarität mit den total Verzweifelten. Das Kreuz offenbart: Sogar in der Gottesferne ist Gott gegenwärtig und trägt uns, auch wenn wir nichts – auch gar nichts – davon merken.

5. Jesus lässt in seiner Todesstufe alles los. Sein Vater hält ihn und führt ihn zur Auferstehung. Das Kreuz offenbart uns unseren Halt in der Todesstunde!

Jesus Christus zieht mit seiner Passion das ganze Netz von Gewalt, Herrschaft, Verblendung, Leid auf sich und antwortet mit Ohnmacht, Vergebung, Mitleiden und Gottsuche in der tiefsten Dunkelheit. So wird sein Kreuz Sakrament und Garant, dass Gott mitleidet, vergibt, befreit, erlöst, heilt und zu neuem Leben erweckt.

Zum Schluss noch eine kleine Gleichnisgeschichte aus Selma Lagerlöfs Lichtflamme. Ein ehemaliger Kreuzritter will das Licht vom Grab Christi nach Florenz bringen. Da begegnet er einem Hirtenjungen, der viele Schafe durch die Kreuzritter verloren hat. Er ist also ein Opfer von Herrschaft,

Unterdrückung und Gewalt und will mit Gewalt seine Wut loswerden. Da merkt er: Raniero macht nichts, er schaut nur auf das Licht. Er erträgt seine Schläge. Und so verändert sich seine Wut, bei einer gefährlichen Stelle hilft er Raniero und führt sein Pferd. Raniero ging den Weg der Ohnmacht und schuf so Versöhnung bei dem Hirtenjungen. Seine Wut heilt und er verzichtet auf Gegengewalt.

Gründonnerstag: Die Fußwaschung

Der Gründonnerstag ist das Testament Jesu! Wenn die Kirche die Stiftung Jesu ist, dann erkennen wir am Gründonnerstag den Stifterwillen für die Kirche! Wir sollen genauso handeln, wie Jesus es uns vorgelebt hat. Und gerade zur Fußwaschung sagt Jesus:
Ich habe euch ein Beispiel gegeben, dient einander. Im Exerzitienhaus Gries wird das am Gründonnerstag erlebbar: man bekommt vom Nachbarn die Füße gewaschen und dem nächsten Nachbarn wäscht man die Füße.
Aber letztlich ist natürlich die Fußwaschung ein Ausdruck einer Haltung. Eine Haltung, die insbesondere Leitlinie für die Kirche sein soll! So wie Jesus im Markusevangelium die Jünger ermahnt: Ihr wisst, dass die Herrscher ihre Völker unterdrücken, bei euch soll es nicht so sein!
Diese Aussage und die Fußwaschung ist ein entscheidender Maßstab für die Kirche, ob sie noch Kirche Jesu Christi ist oder sich gegen ihren Gründer versündigt! Und die Kirche hat immer wieder gefehlt: Priester, Bischöfe, Päpste haben sich als Herrscher aufgespielt und Gläubige unterdrückt. Auch heute noch ist es möglich, dass wir andere beherrschen, ausnutzen, verurteilen, ausgrenzen. Jesus fordert also uns auf, kritisch auf uns selbst zu blicken. Beginnen wir mit Jesus bei uns selber.
Das erste ist: Das Kleine und Unscheinbare von mir ist von Gott geliebt! Symbolisch gesprochen: ich erkenne, zuerst hat Jesus mir die Füße gewaschen. Ich muss nicht einem Ideal nachjagen, um vor Gott Gnade zu bekommen. Dann kann ich auch anderen die Füße waschen. In jeder Eucharistiefeier schenkt sich Christus uns demütig in Brot und Wein. Wir haben Anteil an Christus: Gemeinschaft mit ihm und

untereinander ist uns geschenkt – wir müssen das nicht machen.
Der nächste Gedanke: Jesus will eine Kirche, die sich von Konkurrenz, Herrschaft und Unterdrückung bewusst absetzt. Wie erleben in unserer Gesellschaft genügend Gegenmodelle: im Militär geben einige Befehle und andere führen die Befehle aus. Es ist eine Einbahnstraße von oben nach unten. Im Sport kann nur einer die Goldmedaille bekommen. Im Roulette ist der Gewinn von einem des anderen Verlust. Und das Establishment lässt es die anderen spüren: Wir sind der Maßstab! Ihr seid nicht unsere Klasse!
All das soll in der Kirche nicht sein! Damit wir uns richtig verstehen: es braucht Leitung! Leitung lehnt Jesus nicht ab. Die Frage ist nur: wie leiten?
Gegen Sportwettkampf ermahnt uns Paulus, alle zu würdigen, die verschiedenen Charismen zu würdigen, auch die ungewöhnlichen, gerade die schwächeren Glieder des Leibes Christi mit Liebe zu achten.
Gegen das Modell Militär: Leitung muss zuhören. Ja gerade die stillen Stimmen soll die Leitung stärken. Der heilige Benedikt hat in seiner Regel seine Mitbrüder ermahnt: Hört auf die jüngeren Mitbrüder. Überhört sie nicht, in ihnen kann der Heilige Geist sprechen.
Jesus Fußwaschung ist auch gegen das Denken des Null-Summen-Spiels im Roulette oder auch oft in der Wirtschaft: des einen Gewinn ist des anderen Verlust. Kritisch fragen wir gleich: Ist etwas anderes möglich? Gibt es nicht immer nur einen Kuchen zu verteilen? Aber wir sagen auch: Wer Liebe austeilt, bei dem wächst die Liebe. Wer dankbar ist, der bekommt Dank zurück. Gerade in der Kirche sollten wir uns um eine – neudeutsch ausgedrückt – Win-Win-Situation bemühen.
Gegen das Establishment: Jesus erkannte: Lebendigkeit und echte Offenheit für Gottes Wirken fand er bei den

Ausgestoßenen, Demütigen, nicht beim jüdischen Establishment, bei den Pharisäern und Schriftgelehrten. Und was ist mit mir? Bin ich nicht ganz normal bürgerlich und gehöre damit heute zum Establishment?
Es geht um die Haltung: Mache ich mich oder meine Ideale zum Maßstab und verurteile ich die, die anders sind? Oder lasse ich mich durch das Anderssein des anderen anregen, würdige ich es, bin ich lernbereit? Und entdecke ich auch in mir eine Bereitschaft, neu zu werden?
Jesus Christus hielt nicht daran fest, Gott gleich zu sein, sondern erniedrigte sich! Lebendiges Leben, echte Liebe macht es genauso! Es ist nicht einfach, so Kirche zu leben, aber es lohnt sich immer wieder ein Neuanfang: der Gewinn ist lebendiges Leben und wachsende Liebe, echte Gemeinschaft mit Christus und untereinander!
Werden wir, was wir sind: Leib Christi!

Osternacht: Auferstehung - die Offenbarung Gottes

Die Auferstehung ist das Ereignis, das uns das Ganze zeigt. Die Auferstehung zeigt uns, wer Gott ist und wer Jesus ist und wer wir sind. Die Auferstehung gibt dem Ganzen Sinn, unserem Leben Sinn, der ganzen Geschichte Sinn und dem ganzen Kosmos Sinn.

Deswegen schauen wir in der Osternacht mit den Lesungen auch auf das Ganze: Wir beginnen beim Anfang, bei der Schöpfung, wir erinnern uns an die erste große Offenbarung Gottes: Er befreit aus Mitleid Israel aus Ägypten. Wir schauen auf die großen Hoffnungen und Sehnsüchte der Menschen, auf die Visionen der Propheten und hören dann den Auferstehungsbericht. Mit der Auferstehung zeigte Gott auf neue und unüberbietbare Weise, wer er ist und wie er handelt.

„Aber was ist da eigentlich neu?" – könnte man kritisch fragen. Spätestens seit der Zeit der Makkabäer glaubten die meisten Juden an die Auferstehung. Jesus selbst hat mit den Sadduzäern über die Auferstehung gestritten. Was ist also neu und wichtig an der Tat Gottes, Jesus aufzuerwecken? Diese kritische Frage ist berechtigt, weil viele mit Ostern oft nur die Offenbarung verbinden, dass es ein Leben nach dem Tod gibt. Gott erweckt die Toten zu einem Leben bei ihm. Wenn es nur das wäre, wäre die Frage berechtigt: „Aber was ist da eigentlich neu oder entscheidend?"

Also schauen wir genauer hin: Gott erweckt Jesus zu neuem Leben – und dieser Jesus war ein Opfer, er ist den Schandtod am Kreuz gestorben, verachtet und verraten. **Das erste Wichtige: Gott verschafft diesem Ausgestoßenen Gerechtigkeit und erhöht ihn!** Genauso wie Gott das versklavte Volk Israel aus Mitleid befreite, so schenkt er dem ungerecht Hingerichteten neues Leben!

Gott wendet sich also zuerst den Opfern zu! Erst von dieser Erkenntnis aus können wir universal werden und sagen: Gott macht die Toten lebendig. Gottes Mitleid wendet sich immer bevorzugt den Schwachen, Armen, Ausgestoßenen zu und dann allen.

Schon bei der Befreiung aus Ägypten zeigt sich Gott so: Gott hat das Leiden gesehen und die Klagen gehört. Gott hat Israel nicht aus Ägypten befreit, weil er sich ein Volk schaffen wollte, damit dieses dann seinen Kult ausschließlich auf ihn ausrichtet. Vielmehr der Kult feiert die Befreiung! Gott handelt, weil einige Menschen anderen Menschen Leid zufügen! Die Auferstehung Jesu zeigt genauso das befreiende Handeln Gottes: Einem Opfer wird Gerechtigkeit verschafft!

Das, was Jesus geschehen ist, wurde sofort allgemein verstanden: das Kreuz als Ausdruck für die menschliche Vergänglichkeit und die Auferstehung als Antwort auf die Sehnsucht nach Unsterblichkeit. Diese Verallgemeinerung ist legitim. Trotzdem sollte man nicht vergessen: der Auferstandene ist Jesus aus Nazareth, der den Armen das Reich Gottes verkündete, die Mächtigen anklagte, der verfolgt und hingerichtet wurde und trotzdem dem Vater vertraute und sich seinem Willen hingab. Es sagt etwas über Gott aus, dass er gerade diesen Jesus auferstehen ließ: dieser Gott verteidigt das Leben eines Gerechten und eines Opfers.

Das zweite Wichtige: Gottes Handeln ist auch ein Kampf gegen Ungerechtigkeit. Mit der Auferstehung reagiert Gott auch auf die Akteure, die ungerecht handeln. Dieser Kampf zeigt sich schon im Leben Jesu. Er verkündet das Reich Gottes. Dagegen steht der falsche Friede im römischen Reich und die Ordnung der Tempelgesellschaft. Reich Gottes gegen die pax romana. Jesus gegen die Hohenpriester und Pilatus.

Und dieser Kampf bleibt trotz Auferstehung bis zur Vollendung bestehen. Erst am Ende zeigt sich der volle Sieg Gottes. Es gilt, an den Gott der Auferstehung zu glauben und

gleichzeitig sich bewusst zu sein, dass es immer noch Mächte gibt, die Opfer verlangen und Ungerechtigkeit schaffen. Die Auferstehungsbotschaft bringt uns Kraft in diesen Auseinandersetzungen. Ostern gibt uns Hoffnung und Zuversicht und Mut gerade in diesen Schwierigkeiten.
Das dritte Wichtige: Gott bleibt weiterhin ein geheimnisvoller Gott. Gott ist ganz groß und zugleich klein! Die Auferstehung offenbarte auf neue Weise, dass Gott Geheimnis ist.
Jesaja schon offenbarte über Gott: Nur für eine kleine Weile habe ich dich verlassen, doch mit großem Erbarmen hole ich dich heim. Warum handelt Gott so?
Zuerst ist Gott am Karfreitag untätig, dann handelt er an Ostern! Was offenbart Gott dadurch? Tastend gehen wir vorwärts: Kreuz und Auferstehung bilden eine Einheit. Die Auferstehung hebt die Offenbarung Gottes im Kreuz nicht auf. Ostern macht Karfreitag nicht überflüssig. Diese Einheit zeigt, dass wir Gott selbst als schwach UND stark, als ganz groß UND klein denken müssen.
Das Kreuz offenbart die Ohnmacht Gottes. Und es ist billige Gnade, das Kreuz nach Ostern verschwinden zu lassen. Vielleicht will Gott damit den Opfern ganz nahe sein. Im Kreuz solidarisiert sich Gott mit den Opfern, ja er wird ihnen gleich. Damit vollendet das Kreuz die Menschwerdung Gottes.
Die Macht Gottes, die in der Auferstehung erscheint, wird vielleicht nur dadurch glaubhaft! Gottes Macht kommt nicht nur von oben, sondern er war schon unten bei den Opfern. Die Auferstehung dagegen offenbart, dass Gott nochmal ganz anders handeln kann, dass er je größer ist, als wir ihn uns vorstellen. Er kann absolute Befreiung und Erlösung schenken. Aber mit Christus am Kreuz können die Opfer glauben, dass die Macht Gottes wirklich gute, heilende, liebevolle, zärtliche Macht ist. Diese Solidarität Gottes nimmt

den Opfern ihre Einsamkeit und schenkt ihnen wieder die Würde! Dadurch wird der gekreuzigte Gott auch als Erlösung erfahren, weil alle Opfer durch den gekreuzigten Jesus wissen, dass sie Gemeinschaft mit Gott haben.

Gott ist nicht nur der je Größere, sondern auch der jeweils Geringere. Uns kann nur ein Gott retten, der leidet. – Gott bleibt Geheimnis

Das vierte Wichtige: „Christlich Glauben heißt, der Zukunft als der Ankunft des größeren Geheimnisses Gottes trauen." So hat es Baptist Metz formuliert.

In der Geschichte der Menschen bleibt Kreuz und Auferstehung, Wort und Schweigen, Macht und Ohnmacht, Offenbarung und Verborgenheit Gottes. Aber all das hat eine Richtung auf eine Zukunft hin, in der Gott alles vollendet, heilt und vereint. Am Ende wird alles vollendet sein, wenn Gott alles in allem ist. Das Ende ist nicht nur Beendigung der Zeit sondern der Sieg über das Negative.[17]

Wir sind noch in der Zeit, im Prozess. Wir sind in die Geschichte eingewoben. Auf diesem Weg sind wir nicht allein. So wie Jesus die Emmausjünger begleitete, so ist Jesus Christus, der Auferstandene, unser Begleiter, Unterstützer und Wegführer zum Vater. Jesus Christus ist der Garant, dass die Geschichte auf die Vollendung ausgerichtet ist.

Mit Besonnenheit und Zuversicht sind wir unterwegs. Denn Gott selbst ist sowohl aktiv befreiend als auch passiv solidarisch in seiner Liebe. Und so gehen wir mit dem Auferstandenen den Weg unserer Geschichte, um gerecht und gut zu handeln, das Reich Gottes aufzubauen, und dabei dem geheimnisvollen Gott zu vertrauen. Dieser Weg bringt Freude und Lebenssinn. Denn Jesus Christus ist wahrhaft auferstanden. Amen!

Ostern: Aus der Auferstehung leben bringt Freude und Freiheit

Die Jünger erfahren den Auferstandenen, aber erst einmal verstehen sie gar nichts. Sie brauchen Zeit, um zu begreifen, dass sich durch die Auferstehung alles verändert hat: Ihr Denken über Gott, über Jesus und über sie selbst. Ihr Leben wird durch die Auferstehungserfahrung ganz neu ausgerichtet, so wie eine Kompassnadel umschwenkt, wenn ein starker Magnet plötzlich da ist.
Wie ist man, wenn man ganz erfüllt ist von der Auferstehungserfahrung? Das erleben wir so richtig, als die Jünger vom Heiligen Geist erfüllt hinaus gehen und voll Freude und frei im Herzen, erfüllt vom Wissen, der Herr Jesus Christus ist wahrlich auferstanden, anfangen zu predigen. – Sogar in allen Sprachen… Da spotteten einige: Sie sind vom süßen Wein betrunken! Apg 2,13.
Passierte das heute, würden manche Menschen die Jünger anreden mit dem Spruch: Ihr seid wohl auf Drogen! – Und sie antworten: Nein wir sind erfüllt vom Auferstandenen.
Ihr seid wohl auf Drogen! Sie sind vom süßen Wein betrunken! Die Leute merken: Die haben sich verändert, vorher verzagt, jetzt aber frei und freudig! Aber sie können sich nur vorstellen, dass Drogen diese Wandlung hervorgerufen haben. – Entscheidend für uns ist jedoch: Man merkt einem Menschen an, wenn er wirklich aus der Auferstehungserfahrung und aus der Beziehung zum auferstandenen Christus lebt. Es ist, als ob all sein Reden und Handeln den Stempel „erfüllt von der Auferstehung" bekommen hat.
Stempel „erfüllt von der Auferstehung"
Woran erkennt man einen Menschen, erfüllt vom Auferstandenen? Fünf Merkmale:

Echte Freude, eine besondere innere Freiheit, ein neues tiefes Wissen, eine Hoffnung, die ausstrahlt und eine Praxis der Begeisterung, die Grenzen überwindet.

1. Echte Freude: Das Triumphale der Auferstehung strömt in ihr Leben. Sie haben nicht nur Hoffnung erfahren und einen Auftrag bekommen, sondern auch Frieden, Vergebung, Licht, Freude und alles, was man sich als Sieg über Sorgen, Dunkelheit und Angst vorstellen kann. Jesus hat über die eigene Angst gesiegt und deshalb ist Freude im Überfluss. Aber dieser Triumph ist nicht nur ein punktuelles Ereignis, sondern bleibt im Lauf des ganzen Lebens der Jünger erhalten. Das ist auch das Neue des christlichen Gottesdienstes: Die ersten Christen hatten nicht nur eine Wahrheit zu verkünden, sondern sie hatten etwas zu feiern. Sie mussten ihre Dankbarkeit und ihre Freude in Worte fassen. Sie feierten den auferstandenen und verherrlichten Herrn und wussten, dass die Fülle im Überfluss bis zu ihnen gelangt war.

2. Freiheit: Die Apostel begannen ohne Furcht zu predigen und blieben auch inmitten von Verfolgungen zuversichtlich. Freiheit, die der Auferstehungsglaube schenkt, befreit uns vom ängstlichen Ich. Es ist auch eine Freiheit vom Egoismus: Nicht mehr ich lebe, sondern Christus lebt in mir, sagt Paulus. Aus dieser Freiheit heraus können wir lieben, ohne dass irgendetwas zum Hindernis für diese Liebe werden könnte. Der freie Mensch ist derjenige, der sich geliebt weiß und schließlich nur noch liebt, ohne dass irgendetwas ihn vom Weg dieser Liebe abhält.

Das erleben wir deutlich an großen Heiligen, die aus der Liebe Gottes heraus lieben können: Die Liebe Don Boscos zu den Jugendlichen, die Liebe Oscar Romeros zum armen Volk von El Salvador, die Liebe Katharinas von Siena zur Kirche trotz ihrer Fehler und Irrwege.

3.-4. Tiefes Wissen und eine Hoffnung: Die Jünger wissen sich mit Christus verbunden und wissen, dass sie alle

Hoffnung auf ihn setzen dürfen. Deswegen können sie in seine Nachfolge treten. Sie wissen, dass Nachfolge Jesu nicht eine Erfüllung einer asketischen oder religiösen Forderung ist, oder das Erfüllen einer abstrakten ethischen Forderung, wie Kants kategorischer Imperativ. Sondern sie wissen: Ich habe eine Beziehung zum auferstandenen Jesus Christus, und auf ihn setze ich meine Hoffnung. So kann ich beschenkt und glücklich Jesus Christus nachfolgen.

5. Die Jünger verkündigen und gehen hinaus. Sie gehen zu allen Menschen und heilen Kranke. Ihre Praxis kennt keine Grenzen. So wie Paulus sagt: Nicht Jude oder Grieche, Sklave oder Freie, Mann oder Frau, sondern alle sind eins in Christus. Die Praxis von Menschen, die vom Auferstandenen erfüllt sind, kennt keine Gruppenegoismen. Sie übersteigt die Abgrenzungen. Bei Rückschlägen wird die Hoffnung nicht aufgegeben!

Paulus betont die Liebe, die die Gräben überwindet: Diese Liebe ist gekreuzigt wie die Liebe Jesu; aber in dieser Liebe leben wir schon im Licht der Auferstehung. Selbstlos lieben können – das ist Zeichen der Macht von Ostern auch heute.

Beginnen, als ob der Glaube an den Auferstandenen uns jetzt voll erfasst! Und da bin ich jetzt bei uns heute angelangt. Die Jünger haben auch Zeit gebraucht, bis die Auferstehungserfahrung sie neu ausgerichtet hat. Wir dürfen auch Zeit brauchen. Aber wir wollen heute beginnen, als ob der Glaube an den Auferstandenen uns jetzt voll erfasst:

- Freude daran, dass das Gute siegt durch die Macht Gottes!
- Spuren von Auferstehung und Triumph des Guten suchen und feiern!
- Ichsucht, Angst und Gruppenegoismus hinter sich lassen und mit Liebe und Freude auf den Nächsten zugehen!

- Weil wir wissen: Jesus Christus ist bei mir, bei uns, wir dürfen auf ihn hoffen!
- Freiheit und Freude sind Ausdruck dafür, dass Ostern heute noch wirkt und uns verwandelt.

Jon Sobrino hat es so ausgedrückt: „Die Auferstehung Jesu ist letztlich eine christliche Antwort auf eine ewig menschliche Frage: die Frage nach Gerechtigkeit für die Opfer, die Frage nach Sinn oder Absurdität. […] Man kann in unserer Geschichte resigniert oder hoffnungslos leben, aber man kann auch auf die Verheißungen hoffen. Und dies geschieht auch. Wer eine radikale Hoffnung für die Opfer dieser Welt hat, den überzeugt Resignation als letztes Wort nicht. Wer inmitten dieser Geschichte von Kreuzigungen das feiert, was es an Fülle gibt, und die Freiheit besitzt, sein eigenes Leben zu geben, der sieht Geschichte nicht als Absurdität oder als Wiederholung desselben, sondern als Verheißung eines Mehr, was uns anzieht und geschenkt wird:"[18] die Gnade der Auferstehung!

Ostermontag: Das leere Grab ist der unauflösbare Rest

1814 sinnierte der Wissenschaftler Laplace vor sich hin: Wenn wir alle Gesetze der Physik kennen und alle Zustandsgrößen aller physikalischen Objekte zu einem Zeitpunkt, dann könnten wir das Zukünftige genau berechnen. Gott hat nach Laplaces Denken der Welt feste physikalische Gesetze gegeben und alles läuft danach ab... Ist das wirklich so? Der Philosoph Deleuze nimmt humorvoll diese Vorstellung von Laplace auf und untergräbt sie: „Es mag also zutreffen, dass Gott die Welt mit seinen Rechnungen erschafft, aber diese Rechnungen gehen niemals auf, und diese Unstimmigkeit im Ergebnis, [...] bildet die Bedingung der Welt. Die Welt „entsteht", während Gott rechnet; es gäbe keine Welt, wenn die Rechnung aufginge."[19]
Ostern zeigt uns, dass beide Unrecht haben!
Seit der Auferstehung Jesu Christi wird noch klarer:
Gott ist der Unberechenbare! Gott ist der Überraschende, der die Rechnungen der Welt durcheinanderwirft! Gott ist die Unstimmigkeit in unseren Berechnungen, die uns aufrüttelt, die uns ganz neu aufstehen lässt.
Die Emmausjünger flüchten aus Jerusalem, denn sie haben zu viele Fragezeichen, zu viele Unstimmigkeiten, zu viele Unlösbarkeiten die letzten Tage erlebt.
Eigentlich fing es ganz klar an: Jesus ist der neue Prophet, der von Gott gesandt ist und alles wieder in Ordnung bringt, der Israel erlösen wird. Klare Idee, klarer Plan, klare Rechnung!
Aber warum nehmen die Hohenpriester ihren geliebten Jesus fest und liefern ihn Pilatus aus? Warum wird dieser Unschuldige gekreuzigt?
Aber nicht genug Fragen, Rätsel, Unstimmigkeiten, die eigentlich alles, wirklich alles infrage stellt! Jetzt ist sogar das

Grab leer! Und die Frauen erzählen irgendetwas nicht Begreifbares von einem Engel und dass Jesus lebe.

Löst die Begegnung mit Jesus, dem Auferstandenen ihre Unstimmigkeiten auf? Schauen wir genau hin: Der Auferstandene erklärt ihnen zwar die Zusammenhänge. Aber sie erkennen ihn nicht, sie ahnen, dass sie von ihm lernen können und bitten ihn, zu bleiben. Als sie ihn am Brotbrechen erkennen, ist er schon weg. Er ist da, als sie ihn noch nicht erkannten. Er ist weg, als sie ihn erkannten.

Aber dann ist für sie der Rest, der entschwundene Auferstandene, nicht mehr Frust und Verzweiflung sondern Kraftquelle: Christus ist wahrhaft auferstanden. Wir müssen das nicht kapieren. Vielmehr das Unbegreifliche gilt es mit Freuden weiter zu erzählen.

Wir sind auch bei Ostern in Gefahr, die Rechnung schnell aufzulösen, so dass kein Rest mehr bleibt. Dann sagen wir einfach: Naja, durch Ostern wissen wir von Gott, dass nach dem Tod nicht alles aus ist und dass es irgendwie weitergeht. Schön! – Dann haben wir den Rest doch noch irgendwie in unsere Rechnung hinein gebastelt und fertig! Fertig ist mein Weltbild...!

Aber genau das ist das Gegenteil von Ostern! Der Auferstandene mit seinen Wundmalen soll mich freudig antreiben, dass ich entdecke: Er ist die größte Unstimmigkeiten in meinen Rechnungen, Lebensplanungen, in meinem fertigen Weltbild.

Füllen wir das leere Grab nicht zu schnell mit einer weiteren fertigen Weltdeutung, lassen wir das leere Grab offen.

Versuchen wir nicht, den Auferstandenen festzuhalten, sondern entdecken wir sein Wirken im Rückblick, weil er uns verändert hat, weil wir im Alltag ganz unscheinbar gerade da entdecken können, wo wir unsere Fragen offen lassen, wo wir wach bleiben gegenüber den Unstimmigkeiten.

Denn der Auferstandene will uns nicht nur zu einem Leben beim Vater in Fülle führen. Er will uns in diesem Leben über unseren kleinen Horizont hinausführen. Er will unsere kleinen Rechnungen und Gedankengebäude aufbrechen, damit schon hier und jetzt Neues möglich wird: Neues Leben, Neue Freude, Neues Aufstehen.

Es gibt Theologen, die meinen, Gott genau berechnen zu können: Die Pharisäer und Schriftgelehrten mit ihren vielen Gesetzen gehörten zu diesen Theologen. Schon zu Lebzeiten zeigt Jesus, dass ihre Rechnungen nicht aufgehen. So kann man mit Gott nicht umgehen.

Es gab aber schon damals Denker, die Gott raus rechnen wollten. Epikur stellte folgende Rechnung auf:

Gott ist angeblich allmächtig und ebenso gütig. Wenn Gott allmächtig ist, kann er das Leid beseitigen. Wenn Gott gütig ist, will er das Leid beseitigen. Aber es gibt Leid in der Welt.
– Also gibt es Gott nicht!

Jesus Christus, der Auferstandene mit seinen Wundmalen ist aber der Rest dieser Rechnung von Epikur! Kreuz und leeres Grab lässt diese Rechnung Epikurs nicht aufgehen. Der Auferstandene mit seinen Wundmalen lässt sich nicht wegrechnen.

Seit Ostern bringt der Auferstandene die Menschen durcheinander, schenkt Hoffnung, Kraft, Neuanfang, Heilung, Freude: Halleluja! Jesus Christus lässt sich nicht wegrechnen.

2. Ostersonntag: Sehnsucht nach eigener Gotteserfahrung

Joh 20, 19-31
Fragt sich Thomas nicht zu recht, ob die anderen Jünger vielleicht ein Gespenst gesehen hätten, oder jemanden, der nicht Jesus Christus selber ist? Thomas gibt auch einen genauen Test an, ein genaues Kriterium:
Wenn ich nicht die Male der Nägel an seinen Händen sehe und wenn ich meinen Finger nicht in die Male der Nägel und meine Hand nicht in seine Seite lege, glaube ich nicht.
Thomas spürt genau: der auferstandene Jesus Christus muss der sein, der am Kreuz gestorben ist. Damit drückt er eine ganz tiefe und wichtige Wahrheit aus:
Schmerzen, Verlust, Enttäuschungen, Kreuz und letztlich Tod können nicht übersprungen werden. So unangenehm diese Wahrheit ist: die Auferstehung gibt es nicht ohne das Kreuz, nicht für Jesus Christus und auch nicht für uns.
Aber weil Jesus vorausgegangen ist, bekommen wir die Kraft, unser Kreuz zu tragen und immer wieder Auferstehung in diesem Leben und besonders nach unserem Tod zu erleben, wenn wir auf Christus schauen.
Thomas drückt für mich eine Sehnsucht aus: Dass der Glaube auf eigene Erfahrung begründet ist. Viele moderne Menschen möchten nicht allein ihren Glauben darauf begründen, weil andere Menschen ihnen von Ereignissen damals vor 2000 Jahren erzählt haben. Sie wünschen sich, dass ihre eigenen Erfahrungen, die sie im Leben machen, auch zu dem Fundament gehört, das ihren Glauben begründet.
Diese Sehnsucht ist vollkommen berechtigt und wurde leider in der Kirche manchmal bekämpft. Zum Beispiel am Anfang des 20. Jahrhunderts durfte man in der katholischen Kirche nicht offen über eigene religiöse Erfahrungen reden,

insbesondere Theologen. Die Theologen sollten vom Lehramt, von der Bibel und den offiziellen Verlautbarungen und Dogmen her ihre Theologie entwickeln.

Karl Rahner hat mit einem ganz bekannten Satz deutlich gemacht, dass die Christen der Zukunft notwendigerweise ihren Glauben auch durch ihre eigenen Erfahrungen begründen müssen. Der Satz lautet: „Der Christ der Zukunft wird ein Mystiker sein, einer der Erfahrungen macht, oder er wird nicht mehr sein."

Nun kann die Art und Weise einer religiösen Erfahrung vielfältig sein:

- Zum Beispiel kann ich auf mein Leben zurückschauen und merken, dass ich mich nach einer gewissen Zeit mit jenem Menschen versöhnen konnte. Mir wird deutlich, dass bei dieser Versöhnung ein guter Geist gewirkt hat, eben Gottes Geist.
- Oder ich lese in der Bibel, eine Geschichte oder eine Predigt von Jesus, und merke, wie mich ein Satz, ein Gedanke, eine Haltung innerlich anrührt, dass ich in diesem Text eine tiefe Wahrheit entdecke, die ich vielleicht schon vorher gespürt habe, aber nun jetzt stärker mein Leben bestimmen kann.
- Oder ich betrachte ein religiöses Bild, höre Musik, gehe in den Gottesdienst usw. Es gibt viele Möglichkeiten und Orte, um eine religiöse Erfahrung zu machen.

Wichtig ist mir jetzt, eine grundsätzliche Unterscheidung deutlich zu machen.

Es gibt religiöse Erfahrungen, die indirekt auf Gott hinweisen. Gewisse Mittel, wie die Bibel, ein religiöses Bild, Musik, ein festes vorformuliertes Gebet, sind dabei im Spiel.

Es gibt aber auch die Möglichkeit, ohne Mittel, Gottes Gegenwart immer mehr zu suchen, Gott direkt zu suchen. Und

genau nach dieser religiösen Erfahrung sehnen sich viele moderne Menschen.
Aber kann man Gott wirklich selbst erfahren? Dazu eine kleine Geschichte: „Ein Schüler fragt seinen Rabbi: Sag mir, wo Gott ist! Darauf antwortet der Rabbi: Sag mir, wo er nicht ist!" Wenn Gott überall ist, dann muss er auch selbst erfahrbar sein. Und dasselbe gilt natürlich für den Auferstandenen. Der auferstandene Christus ist überall. Es gibt keinen Ort, wo er nicht ist. Aber wie kann man mehr und mehr die Gegenwart Gottes, die Gegenwart des auferstandenen Christus spüren im Hier und Jetzt?
Elija hat in der Stille die Gegenwart Gottes erkannt. Jesus verspricht uns: Wer mich sieht, sieht den Vater. Daraus haben die Wüstenmönche eine kontemplative Gebetsform, eine christliche Meditationsform geschaffen: In die Stille lauschen, den Namen Jesus Christus innerlich meditieren – das öffnet unsere Herzensaugen für die Gegenwart Gottes.
Das Jesusgebet stand sogar im alten Gotteslob erläutert. Die äußere Form besteht aus drei Elementen: Aufmerksamkeit auf Ein und Ausatmen, Aufmerksamkeit auf die gefalteten Hände und innerlich beim Ausatmen Jesus und beim Einatmen Christus sprechen. Wenn man dieses Gebet häufig pflegt, wird man merken, dass mit der Zeit die Gedanken und Sorgen weniger werden im Gebet. Dass man spürt: Ich bin jetzt wirklich da, nicht mit meinen Gedanken woanders. Dass man immer mehr Hingabe und Aufmerksamkeit für den Namen Jesus Christus spürt. Das führt immer mehr zur Erfahrung von Gottes Gegenwart im Hier und jetzt.
Das Jesusgebet ist eine Möglichkeit, dieser Sehnsucht von Thomas nach echten eigenen Glaubenserfahrungen wirklich ganz konkret nachzugehen.
Thomas ist für uns moderne Menschen ein gutes Vorbild, diese Sehnsucht, aus der Gegenwart Gottes wirklich leben zu wollen, nicht beiseite zu legen sondern ihr nachzufolgen.

3. Ostersonntag: Theologie der Arbeit

Joh 21, 1-14
Die Jünger erkennen während der Arbeit den Auferstandenen. Also ist die Arbeit ein potentieller Ort der Gotteserfahrung. Dem will ich heute nachgehen: Warum ist die Arbeit ein Ort, Gott zu erfahren?
Wir müssen arbeiten. Das sagt uns schon die Physik: Naturvorgänge laufen immer in eine bestimmte Richtung ab. Der Apfel fällt vom Baum. Aber keiner hat bis jetzt gesehen, dass ein Apfel ohne Energieaufwand von außen, ohne Arbeit vom Boden zum Baum hinauf geflogen ist.
Die Physik hat deswegen zwei Lehrsätze entwickelt. In dem einen sagt sie: die Energie im ganzen Universum ist insgesamt konstant; Energie kann weder geschaffen noch vernichtet werden. Aber in dem anderen Lehrsatz sagt sie: jede Energieform geht von höherer zu niederer Intensität über. Oder anderes formuliert: Naturvorgänge verlaufen freiwillig immer von einem geordneten Zustand zu einem Zustand größerer Unordnung.
Daraus ergibt sich der Charakter der Arbeit: sie schwimmt gegen den Strom. Sie schafft Ordnung gegen die Tendenz der Natur, dass alles in niedere Intensität und größere Unordnung zerfällt.
Im Kinderzimmer kann man das einfach studieren: Die Legosteine sind schnell verteilt, das Chaos entsteht schnell. Die Legosteine zu ordnen braucht dagegen Zeit, ist gewissermaßen Arbeit! Was wir hier beim Lego-Spielen erlebten, ist das Grundgesetz für Leben überhaupt. Sehen wir uns unseren Körper an: mit viel Energie erhält sich unser Körper und seine ganze Komplexität im Aufbau. Wir haben immer 37 Grad im Körper, jedes Organ hat seinen richtigen Platz. Das ist ein Höchstmaß an Ordnung und eine ständiger

Kampf, eine ständige Arbeit gegen die Tendenz zu Unordnung und Verfall.

Ich möchte nun das Wesen der menschlichen Arbeit im Lichte der drei Bibeltexte betrachten.

Genesis 1 zeigt uns, dass Gott selbst arbeitet: Wenn er erschafft, arbeitet er. Umgekehrt wenn wir eine wirklich sinnvolle Arbeit verrichten, sind wir schöpferisch. Die griechischen Kirchenväter sahen darin den Grund dafür, dass der Mensch Ebenbild Gottes ist. Er kann wie Gott schöpferisch sein.

Ja man muss noch weiter gehen: Gott hat den Menschen dazu berufen, seine Mitarbeiter zu sein bei der fortschreitenden Organisation eines Universums. Der Mensch ist die Nahtstelle zwischen Materie und Geist, das zeigt sich am deutlichsten an der Arbeit. In ihr kommen in einmaliger Weise Göttliches und Weltliches zusammen.

Aber gerade deswegen, ist Arbeit auch ambivalent, zwiespältig und nie abgeschlossen. Man kann in der Arbeit oder nach der Arbeit echte Freude erleben; gleichzeitig ist Arbeit auch immer mehr oder weniger Kampf, Mühsal, anstrengend und erschöpfend.

Chenu, einer der berühmtesten französischen Theologen nach dem Zweiten Weltkrieg, der sich für die Arbeiterpriester einsetzte, schrieb in seinem berühmten Artikel über Arbeit: „Die Arbeit ist Dienst, in dem der Mensch seine Würde verwirklicht, und sie ist Flugsand, in dem er versinkt." Schauen wir uns diese zwei Aspekte genauer an.

Zuerst zur Mühsal: von der Physik her ist diese Anstrengung nur allzu verständlich. Es ist nun einmal anstrengend, gegen die natürliche Tendenz zu größerer Unordnung anzukämpfen. Aber hier muss eine wichtige Unterscheidung der Geister einsetzen! Ist die Anstrengung notwendig, weil sie eben der Kampf gegen diese Tendenz zu größerer Unordnung ist?

Dann kann diese Anstrengung auch wichtiger Bestandteil in unserer Selbstwerdung sein.
Oder entwürdigt mich die Arbeit? Sehe ich in der Arbeit eigentlich selber keinen Sinn? Mache ich meine Arbeit nur, um Geld zu verdienen, um meine Familie zu versorgen? Der amerikanische Theologe Fox meint, dass diese Einstellung nur unsere Sucht nach ungesunder Arbeit verdeckt und die Familie unnötig belastet. Er gibt auch ein gutes Kriterium an, einen guten Maßstab: Freude, Kreativität und Wandlung müssen letztlich überwiegen.
Die Stelle aus dem Römerbrief zeigt diesen Aspekt der Arbeit ganz deutlich: Denn wir wissen, dass die gesamte Schöpfung bis zum heutigen Tag seufzt und in Geburtswehen liegt. Und auch die Freude, die wir in der Arbeit erleben, kann nur ein Bruchstück der Freude sein, die wir in der Herrlichkeit erleben werden. Der Sämann im Evangelium ist dafür ein schönes Beispiel: unsere Arbeit ist anstrengend, bruchstückhaft, unvollkommen - aber deswegen nicht sinnlos. Das führt zum anderen Aspekt: die Freude.
Freude in der Arbeit
Für mich hat keiner den Sinn und die Freude in der Arbeit schöner ausgedrückt als der französische Philosoph Bergson in einem Artikel: „Durch ein genaues Zeichen tut das Leben uns kund, wenn unsere Bestimmung zum Beispiel in der Arbeit erreicht ist. Dieses Zeichen ist die Freude. Die Freude - nicht die Lust. Die Lust ist nur ein Kunstgriff, den die Natur ersonnen hat, um von dem lebenden Wesen die Bewahrung des Lebens zu erreichen; nicht aber bezeichnet sie die Richtung, die dem Leben gewiesen ist. Die Freude hingegen zeugt stets dafür, dass das Leben sich durchgesetzt hat, dass es Boden gewonnen hat, dass es einen Sieg errungen hat: jede große Freude hat einen triumphierenden Klang. Wenn wir nun aber diesen Hinweis beachten, so finden wir, dass überall, wo Freude ist, Schöpfung ist: und zwar ist die Schöpfung umso

reicher, je inniger die Freude ist. So ist die Mutter, die ihr Kind betrachtet, voller Freude, weil sie sich bewusst ist, es geschaffen zu haben, körperlich und geistig. Oder der Kaufmann, der sein Geschäft vorwärts bringt, der Fabrikherr, der seinen Betrieb aufblühen sieht, freut er sich je nach dem Geld, das er erwirbt, je nach dem Ansehen, das er gewinnt? Reichtum und Ansehen tragen offenbar viel bei zu der Genugtuung, die er empfindet - doch sie gewähren ihm mehr Vergnügen als Freude. Seine wahre Freude ist das Gefühl, dass er ein Unternehmen begründet hat, das gedeiht, dass er etwas ins Leben gerufen hat. Denken Sie an die Ausnahmefreuden, die Freude des Künstlers, der seine Gedanken verwirklicht hat, des Gelehrten, der etwas entdeckt und erfunden hat."[20]

Diese Freude ist der Ort, an dem wir Gottes Wirken in unserer Arbeit erahnen, an dem wir spüren, dass meine Arbeit in all seiner Vergänglichkeit auf einen Sinn verweist, der sich in das Ganze einordnen möchte. So führt uns diese Freude und Sinnerfahrung letztlich zum auferstandenen Christus, der alles menschliche, vorläufige Streben zur Vollendung führt.

Die Freude kann zu Dankbarkeit und Vertrauen führen: Denn wir sind auf das Vertrauen auf Gott angewiesen. Die Jünger vertrauten dem Auferstanden und fuhren noch mal auf die See. Bei aller Arbeit ist die letzte Haltung, dass die Gnade des Auferstandenen unser Leben führt.

4. Ostersonntag: Gaudium et spes – Die Pastoralkonstitution

Die Pastoralkonstitution beginnt mit einem außergewöhnlichen Satz, der sofort unser Herz anspricht und schnell berühmt wurde: „Freude und Hoffnung, Trauer und Angst der Menschen von heute, besonders der Armen und Bedrängten aller Art, sind auch Freude und Hoffnung, Trauer und Angst der Jünger Christi." Ja das ist genau auch die Haltung des guten Hirten, der die Seinen kennt und voll Hingabe mit ihnen verbunden ist. So soll sich die Kirche den Menschen von heute öffnen.

Nach den Vätern des Konzils muss sich dann aber die Einstellung der Kirche und der Theologie ändern.

Das möchte ich verdeutlichen mit einem Vergleich. Ein Mathematikprofessor, ein Geschichtsprofessor, ein Pädagogikprofessor und ein Ökonomieprofessor stellen sich vor und erzählen von ihren Forschungen.

Ein Vergleich Der Mathematiker sitzt am Schreibtisch und erforscht neue mathematische Welten, die quasi in seinem Kopf und auf seinem Papier existieren.

Der Historiker muss alte Schriften entziffern, um neue Erkenntnisse und Zusammenhänge verstehen zu können.

Und der Pädagogikprofessor? Er sollte vorher Lehrer oder Erzieher gewesen sein. Er kann schwerlich etwas Wertvolles im Bereich der Pädagogik lehren, wenn er keine Erfahrung im Bereich Erziehung von Kindern gesammelt hat. Und neue Theorien, neue Erziehungskonzepte muss er im Kindergarten oder in der Schule testen, ob sie etwas taugen. Er muss die Kinder von heute kennen, wie der gute Hirte seine Herde kennt. Ein Mathematiker oder ein Historiker muss nicht im Gymnasium seine neuesten Theorien testen. Es ist völlig egal, ob eine Schulklasse diese Theorien oder Erkenntnisse irgendwann einmal verstehen können oder nicht. Aber eine pädagogische Lehre, die keinen Erfolg in der Praxis zeigt, ist wertlos.

Ähnlich geht es dem Ökonomieprofessor. Er möchte seine neuesten Theorien Politikern so nahe bringen, dass diese daran ihre Politik ausrichten. Er forscht über die Zusammenhänge der Volkswirtschaft, aber er beeinflusst auch, wenn er für Politiker überzeugend ist, diese Volkswirtschaft mit seinen Einsichten.

Wie arbeitet ein Theologe? Ist er ähnlich einem Mathematiker, der im geistigen Bereich das Göttliche erforscht? Ist er ähnlich dem Historiker, der in den Heiligen Schriften forscht? Oder ist er eher wie ein Pädagoge und Ökonom, der in der Menschenwelt von heute Erfahrungen gesammelt haben muss, damit er durch seine Einsichten neue Wege gehen kann, so dass sich dann auch die Praxis verändert?

Was ist der beste Ort, um Theologie zu betreiben? Die eigene Vernunft? Die Bibel? Oder die Menschen und die Welt von heute?

Es gab im Mittelalter Theologen wie Anselm von Canterbury, die nach neuen Gottesbeweisen suchten. Sie hielten die eigene Vernunft für den besten Ort der Theologie.

Martin Luther und die evangelische Theologie dagegen favorisierten die Bibel als den ersten und wichtigsten Ort für Theologie. Alle theologischen Aussagen müssen durch die Bibel belegt werden. Nun kann man darüber streiten, was erste Priorität hat: Vernunft oder Bibel? Oder wie diese beiden Erkenntnisquellen richtig zusammen spielen sollten.

Jedoch die heutigen Menschen mit ihrem Leben, ihren Sorgen und Hoffnungen haben bei diesen Theologen keinen Wert für ihre theologische Erkenntnis. Pastoraltheologie ist nur die Frage: Wie verpacke ich meine theologischen Erkenntnisse so, dass ich es den Ungebildeten einfach erklären kann?

Die revolutionäre Aussage der Pastoralkonstitution ist: Die Menschen und die Welt heute sind für den Glauben, für die Kirche, für die Theologie von zentralem Wert. Sie haben eine ureigene Autorität. Sie sind ein unerlässlicher Ort, um Theologie zu betreiben. Theologen können nicht nur wie Mathematiker und Philosophen aus reiner Vernunft heraus Wissenschaft betreiben, sie können nicht wie Historiker allein in vergangenen heiligen Schriften forschen, sie müssen wie Pädagogen und Ökonomen von den Menschen und der Welt heute ausgehen!

Die Kirche soll pastoral sein, guter Hirte für die Menschen von heute. Nach dem II Vatikanum gilt: Pastoral ist nicht: Wie verpacke ich ewige theologische Wahrheiten, damit es das Volk einigermaßen verstehen kann und umsetzen kann? Pastoral ist nicht: Wie schreibe ich einen verständlichen Katechismus? Nein nach der Pastoralkonstitution sind Dogma und Pastoral bzw. Erfahrung miteinander verschränkt. Es gibt keine Einbahnstraße von Dogma zur Pastoral mehr.

Vielmehr muss das Dogma von der Pastoral her immer wieder neu buchstabiert und verstanden werden und muss sich erweisen in der Erfahrung, in der Wirklichkeit, im Dialog. Nur in der Pastoral bekommt sogar das Dogma seinen Wert. Ansonsten ist es leeres Gerede. Theologische Erkenntnisse beziehen sich auf eine Beziehung: Gottes Beziehung zur Welt, zu den Menschen. Er ist der gute Hirte (lateinisch pastor) der Menschheit. Und weil jeder Mensch eine tiefe Berufung von Gott geschenkt bekommen hat, „ein göttlicher Same in ihn eingesenkt" ist, haben die heutigen Menschen einen immensen Wert, um die Entwicklung der Beziehung Gottes zur Welt in der heutigen Zeit zu verstehen.

Um jeden Menschen grundsätzlich so viel Würde zusprechen zu können, musste das Konzil ein altes Dogma streichen. Spätestens seit dem Dekret zu den anderen Religionen ist die Lehre der Kirche: Der Satz „Außerhalb der Kirche kein Heil" muss gestrichen werden. Gottes Liebe ist bedingungslos und universal.

Mit diesem neuen Weltbild kann die Kirche lernbereit und offen auf alle Menschen zugehen. Und so steht in der Pastoralkonstitution sogar der Spitzensatz: „Die Kirche bekennt sogar, dass sie selbst aus der Feindschaft derer, die sich ihr widersetzen oder sie verfolgen, großen Nutzen gezogen hat und ziehen kann." GS44

Josef Ratzinger bzw. Papst Benedikt hat leider nie die Pastoralkonstitution verstanden. Er ist ein platonischer Denker: Er denkt Wahrheit letztlich als absolut. Deswegen kann es für ihn nur die Einbahnstraße von Dogma zur Pastoral geben.

Aber **der Wahrheitsbegriff im II. Vatikanum** ist nicht platonisch, sondern existenziell wie im Johannes-Evangelium: Ich suche in der Begegnung mit Jesus meinen wahren Lebensweg. Und er ist pragmatisch und fragt nach den Früchten: Es reicht nicht, dass die Kirche behauptet, dass sie Heil schenkt. Sie muss in der Welt zeigen, im Dialog mit der ganzen Menschheitsfamilie zeigen, dass sie durch ihren Glauben Früchte bringt.

Damit die Kirche Freude und Hoffnung, Trauer und Angst mit den Menschen von heute teilen kann, muss sie sich besonderen Kristallisationspunkten heutiger Zeit widmen: den **Zeichen der Zeit**. Wo ist die Würde des Menschen ganz konkret in Frage gestellt? Vor welche Herausforderungen stehen die Menschen von heute? Papst Johannes XXIII benannte z. B. als Zeichen der Zeit Gerechtigkeit zwischen reichen und armen Ländern, zwischen Männern und Frauen, die Sehnsucht nach Frieden zwischen den Völkern. 50 Jahre später müssen wir weitere wichtige Zeichen der Zeit hinzufügen: Die Marktlogik durchdringt immer mehr Bereiche, immer mehr Flüchtlinge leiden an ihrem Schicksal, immer mehr nutzen wir Ökosysteme aus.

Zusammenspiel der Orte der Theologie Vernunft und Bibel, Tradition und das Lehramt sind weiterhin Quellen des Glaubens. Ein Theologe hat nicht einen Ort, um zu forschen: die Vernunft allein reicht nicht, genauso wenig reicht allein die Bibel oder das Lehramt. Vielmehr müssen die verschiedenen Orte der Theologie auf gute Weise zusammenspielen. Die Autorität dieser Orte der Theologie kann sich nur am heutigen Ort, bei den Menschen und in der Welt von heute, erweisen!
Die Pastoralkonstitution hat deswegen den Dreischritt der CAJ aufgegriffen: Sehen – Urteilen – Handeln, um eine Ordnung bei diesem Zusammenspiel anzubieten.
Wir beginnen bei der Gegenwart: die Menschen und die Welt von heute. Sie gilt es mit dem ersten Schritt zu verstehen und die Herausforderungen von heute zu erkennen.
Im zweiten Schritt „Urteilen" müssen wir mit der Vernunft die Gegenwart im Licht der Bibel und des Glaubens der Kirche beurteilen.
Und im dritten Schritt wenden wir uns wieder der Gegenwart zu, um in der Welt von heute im Geist Jesu zu handeln. Denn das ist letztlich Auftrag der Kirche.
Dieser Dreischritt zeigt deutlich die entscheidende Bedeutung der heutigen Welt und der Menschen von heute, um Glaube leben und Theologie betreiben zu können.
Ein Pädagogikprofessor, der keine Ahnung von heutigen Kindern hat, ein Ökonomieprofessor, den die heutige Weltwirtschaft nicht interessiert, ist für uns absurd. Genauso seltsam sollten uns ein Glaube, eine Kirche, eine Theologie sein, die nicht den Dialog mit den Menschen heute sucht. Denn wenn Gott selbst im Dialog mit den Menschen von heute ist und wenn er selbst uns durch die Zeichen der Zeit herausfordert, sind wir Kirche, wenn wir den Dialog führen und die Herausforderung annehmen. Wir Christen werden Christen, wenn wir solidarisch mit den Menschen von heute

sind, so wie Gott der Hirte aller Menschen ist. So wird Kirche pastoral!

Lesung aus der Pastoralkonstitution:
1. Freude und Hoffnung, Trauer und Angst der Menschen von heute, besonders der Armen und Bedrängten aller Art, sind auch Freude und Hoffnung, Trauer und Angst der Jünger Christi, und es findet sich nichts wahrhaft Menschliches, das nicht in ihrem Herz seinen Widerhall fände. Darum erfährt sie sich mit dem Menschengeschlecht und seiner Geschichte wirklich innigst verbunden.
3. Denn es gilt, die Person des Menschen zu retten und die menschliche Gesellschaft zu erneuern. Weil also das Heilige Konzil die überaus hohe Berufung des Menschen bekennt und erklärt, dass gewissermaßen ein göttlicher Same in ihn eingesenkt ist, bietet es dem Menschengeschlecht die aufrichtige Mitarbeit der Kirche an, um jene brüderliche Gemeinschaft aller zu errichten, die dieser Berufung entspricht. Die Kirche lässt sich von keinem irdischen Machtstreben leiten, sondern beabsichtigt nur dies eine: nämlich unter Führung des Geistes, des Beistands, das Werk Christi selbst weiterzuführen, der in die Welt kam, um Zeugnis für die Wahrheit abzulegen, um zu retten, nicht um zu richten, um zu dienen, nicht um sich bedienen zu lassen.
4. Zur Erfüllung dieser Aufgabe obliegt der Kirche allzeit die Pflicht, die Zeichen der Zeit zu erforschen und im Licht des Evangeliums zu deuten, so dass sie in einer der jeweiligen Generation angemessenen Weise auf die bleibenden Fragen der Menschen nach dem Sinn des gegenwärtigen und des zukünftigen Lebens und nach dem Verhältnis beider zueinander Antwort geben kann. Es gilt also, die Welt, in der wir leben, ihre Erwartungen, Bestrebungen und ihren oft dramatischen Charakter zu erkennen und zu verstehen.

(Fußnote der Pastoralkonstitution:)
Die Pastoralkonstitution über die Kirche in der Welt von heute besteht zwar aus zwei Teilen, bildet jedoch ein Ganzes. Sie wird „pastoral" genannt, weil sie, gestützt auf Prinzipien der Lehre, das Verhältnis der Kirche zur Welt und zu den Menschen von heute darzustellen beabsichtigt. So fehlt weder im ersten Teil die pastorale Zielsetzung noch im zweiten Teil die lehrhafte Zielsetzung.

Im ersten Teil entwickelt die Kirche ihre Lehre vom Menschen, von der Welt, in die der Mensch eingefügt ist, und von ihrem Verhältnis zu beiden. Im zweiten Teil betrachtet sie näher die verschiedenen Aspekte des heutigen Lebens und der menschlichen Gesellschaft, vor allem Fragen und Probleme, die dabei für unsere Gegenwart besonders dringlich erscheinen.

5. Ostersonntag: Zuhören und spiegeln

Joh 13, 31-35
„Ein neues Gebot gebe ich euch: Liebt einander! Wie ich euch geliebt habe, so sollte auch ihr einander lieben." Einander lieben! Wie kann man langmütig, gütig sein, das Böse nicht nachtragen, nicht ungehörig sein? Was kann es konkret heißen, einander zu lieben?
Eines zeigt sich dann immer neu: Ich schenke Liebe, wenn ich zuhöre. Das Zuhören ist ein Grundakt der Liebe: Wer liebt, der hört dem anderen zu, der schenkt Aufmerksamkeit, Zeit, Interesse, ein offenes Ohr. Wer dem anderen richtig zuhört, der stellt den anderen in den Mittelpunkt, ist mit ganzer Aufmerksamkeit bei der anderen Person und ist bereit, für alles offen zu sein, was der andere erzählt. Wer so dem anderen zuhört, der lässt Liebe ganz konkret werden, ist gütig und langmütig und bläht sich nicht auf.
Wunderbar und amüsant dargestellt ist das bei einer Folge aus der Anwaltsserie Edel und Stark. **Ein stummer Schreiner entdeckt die Gabe, dass er sehr gut zuhören kann, heilend zuhören kann.** Er eröffnet eine Therapiepraxis. Viele Leute kommen zu ihm. Er hört nur zu, und die Menschen finden im Erzählen selbst zu ihren passenden Lösungen. Er hört so aufmerksam, offen, interessiert, gelassen, ohne Wertung und Vorurteil zu, dass die Menschen einfach ihr Herz ausschütten und dann selber zu tiefen Erkenntnissen kommen: Eine weiß, dass sie die Arbeitsstelle wechseln muss; der andere erkennt, warum seine Ehe nicht funktioniert. Die Anwältin Edel vertritt ihn, weil er angeklagt wird wegen Titelmissbrauch. Er sei kein Therapeut. Auch sie erlebt es, wie sie – ohne es beabsichtigt zu haben – plötzlich anfängt, zu sich zu kommen und besser ihre Frustrationen mit ihrem Arbeitskollegen versteht. Sie zwingt auch Edel mit ihm in einem Raum, auch

dieser öffnet sich – und staunt. Zuletzt schaffen es beide durch eine List, den Richter und den Angeklagten im Richterzimmer alleine zu lassen. Der Richter merkt erst gar nicht, wie er seine aufgestaute Wut, die schon zu Magenschmerzen führt, raus lassen kann. Dann erkennt er, dieser Mann ist ein Segen und verurteilt ihn nur zu Sozialstunden: Zuhören in Altersheimen.
Aber dieses richtige Zuhören ist gar nicht so einfach.
Normalerweise hören wir zwei oder drei Sätze, greifen einen Gedanken auf und denken mit unseren eigenen Gedanken damit weiter. Ein Beispiel: ein Freund erzählt mir vom Urlaub im Karwendelgebirge. Er sagt nur zwei Sätze und ich unterbreche ihn und sage: Ich war auch schon im Karwendelgebirge wandern und es war herrlich. Und dann erzähle ich von meinem Urlaub vor zwei Jahren. Mein Freund wollte eigentlich nicht etwas von meinem Urlaub vor zwei Jahren hören, sondern er wollte mir von seinem eigenen Urlaub erzählen. Aber ich habe das Stichwort Karwendelgebirge gehört, dachte sofort an meinen eigenen Urlaub und erzähle davon. Und er muss mir dann zuhören. Wenn das Gespräch so verläuft, habe ich mich nicht für ihn richtig geöffnet und ihm nicht Zeit geschenkt. Hätte ich ihm aber 5 Minuten mit Interesse zugehört, ohne an etwas anderes zu denken, dann wäre Liebe konkret geworden. Danach hätte ich meine Erfahrung erzählen können, und er hätte wohl mit gleichem Interesse mir zugehört.
Wenn ich innerlich über etwas nachdenke, dann höre ich nicht 100 Prozent zu. Viele Leute können sich gar nicht vorstellen, Augenblicke zu erleben, bei dem sie keinen Gedanken im Kopf haben. Aber das ist möglich und für richtig gutes Zuhören wertvoll. Denn dabei höre ich nur zu, ohne eigenen Gedanken nach zu folgen. Wenn doch Gedanken kommen, kann ich sie bewusst zur Seite legen und mir sagen, ich bleibe jetzt beim Zuhören.

Richtiges Zuhören, Zuhören mit Liebe zeigt sich auch in der Form der Antworten. z. B. eine Jugendliche, ich nenne sie mal Maria, sagt mir folgendes: „Seit geraumer Zeit gehe ich nicht zur Messe. Sie ist mir viel zu lang und langweilig. Ein so leerer Ritus hat für mich keinen Sinn. Die Predigten sind von der Realität ungeheuer weit entfernt, und die Leute gehen nur aus Gewohnheit oder aus Verpflichtung, sind aber dabei zerstreut und langweilen sich. Darum gehe ich nur mehr sehr selten. Einst ging ich gern, aber jetzt bedeutet es mir nichts mehr. Meiner Meinung nach ist es viel glaubwürdiger, nicht zu gehen."[21]
Welche Antwort würden Sie vielleicht geben?
Welche Antwort von denen, die ich nun vorlese, ist Ihnen angenehm und welche unangenehm?
1. Ich verstehe, dass du keine Lust hast, zur Messe zu gehen, aber wir Katholiken sind dazu verpflichtet. Die Unterlassung ist eine Sünde und führt zu einer Entfremdung von Gott.
2. Die Tatsache ist, dass du dich von Gott entfremdet hast, und darum gehst du nicht mehr gern zur Messe. Deine Auflehnung gründet gewiß in anderen Konflikten.
3. Jeder von uns erlebt Momente, wo ihm Gott sehr weit entfernt vorkommt. Aber solche Krisen vergehen, und dann finden wir unseren Weg - womöglich auf eine tiefere Weise als vorher - wieder. Deine Schwierigkeit ist nicht so schlimm.
4. Hast du nicht versucht, in eine Kirche zu gehen, wo dir die Predigt zusagt?
5. Du gehst nicht gern zur Messe.[22]
Und welche fanden Sie am angenehmsten? Oder bei welcher Antwort wird Maria offen weiter erzählen?
1. Die erste Antwort ist eine Wertung, ein Urteil. Maria fühlt sich verurteilt. Der Antwortende erscheint ihr überlegen. Sie hingegen erfährt sich als minderwertig und schlecht. Dieses Erlebnis macht sie unsicher, ihr Vertrauen schwindet.

2. Die zweite Antwort ist eine Interpretation. Sie möchte Maria etwas wahrnehmen lassen, was ihr noch unbewusst ist. Dann spielt der sich Antwortende als Hobbypsychologe auf, der es besser weiß als sie selbst. Das ist anmaßend und fast immer nicht erhellend sondern eher verunsichernd.
3. Die dritte Antwort ist eine Stütze und will ihr Sicherheit bieten, sie beruhigen und ihr die Angst nehmen. Eigentlich behauptet die Antwort, dass ihre Besorgnis unbegründet ist, dass sie sich unnötige Schwierigkeiten macht. Maria fühlt sich evtl. durch diese Antwort nicht wirklich ernst genommen. Denn sie spürt einfach ein Problem.
4. Die vierte Antwort ist eine Frage. Manchmal kann eine Frage hilfreich sein. Berührt die Frage aber einen heiklen Punkt, von dem Maria noch nicht sprechen will, dann schafft die Frage vielleicht eine ungute Atmosphäre.
5. Die fünfte Antwort ist die positivste. Der Zuhörende zeigt mit seiner Zusammenfassung, dass er offen, absichtslos, aufmerksam ohne Bewertung und Urteil zuhört. Maria fühlt sich verstanden! In einer solchen Atmosphäre kann Maria in Ruhe über ihre Schwierigkeiten nachdenken, weiterreden und vielleicht selber zu einer neuen Einstellung kommen.
Ich möchte Sie ermuntern, einfach das mal auszuprobieren. **Wenn Sie zuhören, dann fassen Sie ab und zu das Gesagte in eigenen Worten zusammen**. Der andere merkt, dass Sie richtig zuhören und ihn wirklich verstehen wollen. Dann wird der andere Weitererzählen und sich angenommen fühlen.
Sie können jedem Menschen bewusst Zeit des Zuhörens schenken und damit den Nächsten ganz konkret lieben: Ehepartner, Kindern, Eltern, Freunden, Kollegen..
Wer zuhört, ohne zu urteilen, ohne zu interpretieren, ohne bohrend nachzufragen, ohne das Gesagte zu verharmlosen oder durch einen Ratschlag schnell zu lösen, der liebt ganz konkret. Ratschläge, Fragen, Stützen können auch liebevoll und helfend sein. Aber vergessen wir dabei

nicht, einfach zuzuhören und immer wieder nur das Gesagte zu spiegeln.

Besonders schwierig ist diese Art des Zuhörens, wenn ich anderer Meinung bin als mein Gesprächspartner. Dann bin ich versucht, meine eigene Meinung mit Argumenten darzulegen und den anderen zu überzeugen. Daraus kann schnell ein Streitgespräch werden, in dem kein bisschen Verständnis für einander wächst. Wenn ich dem anderen, der eine andere Meinung hat, mit Interesse zuhöre, heißt das ja nicht, dass ich seiner Meinung bin, sondern nur, dass ich Respekt vor seiner Person und vor seiner Einstellung habe.

Schwierig ist diese Art des Zuhörens auch dann, wenn der andere mir zum Beispiel von einer Krankheit, von großen Beziehungsproblemen, oder von seinem eigenen Leid und seiner eigenen Unfähigkeit erzählt. Da ist jeder von uns versucht, dem anderen schnell Ratschläge zu geben, damit er sein Problem lösen kann. Der Volksmund sagt: Ratschläge sind auch Schläge. Denn häufig bin ich nicht bereit, das Leid des anderen richtig anzuhören und damit das Leid des anderen mitzutragen. Wenn ich aber nur zuhöre und die Hilflosigkeit des anderen auch in mir spüre, dann bin ich wirklich solidarisch mit dem Leid des anderen. Liebe und Mitleid erweise ich also, wenn ich erst eine Zeit lang wirklich zuhöre, und dann erst nach einer Weile ein Gespräch über Lösungen oder andere Perspektiven anstoße.

Ein neues Gebot gebe ich euch: Liebt einander! Wie ich euch geliebt habe, so sollt auch ihr einander lieben. Zuhören - da wird die Nächstenliebe ganz aktuell und konkret. Dann kreise ich nicht mehr um meine eigenen Gedanken sondern bin offen für den anderen und kann das Geheimnis erfahren, das in jedem Nächsten Christus zu entdecken ist.

6. Ostersonntag: Die Apostelgeschichte und ihre Höhepunkte

Apg 15, 1-2.22-29 und Apg 17, 16-34
Die Apostelgeschichte ist Grenzgängerliteratur. Denn sie überschreitet mehrere Grenzen und schafft Übergänge: In ihr geht das Christentum von Jerusalem nach Rom, überschreitet die Grenze zwischen Asien und Europa, schafft Übergänge vom Judentum zur ganzen römischen Welt. Und auch im NT steht es zwischen den Evangelien und den Briefen.
Sehr passend dazu wird in der Apostelgeschichte die christliche Bewegung als „der neue Weg" und werden die Christen als „Anhänger des neuen Weges" bezeichnet. Apg 9,2. Für die damalige Zeit breitet sich diese neue Bewegung in atemberaubender Geschwindigkeit aus. Die Apostel, allen voran Philippus und besonders Paulus legen große Wegstrecken zurück. Das zeigt auch der Aufbau
Die ganze Apostelgeschichte ist in drei Teile aufgebaut, die die Verbreiterung des neuen Weges aufzeigt:
Kapitel 1-8 Jerusalem und Umgebung, Kapitel 8-11 Judäa und Samarien und ab Kapitel 11 die ganze römische Welt.
Denn das Evangelium soll sich überall ausbreiten. Wie an Pfingsten die frohe Botschaft in allen Sprachen verkündet wird, soll jeder Mensch mit einer Sehnsucht nach Gott die Chance haben, den neuen Weg kennenzulernen. Dazu passt auch der Adressat, den Lukas für seine beiden Werke angibt. Am Anfang des Evangeliums und der Apostelgeschichte spricht Lukas einen gewissen Theophilos direkt an, für den er beide Bücher geschrieben hat. Ist Theophilos ein römischer Beamter? Oder der Verleger von Lukas oder der Gemeindeleiter der Gemeinde, in der Lukas lebt? Oder steht Theophilos für uns alle? Denn Theophilos heißt Gottesfreund.

Lukas mag sich mit diesem Namen indirekt an uns alle, an alle Gottesfreunde wenden.

Ein Höhepunkt der Apostelgeschichte ist das sogenannte Apostelkonzil. In der Gemeinde von Antiochien gab es Judenchristen und Heidenchristen. Sollten die Heiden beschnitten werden und sollten sie wie Juden leben? Man entschied in Antiochien sinnvoll: Heiden müssen nicht Juden werden, müssen nicht beschnitten werden, das war pragmatisch und neu!

Aber Beschneidung war das Bundeszeichen mit Gott! Konnte man das einfach aufgeben? Und können Heidenchristen mit Judenchristen Eucharistie gemeinsam feiern, an einem Tisch sitzen und essen? Zwei getrennte Christenheiten gleich am Anfang wäre aber auch gegen den Geist!

Am Anfang des 15.Kapitels berichtet die Apostelgeschichte: Hardliner aus Jerusalem schauen nach dem Rechten in Antiochien, sie machen einen Inspektionsbesuch. Und sie finden etwas: Sie fordern die Beschneidung. Das gab Unruhe! Paulus und Barnabas werden zu Anwälten der neuen Praxis ernannt.

Das „Konzil" war wie eine Gerichtsverhandlung: Zeugen wurden gehört, Plädoyers gehalten und die Versammlung steigerte sich und wurde turbulent. Petrus muss mit plausibler Argumentation für die antiochenische Praxis plädieren. Dafür erzählt er von seinen eigenen Erfahrungen und zeigt auf, dass Gott die Frage schon entschieden hat. Die Heidenchristen sind echte Christen auch ohne Beschneidung! Die zwei Parteien können sich auf einen Kompromiss einigen: Einige Speiseregeln sollten sie einhalten (Verzicht auf Götzenopferfleisch, Blut und Ersticktem) und keine Unzucht treiben. Das wird ein wertvolles Vorbild für die ganze Kirchengeschichte: Vertreter beider Seiten müssen sich bewegen, damit Kompromiss möglich wird!

Mit dieser neuen Regelung wurde Mahlgemeinschaft möglich. Dass später sich nicht alle daran hielten, erzählt nur Paulus im Galaterbrief. Das verschweigt Lukas. Aber das ist eine andere Geschichte.

Mit dem Apostelkonzil hatte die junge Bewegung sehr viel erreicht. Die Hürden für die Aufnahme wurden niedrig gehalten, weil das Christentum für alle da sein soll. Religionssoziologisch war diese Entscheidung ausschlaggebend für den Erfolg der Christen. Sonst wäre das Christentum eine unbedeutende jüdische Sekte geblieben.

Aber man hat nicht aus Strategiegründen so entschieden. Sondern weil es theologisch richtig ist. Das hat Paulus in seinen Briefen ganz klar immer wieder begründet. Gott beschenkt uns mit seiner Gnade durch Jesus und geht den ersten Schritt. Wir müssen nicht durch Beschneidung etwas leisten, um offen zu werden für die Gnade. Und deswegen wird der Beschluss des Konzils auch eingeleitet mit den Worten: Der Hl Geist und wir haben beschlossen! Auch das wird sich in vielen weiteren Konzilien immer wieder zeigen: Im Streit UND im Zusammenraufen und im Kompromiss zeigt sich das Wirken des Geistes.

Weil das Apostelkonzil grünes Licht gab, konnte Paulus aufbrechen und die Grenze der jüdischen Welt überschreiten und beginnen, in Griechenland das Evangelium zu verkünden. **Ein weiterer Höhepunkt der Apostelgeschichte ist Paulus´ Predigt auf dem Areopag in Athen.** Wie Sokrates diskutierte er mit den Leuten auf dem Marktplatz. Paulus genauso Lukas haben keine Angst vor Inkulturation der christlichen Religion in die römisch-griechische Lebenswelt und Kultur. Natürlich muss Paulus Übersetzungsarbeit leisten. Denn Griechen und Römer denken anders als Juden. Sie haben ganz verschiedene kulturelle Hintergründe. Die einen haben Homer gelesen, die anderen die Tora. Die einen haben Sokrates und Platon gelesen, die anderen die Propheten.

Deswegen greift Paulus einen Spruch eines griechischen Dichters auf: „Denn in ihm leben wir, bewegen wir uns und sind wir" V.28. Er holt seine Zuhörer da ab, wo sie stehen: Ich sehe, dass ihr gottesfürchtig seid, sonst hättet ihr nicht so viele Tempel. Über den unbekannten Gott, dem ihr auch einen Altar gewidmet habt, möchte ich euch etwas erzählen.
Paulus will auch bei seinen Zuhörern Übergänge schaffen, Brücken des Verstehens bauen.
Aber in Athen hat er keinen Erfolg. Er geht unverbittert weiter. Das zeigt: Mission ist für Lukas und Paulus kein Zwang, kein Drohen, kein Nachhaken. Diese Lektion hat man leider in der Kirchengeschichte zu selten aufgegriffen!
Paulus geht unverbittert weiter, weil er auf die Führung des Heiligen Geistes vertraut. Denn der Heilige Geist ist der eigentliche Leitende und Führende. Das macht Lukas in seinen zwei Büchern immer wieder deutlich
Im Evangelium wirkt der Geist durch Jesus, in der Apostelgeschichte wirkt der Geist durch die Gesandten. Wenn Lukas uns mit Gottesfreunde alle anspricht, dann meint er damit auch: Der Geist wirkt durch euch heute auch! Das feiern wir besonders an Pfingsten!

Christi Himmelfahrt: Jesus Christus, der Hohepriester

Hebr 9, 24-28; 10, 19-23
Im Brief an die Hebräer wird Jesus Christus als Hohepriester bezeichnet. Uns ist dieser Titel fremd. Erstens weil er nicht zu den gebräuchlichen Titeln für Jesus gehört: König, Herr, Heiland, Erlöser sind uns schon geläufiger. Zweitens weil wir auch keinen Bezug zu dem Begriff Hohepriester haben. Aber für den Autor des Hebräerbriefs ist dieser Titel zentral! Könnte er auch uns heute etwas Wertvolles über Jesus verdeutlichen? So lade ich Sie zu einer Entdeckungsreise ein, die den Titel Hohepriester für Jesus beleuchten möchte.
Wenn ein gebräuchlicher Titel auf Jesus angewendet wurde, dann geschah immer eine gewisse Bedeutungsveränderung. Jesus ist z. B. der Herr, aber nicht wie ein üblicher Herr, der Macht durch Unterdrückung durchsetzt, sondern ein Herr, der dient. Jesus selbst, sein Reden und Handeln und seine Geschichte erzwingen diese Bedeutungsveränderung! Beim Titel Hohepriester geschieht dies auch. Der Autor des Hebräerbriefes betont dies ganz deutlich: Jesus opfert nicht ein Tier jedes Jahr neu wie der Hohepriester der Juden im Tempel von Jerusalem, sondern er opfert sich selber, und zwar nur einmal! Mit dieser Hingabe Jesu Christi ist unwiderruflich Erlösung geschehen.
Aber was bedeutet Erlösung? Zwischenmenschlich bedeutet Erlösung, dass wir fähig werden, wirklich menschlich zu leben, das Zerstörerische und Unmenschliche in und zwischen uns zu überwinden. Und in Bezug auf Gott bedeutet Erlösung, dass die Distanz zwischen Mensch und Gott überwunden wird.
Die meisten Religionen in der Antike versuchten Erlösung durch Riten zu erreichen: Der Mensch muss sich Gott nähern.

Indem er in einen heiligen Bezirk eintrat und heilige Riten vollzog, erhoffte er, dem Göttlichen näher zu kommen. Der Priester war der Mann des heiligen Bezirks und vollzog das Sühneopfer, damit die Menschen von ihren Sünden abgewaschen würden.

Aber seit Jesus Christus ist das alles anders: Nicht mehr der Mensch muss auf Gott zugehen, sondern Gott geht auf die Menschen zu. Das hat Jesus in Wort und Tat offenbart. Das war wirklich etwas Neues! Eine Revolution im Gottesverständnis! Gott ist Emmanuel: Gott mit uns. Und dieser nahe gekommene Gott ist höchstes Glück für die Menschen: der wirklich gute Gott, der Sünden vergibt, heilt, vermenschlicht und das Herz erfüllt.

Gott kommt aus freien Stücken und unwiderruflich auf uns zu. Und er zeigt sich in unserem weltlichen Leben, in unserer Geschichte als guter Gott. Und alle Mächte und Strukturen und Institutionen, die diese heilende Revolution nicht wollen, begehren auf – es kommt zum Prozess und zur Kreuzigung Jesu. Doch der Gott, der sich nähert, bleibt der heilige, transzendente und erhabene Gott, der Hoffnung und Veränderung in der Geschichte und für alle Ewigkeit schenkt. Dafür steht auch das Fest Christi Himmelfahrt!

So geht Gott auf uns zu – und wir dürfen auf dieses Geschenk antworten: Gott antworten in Dankbarkeit, Glaube und Hoffnung und den Mitmenschen in Liebe entgegengehen. „Gott hat uns zuerst geliebt […] dann müssen auch wir einander lieben." 1 Joh 4,9-11 Wir antworten und wir entsprechen der göttlichen Liebe. „In der Verwirklichung beider Dinge realisiert sich Erlösung."[23]

Wo kommt da der Priester vor? Der Priester der antiken Religionen ist gar nicht mehr nötig, weil Gott selbst nahe gekommen ist. Außerdem kein Priester hätte diese erlösende Annäherung Gottes bewirken können!

Jesus ist der sichtbare Ausdruck dieser Annäherung Gottes! Und indem Menschen Jesus nachfolgen und seine Liebe fortsetzen, wird Gottes Liebe weiterhin erlebbar ausgedrückt. Das feiern wir insbesondere an Allerheiligen.
So können wir neu sagen: Priesterliches Handeln ist alles, was die Annäherung Gottes an die Menschen zum Ausdruck bringt. Wenn also eine Ehefrau liebevoll ihren kranken, bettlägerigen Mann pflegt, dann handelt sie priesterlich. Und alle, die beitragen, dass andere Menschen auf Gottes Liebe antworten und ihr entsprechen, handeln ebenfalls priesterlich.
Jesus der Mittler Jesus ist zugleich Ausdruck dafür, dass Gott nahe gekommen ist, als auch der Weg, um zu Gott zu kommen, unser Vorbild, wie wir Gott antworten sollen. Er ist beides: Weg Gottes zu uns und unser Weg zu Gott. Deswegen nennen wir ihn den Mittler.
Jetzt die nächste Revolution: Dieser Mittler ist ein Mensch ohne Extras. Kein Superman, kein Spiderman, kein Mensch mit Superkräften! Genau das will der Hebräerbrief deutlich machen: Jesus, der wahre Hohepriester, ist kein Engel, sondern ein Mensch, der mit uns die Schwachheit und den Tod teilt. In den ersten Kapiteln kämpft der Hebräerbrief gegen einen Engelskult, der sich anscheinend in der Gemeinde breit gemacht hat. Nein, nicht Engel sind die Mittler zu Gott, Christus ist Gott noch näher. Er ist Mittler, gerade weil er ganz Mensch war.
Und dieser Mensch Jesus ist Mittler nicht wie ein antiker Priester, der sich von der profanen Welt fern hält, wie ein alttestamentlicher Priester, der gleichzeitig streng und gebrechlich ist: Jesus ist in allem seinen Geschwistern gleich, ist barmherzig und heilig. Es braucht keine Trennungen zwischen heiligen und profanen Bereich! Der Tempel Jesu ist die Welt, vor der Stadt Jerusalem wird er gekreuzigt.
Nicht irgend ein äußerlicher Ritus bringt einen Zugang zu Gott, sondern die wirkliche Treue Jesu zum Vater und seine

Barmherzigkeit mit den Menschen in seiner Lebensgeschichte macht Jesus zum Mittler und Hohepriester. Nicht nur sein Tod am Kreuz, seine Verkündigung und sein Handeln im Geist des Vaters, das ihn den Konflikt mit dem jüdischen Hohepriester einbrachte, machen ihn zum wahren Hohepriester. Jesus ist Mittler durch seine Treue, Barmherzigkeit, Solidarität und seine Hingabe und nicht durch irgendeine hinzugefügte Wirklichkeit, nicht durch Sonderkräfte. Er ist Erlöser, weil er wirklich Bruder zu uns ist, genauso wie er Sohn ist!

So zeigt sich zum Schluss zweierlei: Es ist wirklich eine frohe Botschaft, mit dem Hebräerbrief zu verkünden, Jesus ist der Hohepriester! Und ergibt sich daraus nicht auch eine immerwährende kritische Anfrage an ein zu klerikales, abgehobenes Priesterverständnis, das in der katholischen Kirche hier und da noch lebendig ist?

7. Ostersonntag: UND-Theologie

Joh 17, 20-26
Jesus bittet im Gebet den Vater: Denn sie sollen eins sein, wie wir eins sind. So sollen sie vollendet sein in der Einheit, damit die Welt erkennt, dass du mich gesandt hast.
Einheit ist Gabe und Aufgabe der Kirche, Gabe Gottes und unsere Aufgabe. Und da stellt sich die Frage: Wie zeigt sich die Einheit in unserer irdischen Kirche, wie sollen wir uns um Einheit bemühen? Und hier gleich die befremdende Antwort: **Die Einheit zeigt sich im UND!** Ja im UND! Das können wir immer wieder in der Kirchengeschichte feststellen.
In der alten Kirche kursierte eine Evangeliumharmonie: Alle vier Evangelien wurden in einer Schrift zusammengefasst und alle Unterschiede und Differenzen geglättet. Es ergab sich eine vereinheitlichte Biographie Jesu. Aber spätestens mit der Synode in Karthago 397 war Schluss damit: Nur noch die vier Evangelien dürfen in der Liturgie verwendet werden, denn sie gehören zum Neuen Testament. Das zeigt deutlich: Die Einheit wird nicht durch Nivellierung der Unterschiede erreicht, sondern durch das UND. Matthäus und Markus und Lukas und Johannes sind unsere Evangelien!
Da gab es zum Beispiel in der Alten Kirche zwei theologische Schulen, die sich gegenseitig bekämpften: Die Antiochener betonten die Zweiheit der Naturen: Jesus Christus ist sowohl göttlicher als auch menschlicher Natur. Sie wollten betonen, dass Jesus Christus wirklich wahrer Mensch war. Die Gefahr ihrer Theologie lag darin, die Einheit beider Naturen in Jesus Christus zu schwach zu sehen.
Die Alexandriner dagegen betonten die Einheit der beiden Naturen, damit wirklich deutlich wird, dass Gott durch Jesus Christus solidarisch mit den Menschen ist und ihre Wunden und Sünden heilt. Da bestand die Gefahr, die Einheit so stark

zu betonen, dass die göttliche Natur die menschliche Natur so aufnimmt, wie das Meer einen Süßwassertropfen: Die Eigenheit der menschlichen Natur wäre übersehen bzw. verschwunden.

Die Trennungschristologie der Antiochener stand der Vereinigungschristologie der Alexandriner gegenüber! Und wie einigte man sich? Das Konzil von Chalcedon erreichte die Einheit durch ein UND: Antiochenische Schule und alexandrinische Schule. Beides zusammen ergibt unseren Glauben. Dieses UND ist kein fauler Kompromiss. Vielmehr wurde durch die chalcedonensische Formel eine neue Erkenntnisstufe erreicht: Die Einheit ist nur paradox im UND ergreifbar. So ähnlich wie die Physik irgendwann den paradoxen Charakter des Lichts erkannte: Es ist sowohl Welle als auch Teilchen!

Jesus Christus ist wahrer Gott und wahrer Mensch, unvermischt und unveränderlich, ungetrennt und unteilbar, wobei nirgends wegen der Einigung der Unterschied der Naturen aufgehoben ist.

Schon wieder sehen wir: In der Kirche wurde Einheit nicht durch Vereinheitlichung sondern durch das UND erreicht!

Und jede Seite hat eine korrigierende Wirkung auf die andere Seite! Das sieht man deutlich auch beim nächsten Beispiel: In der katholischen Kirche gilt nicht allein die Schrift, sondern auch die Tradition. Das zweite vatikanische Konzil hat betont, dass beide Seiten sich gegenseitig ergänzen und korrigieren. Schrift UND Tradition. Die Schrift ist das Wort Gottes, aber sein Sinn zeigt sich nicht eineindeutig. Die Bibel ist ja nicht wie die Anweisung für eine Kaffeemaschine zu lesen. Nur im Dialog mit den Fragen und Nöten, Sehnsüchten und Suchbewegungen der Menschen erschließt sich der Sinn des Wortes Gottes für heute. Tradition ist genau dieser immer neue Suchprozess der Glaubensgemeinschaft Kirche nach dem Sinn der Schrift. Die Bibel ist immer provozierendes Korrektiv für die Tradition, für die Kirche, wenn sie aufhört zu suchen. Und die Tradition ist provozierendes Korrektiv für diejenigen, die meinen, in der Bibel stehe doch alles eineindeutig drin, was man als Christ glauben und tun soll.

Ich könnte noch viele weitere Beispiele nennen: Petrus und Paulus, so unterschiedlich sie sind, gerade in ihrer Unterschiedlichkeit stehen sie für die Einheit der Kirche. Gottesliebe und Nächstenliebe, zwei Seiten einer Medaille. Liebe deinen Nächsten wie dich selbst enthält auch ein UND: Liebe Dich und den Nächsten, liebe den Nächsten und Dich!

Ist es nicht wunderbar befreiend und erleichternd, wenn wir feststellen, dass wir die Einheit nur im UND leben können und auch im UND leben sollen? Denn gerade das 20. Jahrhundert hat mit seinen totalitären Regimen gezeigt, wieviel Leid, Gewalt und Entzweiung geschieht, wenn zum Beispiel Staatslenker Einheit durch Vereinheitlichung und Vernichtung Andersdenkender herstellen wollen.

Aber wie sollen wir mit dem UND umgehen? Wie sollen wir selbst die Einheit im UND leben?

Da gibt uns die christliche Spiritualität mehrere wichtige Hinweise und Empfehlungen.

1. Empfehlung: Gönne Dir Zeiten mal mehr für das eine und dann mal mehr für das andere. Schaue auf einen gesunden Rhythmus. Wir Menschen wechseln zwischen Arbeit und Ruhe, Wachsein und Schlafen, Zurückziehen und Hinausgehen. Die Jesuiten zum Beispiel pflegen ihren kontemplativen Pol hauptsächlich in ihren Exerzitienzeiten und gehen dann in die Welt, um aktiv zu wirken.

2. Empfehlung: Wenn Du das eine hauptsächlich pflegst, ziehe das andere mit ein. Ein Spruch von Ignatius über die Gnade zeigt diese Empfehlung deutlich auf: *„Vertraue so auf Gott, dass du dabei nie auf das Mittun vergisst; und dennoch: Tu so mit, dass eben dieses Mitarbeiten erfüllt bleibe vom*

Wissen um die alleinige Gewalt Gottes." Auch hier erkennen wir wunderbar das UND: Wenn ich auf Gott vertraue, soll ich mir bewusst sein, dass Christus durch meine Hände wirken will. Und wenn ich aktiv plane, rede und handele, soll ich mir bewusst sein, dass all mein Tun nur durch die Gnade Gottes getragen ist.

3. Empfehlung: Beachte die geheimnisvolle Einheit des UND! Jesus Christus hat zwar 2 Naturen, ist jedoch eine Person, ein Heiland – das ist ein Geheimnis! Du achtest das Geheimnis, indem du die Straßengräben meidest: Zum Beispiel Einheit aktiv durch Vermischen oder durch Dominierung der einen Seite über die andere erreichen wollen. Oder zum Beispiel aufhören, das UND zu leben und zu suchen.

4. Empfehlung: Du kannst beide Seiten miteinander kommunizieren lassen. Der Therapeut Siegfried Essen empfiehlt, dass wir in uns ein Gespräch anstoßen sollen zwischen unserem aktiven Ich und unserem Selbst, das sich mit dem Hl. Geist in uns verbunden weiß.

Es ist wie im zwischenmenschlichen Bereich: Im Gespräch, im gegeneinander Anhören können viele gehört werden und Neues kann entstehen gerade aus der Offenheit des Gespräches miteinander.

Kirchenpolitisch gilt dasselbe: Es gibt viele Autoritäten in Sachen Glaube: Die Bibel, das Lehramt, die Theologieprofessoren, die heutigen Menschen mit ihren Fragen und Nöten und die Zeichen der Zeit, die Gläubigen in den Ortskirchen, die Seelsorger an der pastoralen Front. All das sind Orte der Theologie, Autoritäten in Sachen Glaube. Wir sollten zwischen alle ein UND setzen und miteinander kommunizieren. Eine mögliche Diktatur des Lehramts über alle anderen Orte des Glaubens hat das II. Vatikanische Konzil als Lösungsweg abgelehnt.

Pfingsten: Der Heilige Geist wirkt in der Apostelgeschichte

Apg 2, 1-11 und Apg 8,26-40
Lukas hat zwei Werke geschrieben: sein Evangelium und die Apostelgeschichte. Durch beide Werke zieht sich ein roter Faden: Das Wirken des Heiligen Geistes. Alles wird durch den Geist angetrieben.
Jesus wird von Maria durch den Geist empfangen. Als Jesus bei der Taufe im Jordan im Gebet offen ist für Gott, kommt der Geist auf ihn herab. Am Ende seines Lebens legt er den Geist in die Hände des Vaters. Als Auferstandener ermutigt er die Jünger, auf die Gabe des Geistes zu warten.
Lukas ist ein Meister darin, innere Prozesse in Form von äußeren Bildern und Geschichten anschaulich zu machen. Das sieht man auch an unserer heutigen Pfingstgeschichte: Feuerzungen. Sie stehen für das Erleben des Heiligen Geistes, der uns anfeuert, Elan schenkt, die Sehnsucht nach Gott entzündet, das Feuer der Freude entfacht.
Heute haben wir noch andere Worte für die Erfahrung des Geistes: Intuition, innere Stimme, Innenführung, Flow, seelische Verbundenheit – all das ist auch für Lukas Geistwirken.
In fünf Punkten sei das Wirken des Geistes in der Apostelgeschichte zusammengefasst:
1. Der Heilige Geist spricht, bezeugt, verheißt, prophezeit, sendet aus, bestellt zu einer Aufgabe.
2. Der Heilige Geist ist eine Kraft, die Menschen durchwirkt, die durch Handauflegen übertragen werden kann.
3. Der Heilige Geist gibt Wahrheit, Weisheit, Kraft im Glauben.

4. Der Heilige Geist ist leidenschaftlich, bewegt. Wir können uns ihm öffnen oder widerstehen.
5. Der Heilige Geist verbindet Menschen in tiefer Weise untereinander und mit Gott.

Beim Pfingstereignis bewirkt der Heilige Geist insbesondere zweierlei:

Die Jünger brechen die Türen auf, sie durchbrechen die Mauern ihrer Angst und brechen alte Sichtweisen auf. Vom Geist erfüllt können sie freimütig sprechen. Freimütig, griechisch Parrhesia, ist ein Lieblingswort von Lukas: Mit Parrhesia Jesus verkünden – das durchzieht die ganze Apostelgeschichte. Diesen Freimut schenkt der Geist.

Das Zweite: Alle hören die Jünger in ihrer Sprache sprechen. D. h. die frohe Botschaft ist für alle da. Pfingsten ist ja in der jüdischen Kultur ein Wallfahrtsfest, das sieben Wochen nach Pessach stattfindet. Ursprünglich war es ein Erntedankfest. Aber in der rabbinischen Zeit einigte man sich, dass man feierte, dass das Volk Israel am Sinai die Tora geschenkt bekommen hat. Auch die Rabbiner glaubten, dass am Sinai nur der eine Gott spricht, aber dass jeder Mensch Gott am Sinai in seiner Sprache hört. Für Lukas und für uns Christen erfüllt sich diese Einheit in der Vielfalt im Pfingstereignis: Es betrifft alle Menschen und kann alle umfassen, so unterschiedlich sie sein mögen.

Pfingsten ist deswegen durch die Geistsendung ein neuer Bund Gottes mit Menschen und der Geburtstag der Kirche, als neue Verkörperung des Volkes Gottes. Weil Gott wirkt und sich im Geist offenbart, erleben die Menschen auch Sturm und Brausen und Feuerzungen.

Aber schon die frühen Christen durften erfahren: Der Heilige Geist wirkt anders als erwartet. Er beseelt auch Heiden, die noch gar nicht getauft sind. Die Judenchristen müssen ihre alten Denkweisen verändern. (Pfingsten der Heiden siehe Apg 10) Petrus wird im Traum angewiesen, unreine Tiere zu essen.

Der Hauptmann Cornelius wird vom Geist durch Vision zu Petrus geführt. Hier lernt Petrus, dass der Geist weht, wo er will. Und der Geist möchte auch, dass das Evangelium den Heiden verkündet wird.

Der Heilige Geist führt auch Paulus auf seinen Reisen. Im Traum erscheint Paulus ein Mazedonier, der ihn bittet, dass er zu ihnen komme. Apg 16,6-10: Der Geist lässt Paulus die Grenze von Asien nach Europa überschreiten

Der Geist wirkt auch leitend, der Geist lenkt in der Apostelgeschichte alles. Auch in Gerichtsverfahren gibt er den Gesandten die richtigen Worte ein.

Der Geist ermöglicht auch neue Weisen des Zusammenlebens. Die Christen sind kompromissbereit, sie teilen Güter miteinander und bemühen sich um einen Ausgleich zwischen Reich und Arm. Der Geist treibt auch uns an, diese Träume des besseren Zusammenlebens heute nicht aufzugeben. Dazu lädt uns Lukas in seinen zwei Werken immer wieder ein.

Zusammengefasst zeigt die Apostelgeschichte mit ihrem roten Faden: **Der Geist ist das Lebensprinzip und die Lebenskraft der ganzen Kirche und seiner Glieder!**

Lukas schafft es immer wieder, in einer Geschichte viele seiner Anliegen anklingen zu lassen. Und seine Anliegen sind heute noch aktuell. Das möchte ich abschließend an der Begegnung von Philippus mit dem Äthiopier aufzeigen.

Philippus lässt sich durch den Engel des Herrn bzw. durch den Geist führen. *Wir dürfen auch vertrauen, vom Geist geführt zu werden.*

Die Botschaft Jesu breitete sich bis an die Enden der Welt aus: Der Kämmerer kam aus Äthiopien, damals das Ende der Welt. *Der Heilige Geist wirkt auch heute in allen Ländern und Kulturen der Welt.*

Der Kämmerer war ein Eunuche, also sozial geächtet, auch wenn er viel Geld hatte. *Der Geist wendet sich gerne den Benachteiligten zu, auch heute!*
Der Geist hat diesen Mann mit Sehnsucht nach Gott erfüllt. Deswegen ist er nach Jerusalem gefahren und liest auf der Rückfahrt in einer Jesaja-Schriftrolle, die bestimmt nicht ganz billig war. *Auch uns erfüllt der Geist mit der Sehnsucht nach Gott. Hören wir auf diese Sehnsucht.*
Wie bei der Geschichte der Emmausjünger kommen die beiden in ein Glaubensgespräch. *Wir erleben ebenso den Geist, wenn wir ins Gespräch kommen, wenn wir unsere Fragen stellen, wenn wir miteinander in der Heiligen Schrift lesen, wenn wir uns gemeinsam auf die Suche machen nach der frohen Botschaft.*
Der Äthiopier fragt Philippus: Von wem sagt er das? *Wir können uns etwas verwandelt die Frage stellen: Wie komme ich in dieser Bibelgeschichte vor? Was bedeutet sie heute für mich und für uns Menschen heute?*
Hier ist Wasser. Was steht meiner Taufe noch im Weg? *Auch wir können vertrauen, dass der Heilige Geist uns zur rechten Zeit rechte Impulse gibt, so dass wir gute Entscheidungen fällen können. Werden wir hellhörig auf den Geist. Dann zeigt sich im Leben, im Alltag, was der nächste Schritt im Sinne Jesu wäre.*
Der Kämmerer geht mit Freude weiter. *Wir dürfen gleichfalls mit Freude und beschenkt und begeistert in unseren Alltag zurückkehren. Denn der Heilige Geist ist bei uns!*

Dreifaltigkeitssonntag: Trinität nach Hans Urs von Balthasar

Haben Sie schon einmal ein Improvisationstheater erlebt? Vielleicht im Fernsehen oder auf der Bühne? Ein großes Abenteuer für die Schauspieler: In aller Freiheit können sie drauf loslegen. Jedoch blitzschnell müssen sie reagieren: In jedem Moment haben sie kreativ mit der Situation umzugehen. Welche Aufgabe hat da überhaupt der Regisseur? Und einen Autor gibt es eigentlich nicht mehr – oder doch? Beim normalen Theater ist der Text vorgeschrieben. Es gibt einen Autor, wie z. B. Shakespeare, der für sein Stück einen Text geschrieben hat, inklusive Regieanweisungen, Bemerkungen zum Bühnenbild. Die Schauspieler und der Regisseur haben ein gewisses Maß an Gestaltungsfreiraum. Das meiste, insbesondere der zu sprechende Text, ist festgelegt. Aber im Improvisationstheater ist viel mehr Freiheit da. Das erhöht immens das Risiko, dass die Vorstellung in die Hose geht.
Der große Theologe Hans Urs von Balthasar hat sich das Verhältnis zwischen Gott, Welt und der Menschheit wie ein großes Impro-Theater vorgestellt. Gott ist Autor und Regisseur, die Welt die Bühne und die Menschen die Schauspieler. Obwohl er den Begriff Impro-Theater selber nicht verwendete, hat er sich das genau so vorgestellt. Warum passt der Begriff? Erstens: Weil Gott den Menschen so viel Freiheit übergeben hat, dass das Drama der Menschheitsgeschichte nicht wie ein fertig ablaufendes Theater beschrieben werden kann, wie z. B. eine Aufführung von Shakespeares „Sommernachtstraum". Zweitens: Weil das Drama der Menschheitsgeschichte so viel Brüche, Krisen und Katastrophen enthält, dass dies eher dem riskanten Abenteuer

eines Impro-Theaters gleicht als einer voll durchorganisierten Aufführung eines Werkes von Schiller.
Gott gibt Impulse zum Welttheater, er will als Autor und Regisseur seine Schauspieler motivieren, locken, anregen – aber das gelingt aufgrund der Freiheit, die er selbst den Schauspielern geschenkt hat, nur teilweise! Und genau aus diesem Grunddilemma heraus entwickelt sich das Drama der Menschheitsgeschichte! Hilft es da, wenn Gott sich selbst auf die Bühne begibt, um auf die Intention seines Stückes hinzuweisen und die anderen Mitspieler erneut zu motivieren? Oder riskiert er, wenn er als einer unter vielen auftritt, unterzugehen?

Aber was ist die Intention seines Stückes? Warum hat Gott das Welttheater geschaffen? Gott ist die Fülle, die Überfülle, der in sich selbst der Eine ist, der das Andere und die Verbindung von beiden in sich selbst enthält. In der Überfülle Gottes zeigt sich für Balthasar schon die Dreifaltigkeit Gottes. Man kann es vielleicht mit einem Ehepaar vergleichen, bei dem die Partner sehr unterschiedlich sind: Gerade in der Unterschiedlichkeit ergänzen sie sich, wenn sie die Andersheit des anderen schätzen und gelten lassen – dann ist das Paar eine starke Beziehung. So ähnlich denkt Balthasar die Trinität: Der eine Gott hat in seiner Überfülle das Andere in sich und die Verbindung von beiden. Vater – die Überfülle, Sohn – das Andere in der Überfülle, Heiliger Geist – die Verbindung. Genau diese Überfülle drückt sich in der Schöpfung aus. Deswegen gibt es kein Außerhalb-von-Gott.

Dem Menschen gibt Gott Freiheit: Für ihn ist die Freiheit eine Gabe, ein Geschenk Gottes. Und gleichzeitig ist die Freiheit eine Herausforderung und Aufgabe: Denn die Freiheit ist erstens begrenzt und zweitens muss sie gestaltet werden. Die Gabe stellt mich vor die Frage: Wer bin ich? Wie gestalte ich mein Leben? Wie gehe ich mit den Menschen um, die ja auch in Freiheit in Kontakt mit mir treten?

Und so kommt es, wie es kommen musste: Die Schauspieler kommen sich gegenseitig in die Quere. Der eine will den anderen für seine Zwecke einspannen. Kämpfe um Macht, Ehre und Reichtum entstehen!
Gott gibt durch Propheten immer wieder neue Impulse. Aber sie reichen nicht aus! So sendet er Jesus Christus, seinen Sohn. Er lässt sich ganz vom heiligen Geist führen: Wie ein Künstler, der seine Freiheit voll entfaltet, wenn er sich von seiner Inspiration leiten lässt, so lässt sich Jesus vom Geist führen und kann in jeder Begegnung mit Menschen neu und frisch Impulse zu einem wertvollen und gotterfüllten Leben geben.
Mit Jesus Christus zeigt Gott, dass er sich wirklich in das Weltdrama hinein begibt: am deutlichsten wird das am Karfreitag. Jesus Christus hat die Feindesliebe bis zuletzt durchgehalten, er hat seinen Feinden verziehen und war bereit für alle Menschen zu sterben. Im Kreuz nimmt Gott selbst das Ganz Fremde, das Ganz Andere, das Böse der ganzen Welt, die tiefe Dramatik des verstrickten, sich selbst zerstörenden Impro-Theaters namens Welt auf und heilt es von innen her! Gottes Einheit ist so groß, dass sie selbst das Widergöttliche in sich aufzulösen vermag.[24]
Nur weil Gott diese Überfülle ist, die in der Dreifaltigkeitslehre ausgedrückt wird, ist eine Überwindung des Bösen am Kreuz möglich. Umgekehrt: Gerade am Kreuz wird uns Menschen am deutlichsten, dass Gott dreifaltig ist; gerade im Leiden und Sterben des Sohnes nimmt der Vater das Böse der Welt auf, um es in der Liebe des Geistes zu überwinden.
Auch die Hölle wird für Balthasar in diese Erlösung miteinbezogen. Am Karsamstag steigt Jesus Christus in die tiefste Hölle hinab, damit keines der Geschöpfe auf ewig verloren sei. So dürfen wir hoffen, dass sogar der verstockteste Sünder durch die unendliche Liebe Gottes den

Weg der Reue und Erlösung findet. Gott wird den Neinsager nicht durch seine Allmacht überwältigen, sondern der in seiner Blindheit und Ohnmacht auf sich selbst Bezogene wird nicht umhin können, einen noch Ohnmächtigeren neben sich wahrzunehmen, der ihm seine absolute Einsamkeit streitig macht und ihn bittet, den Weg der Reue zu gehen.[25]

Es ist zum Staunen: Gerade indem sich Gott ohnmächtig als ein Schauspieler unter vielen auf die Weltbühne begibt, überwindet er die Tragik des misslungen Impro-Theaters. Auferstehung und Neuanfang geschieht. Wir dürfen hoffen und selber immer neu beginnen.

Fronleichnam: Wir sind Leib Christi

Es gibt zwei Gebete in der Messe, die der Priester leise spricht und die ich abgeändert habe.
Bei der Händewaschung heißt es: Herr, wasche ab meine Schuld, von meinen Sünden mach mich rein. Beim Kommunionempfang betet der Priester leise: Der Leib Christi schenke mir ewiges Leben.
Ich habe sie abgewandelt und bete: Herr, wasche ab unsere Schuld, von unseren Sünden mache uns rein. Beim Kommunionempfang: Der Leib Christi schenke uns ewiges Leben.
Ich finde, nur für mich zu beten ist nicht adäquat. Es ist nicht adäquat für mich als Priester und nicht adäquat für den Leib Christi.
Paulus schreibt: Ihr aber seid der Leib Christi und jeder Einzelne ist ein Glied an ihm. 1 Kor 12,27. Wir sind nicht einzelne getrennte Individuen. Sondern bei aller Eigenständigkeit sind wir vernetzt, miteinander verbunden. Als Menschen sind wir miteinander verbunden: Wir atmen dieselbe Luft, leben von derselben Erde. Und nicht zuletzt die Wahrheit Martin Bubers: Nur im Du werde ich zum Ich. Die Beziehungen sind das Ursprüngliche. Noch mehr gilt das für uns Christen. Wir schauen auf den einen Herrn. Wir öffnen uns alle dem einen Heiligen Geist. Wir sind der Leib Christi. So kann Paulus diese Verbundenheit im Leib Christi nur ausdrücken mit den Worten: Wenn darum ein Glied leidet, leiden alle Glieder mit; wenn ein Glied geehrt wird, freuen sich alle anderen mit ihm. 1 Kor 12,26
Wenn ich den Leib Christi empfange, möchte ich für den ganzen Leib Christi, das ganze Volk Gottes beten, nicht nur für mich, ein Glied des Leibes. Ein Priester steht im Dienst des Leibes Christi, des Volkes Gottes, der Gemeinschaft mit

Gott und untereinander. Wenn wir gemeinsam um den einen Tisch uns versammeln und den Leib Christi empfangen, wird uns bewusst, dass wir Leib Christi sind.

Ein Spruch sagt: Ihr seid, was ihr esst: Leib Christi! Werdet, was ihr seid: Leib Christi!

Ich erinnerte mich an eine abgewandelte Fußwaschung in Israel, die ich dort erlebt habe. Die Menschen wuschen sich gegenseitig die Hände. Jeder erfuhr, mir wäscht jemand die Hände und dem Nächsten wasche ich die Hände. Jesus gibt uns genau den Auftrag: einander zu helfen, einander zu lieben, einander die Füße zu waschen. Empfangen und Geben. Genau das zeigt die gegenseitige Verbundenheit und feiert diese Verbundenheit!

Aber so wie die Liebe nur in der Verbundenheit, im Stützen, Geben und Nehmen erfahrbar wird, so sind Verfehlungen, Irrungen, Verblendungen und Verstockungen auch etwas Vernetztes. Bei aller Verantwortung, die jeder für seine Taten und Worte hat, ist es auch gut, diese Vernetzung im Irren und Schuldigsein zur Sprache zu bringen: Herr, wasche ab unsere Schuld, von unseren Sünden mache uns rein.

Der Zöllner Zachäus wurde im und durch das Mahl mit Jesu geläutert. Er erkannte, dass er im unterdrückerischen System mitmachte und es für sich optimal ausnutzte. Und er bereute nach der Begegnung und dem Essen mit Jesu.

Das gilt auch für uns: Wir, der Leib Christi, das Volk Gottes, werden durch die Begegnung mit Christus in der Eucharistiefeier geheilt, erlöst von Schuld, um zu werden, was wir eigentlich sind: Leib Christi.

Denn im Kreuzestod führte Christus die zerrissene Menschheit zusammen!

Wenn wir durch die Straßen mit dem Allerheiligsten gehen, demonstrieren wir genau das: Wir sind Leib Christi!

2. Sonntag im Jahreskreis: Selbstverwirklichung – hohes Ideal oder Egotrip?

1 Kor 12, 4-11
Ich kann mich vage darin erinnern, dass mein Pfarrer in meiner Jugendzeit manchmal gegen die Selbstverwirklichung predigte. Er konnte dagegen richtig schimpfen! Und ebenso vage erinnere ich mich, dass ich nicht ganz seine Ablehnung verstand. Was ist daran so schlecht, sich selbst zu verwirklichen?
Können wir nicht z. B. sagen, dass Beethoven sich selbst, seine Begabungen verwirklicht hat, indem er 9 Sinfonien und 32 Klaviersonaten schrieb? Dass er sein ganzes Selbst in diesen Werken ausdrückte und damit sich selbst verwirklichte? Was kann daran schlecht sein? – Aber nehmen wir ein anderes Beispiel: Jemand möchte mehr sich selbst in seinem oder ihrem Beruf verwirklichen und dabei kommt es zum Ehekrach und Ehescheidung. Diese Person hat die Familie sozusagen der Selbstverwirklichung „geopfert". Diese Art der Selbstverwirklichung finden wir dann wohl alle nicht mehr so unproblematisch und lobenswert wie das Künstlerleben von Beethoven.
Es scheint also verschiedene Arten und Strategien der Selbstverwirklichung zu geben und diese unterscheiden sich auch in ihrer ethischen Qualität. Einige sind wohl lobenswert, andere mindestens fragwürdig und problematisch.
Insofern haben sowohl mein ehemaliger Pfarrer mit seiner Kritik als auch ich mit meiner Ahnung, dass Selbstverwirklichung eigentlich was Gutes ist, Recht

gehabt? Ich lade Sie ein, diesem Thema auf den Grund zu gehen. Insbesondere weil es ein zentrales Thema der Moderne ist: Sich selbst verwirklichen wollen in der heutigen Welt viele auf unterschiedlichster Weise. Aber was das genau ist und was es da zu beachten gilt, darüber herrscht Unklarheit. Also heute ein wenig Licht in dieses existentielle Thema!

Was ist Selbstverwirklichung? Herder und Rousseau Philosophen haben immer schon versucht, klarer auszudrücken, was eine Epoche unbewusst prägt. Und so finden wir bei Herder und Rousseau wertvolle Aussagen über die Selbstverwirklichung.

Nach Herder hat jeder von uns *seine* originelle Weise des Menschseins. Also ist es meine Lebensaufgabe, mir treu zu bleiben, mein Besonderes, mein Menschsein zu entdecken und zu leben.

Nach Rousseau geht das nur, wenn ich nach innen horche. Ich muss meine Unruhe und die übernommenen Meinungen durchstoßen und zu meiner inneren Stimme finden. Dieser tiefe Kontakt zu mir selbst führt mich und wird zur Quelle der Zufriedenheit.

Ignatius Aber Moment mal! So neu ist das nicht! Hat nicht Ignatius von Loyola ähnliches in seinen Exerzitien gesagt? Wir sollen unsere je eigene Berufung finden, in der wir unsere Gaben und Begabungen verwirklichen können. Dafür sollen wir nach innen spüren und das wählen, wo wir mehr Trost und inneren Frieden empfinden.

Selbstverwirklichung, wie Ignatius, Rousseau und Herder es verstehen, ist wahrlich ein hohes ethisches Ideal, das wir alle anstreben sollten: Wir sollten versuchen, authentisch zu leben.

Unterscheidung zwischen ethischem Ideal und dekadenter Form Aber leider ist vielen heute diese hohe ethische Ausrichtung nicht mehr bewusst. Selbstverwirklichung wird eher in einer flachen, ja dekadenten Weise verstanden. Es wird dann in dieser dekadenten Form eher als Freifahrtschein für Egoismus verstanden. Und so stellt sich die spannende Frage, wie lässt sich die hohe ethische Form der Selbstverwirklichung von der dekadenten egoistischen unterscheiden?
Dafür gibt uns Charles Taylor drei wichtige Hinweise an die Hand:
Erstens müssen wir Form und Inhalt unterscheiden. In der Form, in der Struktur sollen wir uns selbst verwirklichen. Ich soll mich fragen, was mein Weg ist, meine Berufung, meine Charismen, meine Orientierung. Der Inhalt einer solchen Selbstverwirklichung verweist dann normalerweise auf etwas anderes oder jemand anderes: Mein Einsatz für eine gute Sache, mein ehrenamtliches Engagement, meine Hingabe an andere Menschen oder auch meine Ausrichtung auf Christus usw. Wenn ich aber nur mich zum Inhalt mache, dann bin ich egozentrisch: Dann geht es mir immer nur um meine Wünsche, mein Rechthaben usw. Treffend sagt Taylor: „Die Verwechslung dieser beiden Arten von Selbstbezüglichkeit hat verheerende Folgen. [...] Die Selbstbezüglichkeit der Form ist in unserer Kultur gar nicht zu vermeiden. Verwechselt man die beiden miteinander, lässt man die Illusion aufkommen, die Selbstbezüglichkeit des Inhalts sei ebenso unausweichlich. Diese Verwechslung verleiht dann den ärgsten Formen des Subjektivismus eine gewisse Berechtigung"[26]
Zweitens: Gesunde Selbstverwirklichung weiß, dass wir alle eingebettet sind in einen Kontext. Wir leben in einer

menschlichen Kultur, die uns erst ermöglicht, zu leben, zu handeln und eine eigene Lebensgeschichte zu beschreiben. Natürlich soll ein junger Mensch sich fragen, ob er Arzt oder Komponist oder Lehrer werden will. Aber auch wenn er zum Beispiel als Komponist etwas ganz Neues schaffen möchte, wird er sich zwangsläufig im Horizont der Musikgeschichte bis zu seiner Zeit positionieren. Er wird diesem Horizont nicht entrinnen können. Und so kann man allgemein sagen: Wenn ich mein Selbst wähle bzw. mein Selbst verwirklichen möchte, werde ich mich auf weitere bedeutsame Fragen, Herausforderungen beziehen, die schon vor mir da sind. So kann es sein, dass ich meine Passion für Lateinamerika entdecke und deswegen mich als Entwicklungshelfer den Nöten von Armen in Slumgebieten stelle. Dekadente Formen der Selbstverwirklichung beziehen sich nicht auf einen solchen Horizont, auf solche Fragen oder Herausforderungen.

Drittens sind wir Menschen durch und durch dialogische Wesen. Wir können hier die bekannte Formel von Martin Buber bemühen: der Mensch wird nur über das Du zum Ich. Der egoistische Selbstverwirklicher benutzt seine Mitmenschen, um seine eigenen Ziele zu erreichen. Ein gesunder Prozess der Selbstverwirklichung dagegen geschieht immer im Dialog mit den Mitmenschen. Meine eigene Identität kann ich nicht als isoliertes Wesen mir entschlüsseln, sondern nur im teils offen geführten und teils verinnerlichten Dialog mit anderen Menschen aushandeln. „Meine eigene Identität ist entscheidend abhängig von meinen dialogischen Beziehungen zu anderen."[27] Daraus folgt eine Haltung der Dankbarkeit gegenüber Menschen, die mich geprägt haben und prägen, und eine Haltung des gegenseitigen Respekts.

Das hohe Ideal der Selbstverwirklichung, der Authentizität steht immer in Gefahr, missverstanden zu werden und in eine dekadente Form abzugleiten. Deswegen muss auch immer wieder neu, in jeder Generation neu das hohe Ideal der Selbstverwirklichung und der Authentizität erarbeitet werden.

Nochmal Charles Taylor: „Es liegt im Wesen einer freien Gesellschaft, dass sie stets den Schauplatz eines Kampfes zwischen höheren und niedrigeren Formen von Freiheit darstellen wird. Durch soziales Handeln, durch politische Veränderungen und die Eroberung der Herzen und der Gemüter können die besseren Formen an Boden gewinnen, zumindest für eine kurze Frist."[28]

Deutlich drückt es Paulus aus: Die Gnadengaben kommen alle von dem einen Geist und sollen deswegen auch zum Nutzen für mich und für andere Menschen eingesetzt werden. Ja es gibt eine Selbstverwirklichung, die zur größeren Ehre Gottes und zum Wohle unserer Mitmenschen ist, um es in der Sprache des Heiligen Ignatius auszudrücken. Eine so verstandene Selbstverwirklichung weiß um alles, was ich geschenkt bekommen habe und dass ich nur im Kontakt mit meinen Mitmenschen meinen passenden Weg finde. Die Gaben und die Mitmenschen werden dann zu Gottes Hinweisen für die für mich passende Selbstverwirklichung.

3. Sonntag im Jahreskreis: Predigt zum Lukasevangelium

Lk 1, 1-4; 4, 14-21
Das heutige Evangelium lädt geradezu ein, das Evangelium von Lukas mit seinen Besonderheiten vorzustellen. Denn wir haben eben den Beginn gehört!
Lukas – wie ein antiker Autor Schon die ersten vier Verse verraten, dass Lukas ein gebildeter Christ ist, der weiß, wie man zu seiner Zeit ein Buch eröffnet. Ähnlich wie Josephus, der über den jüdischen Krieg berichtete, und wie andere Autoren versichert er seinem Leser, dass er sorgfältig recherchiert habe. Anders als Josephus lobt Lukas dagegen auch die treue Überlieferung seiner Vorgänger. Lukas hatte tatsächlich drei Quellen vorliegen, aus denen er sein Evangelium komponierte: Das Markusevangelium, eine Sammlung von Reden und Gleichnissen, die auch Matthäus vorlag, und dann noch einige besondere Geschichten, die die anderen Evangelisten nicht kannten.
Wir Leser Lukas redet seinen Leser Theophilus direkt an: Damit will er jeden potentiellen Leser ansprechen. Sein Evangelium ist für mich und für dich geschrieben, damit wir uns täglich aufmachen, Jünger Christi zu werden. Jeder Leser soll ein Theophilos sein, ein Gottesfreund. Lukas gehörte wahrscheinlich zu einer Gemeinde in einer Großstadt mit vielen gebildeten Christen, mit Reichen und Armen, bei denen wohl Skepsis aufgekommen ist, ob das mit dem bald anbrechenden Reich Gottes stimme. Sein Evangelium soll ihren Glauben stärken.
Lukas der Erzähler Viele Bibelgeschichten, die unser Herz erwärmen, stehen nur im Lukasevangelium: die Verkündigung des Engels an Maria, die Begegnung von Maria und Elisabeth, die Hirten, die das Jesuskind besuchen,

der 12-jährige Jesus im Tempel, der Zöllner Zachäus, das Gleichnis vom verlorenen Sohn, Jesus bei Maria und Martha, das Gleichnis vom reichen Prasser und Lazarus, die Heilung der zehn Aussätzigen, von denen nur der Samariter zurückkehrt und sich bedankt.

Deswegen ist der Lukas unter den Evangelisten der große Erzähler: Er hat wie kein anderer Autor des NT die Begabung, eine Szene so lebendig zu zeichnen, dass wir als Leser mit unserem Herz hineingezogen werden. Er ist der große Maler. Szenen, die in anderen Evangelien knapp und nüchtern erzählt werden, gestaltet er aus: Z. B. nur bei Lukas kommt ein stärkender Engel zu Jesus im Garten Getsemani.

Lukas´ Erzählungen sind gerade wegen ihrer Anschaulichkeit beliebt für Kinderbibeln. Sogar mit liebenswürdigem Humor zeichnet er Szenen: Der Zöllner Zachäus ist ein Beamter und reicher Mann und klettert wie ein Schulbub auf einen Baum. Die Begegnung mit Jesus krempelt ihn um: Schnell steigt er herunter, freudig nimmt er Jesus auf.

Anliegen des Lukas – die Sünder Das führt uns zu einem Herzensthema von Lukas: Gott lädt durch Jesus die Sünder, die Irrenden, die Suchenden zur Umkehr ein und schenkt ihnen Verzeihung und Neuanfang. Das zeigen auch die Worte Jesu am Kreuz: Nur Lukas erzählt von dem zweiten Schächer, der Jesus um Erbarmen bittet und dem Jesus das Reich Gottes, das Paradies „noch heute" verspricht. Damit sollte Lukas auch uns heute noch provozieren: Wie gehen wir in der Kirche mit Gescheiterten, Irrenden und Suchenden um? Denken wir nur an die geschiedenen Wiederverheirateten. Lukas hätte sie wohl barmherzig empfangen.

Die Armen Schon die kleine Liste von Geschichten, die nur bei Lukas stehen, zeigt noch etwas anderes: Gott wendet sich besonders den Armen zu. Wie ein Lebensprogramm verkündet Jesus in der Synagoge von Nazareth: Gott hat mich gesandt, damit ich den Armen eine gute Nachricht bringe, den

Gefangenen die Entlassung verkünde, den Blinden das Augenlicht, und ein Gnadenjahr des Herrn ausrufe. Lukas ist der große Sozialist unter den Evangelisten. Schon Maria singt: Gott beschenkt die Hungernden mit seinen Gaben und lässt die Reichen leer ausgehen. Das arme Jesuskind stellt Lukas dem mächtigen Kaiser Augustus gegenüber und verkündet damit Leitlinien des ganzen Lebens Jesu: Er wendet sich besonders den Armen zu und wird keine Gewalt anwenden, sondern die Gewaltspirale durch das Kreuz durchbrechen. Lukas spiritualisiert auch nicht die Seligpreisung, sondern belässt es bei Jesu Wort: Selig die Armen, denn euer ist das Reich Gottes. Die Urkirche schildert er wie eine sozialistische Kommune: Alle teilen alles miteinander und die Reichen geben ihr Eigentum ab.

Die Reichen Deswegen sind gerade Reiche herausgefordert, Armen beizustehen und ihren Reichtum nicht zu horten. Die Reichen sollen Jesus nachfolgen und die Armen unterstützen und wertschätzen. Nur bei Lukas steht die Empfehlung Jesu: Wenn Du ein Fest veranstaltest, dann lade nicht Freunde und Bekannte ein, sondern Arme, Krüppel, Lahme und Blinde. (Lk 14,12ff) Denn Reichtum horten bringt nichts. Für diese Einsicht erzählt Lukas das Beispiel vom reichen Kornbauern, der umsonst neue größere Scheunen bauen will und vergisst, dass er jederzeit sterben kann. (Lk 12,16-34) Großzügiges Teilen hat dagegen ewigen Wert!

Gebet Lukas ist auch das Gebet besonders wichtig. Viel häufiger als in den anderen Evangelien steht bei Lukas: Jesus betete. Vor jeder großen Entscheidung wie z. B. der Apostelwahl zieht sich Jesus zum Gebet zurück. Das können wir auch als eine Empfehlung für uns verstehen! – So wie die Urgemeinde in der Apostelgeschichte sollen wir durch Beten an Christus festhalten.

Heiliger Geist Im Gebet verbindet sich Jesus mit dem Heiligen Geist. Im Gebet horcht Jesus in Stille auf den Geist.

Der Geist Gottes leitet das ganze Leben Jesus und soll das Leben der Christen und der Kirche leiten. Auch das betont Lukas mehr als die anderen Evangelisten.

Das ganze Leben Jesu ist erlösend Genauso wie das ganze Leben Jesu durch den Hl. Geist geführt ist, ist auch das ganze Leben Jesu heilend und erlösend für die Menschen und nicht nur der Kreuzestod. Für Paulus und Markus ist der Kreuzestod Jesu, seine Lebenshingabe und Leiden am Kreuz „Lösegeld für viele", Erlösung von der Sünde. Wie in den Gottesknechtsliedern von Jesaja beschrieben sühnt Jesus für unsere Sünden. Erstaunlich: All diese Formeln und Begriffe, die ja bei Markus stehen, lässt Lukas weg. Z. B. bei Markus: Der Menschensohn kam nicht, sich bedienen zu lassen, sondern zu dienen und sein Leben hinzugeben als Lösegeld für viele. Mk 10,45 Lukas übernimmt nur das Dienen: Ich aber bin in eurer Mitte wie der Dienende.

Lukas hat hier eine theologische Erkenntnis, die die Theologiegeschichte erst in der Moderne erreicht hat: Nicht nur der Tod Jesu, das ganze Leben Jesu, seine Predigt, seine Taten, sein Dienst an den Menschen, sein Tod und seine Auferstehung ist als Ganzes erlösend und heilend.

Tägliche Nachfolge Und wenn der ganze Lebensweg Jesu erlösend ist, dann geschieht Heilung, wenn wir diesen Weg nachgehen, dann ist auch unsere Nachfolge täglich neu eine Herausforderung. Wir antworten auf die Erlösung und Heilung, die Gott uns durch Jesus schenkt, mit täglicher Nachfolge. Nur Lukas trägt in die Jüngerregel das Wort täglich ein: Wenn einer hinter mir hergehen möchte, verleugne er sich selbst und trage täglich sein Kreuz und folge mir! Lk 9,23. Denn täglich kann das Reich Gottes entdeckt werden, täglich kann man im Weinberg des Herrn mitarbeiten, täglich kann man verzeihen, umkehren, den Nächsten lieben, weitergehen auf dem Weg des Herrn.

4. Sonntag im Jahreskreis: Innere Empathie

Siehe „Exerzitien der Nächstenliebe"
21. Woche

5. Sonntag im Jahreskreis: Drei Berufungen

Jes 6, 1-8; 1 Kor 15, 1-11; Lk 5, 1-11
An diesem heutigen Sonntag hören wir drei Berufungen, drei wunderschöne Erzählungen, die viele wertvolle Aspekte enthalten.
Zuerst die erhabene Berufung des Propheten Jesaja in einer Gotteserfahrung: Jesaja erlebt die Größe Gottes und erfährt sich als kleinen sündigen Menschen, der durch Gottes Größe von der Sünde befreit wird und dadurch Prophet wird.
Dann Paulus, der erst die Christen verfolgt, dann als letzter Christus als Auferstandenen erfährt und als Missgeburt Apostel wird.
Zuletzt die Berufung von Simon, Jakobus und Johannes. Im Alltag, in der Arbeit erfahren sie etwas nicht Alltägliches! Sie werden von Jesus begeistert und in die Nachfolge berufen.
Ich möchte besonders einen Aspekt herausgreifen: Wer berufen wird, muss seine falschen Vorstellungen verabschieden. Wir alle machen uns Vorstellungen: von der Welt, von Mitmenschen, von unserem Lebenssinn, von der Zukunft, von unseren Aufgaben. Und so denken, planen, organisieren, arbeiten und reden wir gemäß unseren Vorstellungen. Es klingt radikal, aber es ist wahr:
Wer so tief von Gott berufen wird, wie Jesaja, Paulus oder Simon Petrus, muss all seine Vorstellungen über Bord werfen. Genau das passiert in ihren Berufungen.
1. Petrus, Johannes, Jakobus waren Fischer. Sie wussten sehr genau, wann und wo Fische normalerweise zu fangen sind. Sie sind Experten. Jesus ist kein Fischer. Und er sagt: Fahrt noch einmal hinaus!
Erst trägt Petrus seine Vorstellungen, sein Expertenwissen, das auf Erfahrungen begründet ist, vor - dann aber sagte er: Okay wir probieren es, weil du es sagst. (Spürt er etwas? Oder

lässt er so seine Vorstellungen los?) Jedenfalls er wagt einen Sprung ins Ungewisse. Und siehe, Fische ohne Ende, wider aller Expertenmeinung. Jetzt merken sie es: Hier steht ein göttlicher Mensch vor uns.

2. Paulus hat Vorstellungen, wie man durch Gesetzeseinhaltungen Gottes Willen befolgt. Deswegen verfolgte er die Christen. Als Christus ihm erscheint, ist er total verwirrt, sein Denken hört auf, alle alten Vorstellungen, sein ganzes Weltbild löst sich in Nichts auf. Er braucht Tage, Monate, um das zu verarbeiten. Was bekommt er anstelle seiner Vorstellungen? Den lebendigen Geist Jesu Christi! Wenn wir unsere Vorstellungen loslassen im Gebet, dann bleibt nicht nichts, sondern eine tiefe Intuition: der Heilige Geist führt uns dann.

3. Die Sünden, von denen Jesaja befreit wird, sind sie nicht auch seine falschen Vorstellungen? Wie stark sondern uns unsere Vorstellungen von Mitmenschen, von uns, von Gott, vom Lebensfluss ab! Erlösung und Befreiung heißt dann immer auch: Schluss mit den alten Vorstellungen und Vorurteilen. Dadurch wird die Absonderung überwunden.

Drei große Beispiele, aber **wie geschieht das im Kleinen? In unserem Leben hier und heute?** Im stillen Gebet können wir zum Beispiel das Loslassen von Vorstellungen einüben und uns geistig leer machen. Ein mittelalterlicher geistiger Lehrer empfahl:

„Willst du beten, vergiss alles, was du getan hast oder vorhast zu tun. Lass alle Gedanken vorüber ziehen, gleich ob gut oder böse. Nur eines habe im Sinn, dass in deinem Herzen eine einfache tiefe Sehnsucht nach Gott wach ist. Lass also dein Denken und Fühlen auf ihn hin eins werden, indem du versuchst, alles Nachdenken über ihn und über dich aufzugeben. Halte dein Denken leer, dein Fühlen unabhängig und dich selbst in reiner Gegenwärtigkeit, damit Gnade dich anrühren und dich kräftigen kann mit der Erfahrung der wirklichen Gegenwart Gottes. Lass es deine einzige Sorge sein, mit ganzem Vertrauen und ganzer Aufmerksamkeit auf ihn ausgerichtet zu sein. Versuche mit allen Kräften, alles andere zu vergessen."[29]

Wenn wir unsere Vorstellungen fallen lassen, kommen wir ins Hier und Jetzt und verbinden uns mit der Gegenwart Gottes.

Das passiert nicht nur im stillen Gebet, das können wir auch erleben, wenn wir in der Natur anfangen zu staunen. Plötzlich sind zwischen mir und der wirklichen Natur keine Gedanken mehr. Ich bin wirklich hellwach in der Gegenwart, in der Wirklichkeit.

Alte Vorstellungen lassen Menschen auch in Bezug auf ihren Lebensverlauf los. Menschen machen Lebenspläne: Erst Ausbildung, dann Beruf, dann Heirat, dann Kinder, dann Hauskauf. Doch sie erleben dann oft, dass es anders kommt. Im Rückblick sagen viele: Das war gut so, dass es ganz anders gelaufen ist. Sie haben in ihrem Leben erlebt, dass sie von den Umständen, vom Leben, vom Geist Gottes angestoßen ganz andere Wege gegangen sind, als sie es sich in ihrer Jugendzeit vorgestellt haben.

Auch im Alltag ist es heilsam, Vorstellungen loszulassen: Wie wichtig kann es in einer Begegnung oder in einem Streit sein, meine Deutung, mein Urteil und Denken loszulassen, um auf anderen Wegen das Ziel zu erreichen, oder wirklich dazu zu lernen!

Petrus, Paulus und Jesaja haben es uns vorgelebt! Sie waren bereit, ihre alten Vorstellungen fahren zu lassen, um Gottes Gegenwart in ihrem Leben ganz neu zu entdecken...

6. Sonntag im Jahreskreis: Das Standbein in Gott verankert

Lk 6, 17.20-26

Der Hl Franziskus war mit Bruder Leo an einem nasskalten Wintertag unterwegs. Franziskus erklärte Bruder Leo: „Die vollbeseligende Freude wäre nicht, wenn alle Gelehrten und alle Großen und Mächtigen der Welt auf einmal in unseren Orden der minderen Brüder eintreten würden. Stell dir vor: Wir kommen, durchnässt vom Regen, schlotternd vor Kälte, bedeckt mit Schmutz so geplagt von Hunger, in Porziuncula an und klopfen an die Pforte. Unwirsch erscheint der Pförtner an der Tür und herrscht uns an: „Wer seid ihr?", und wir antworten: „Zwei eurer Brüder!", und er fährt uns an: „Ihr Lügner! Zwei Landstreicher seid ihr, zwei Betrüger, die die Gegend unsicher machen und die Almosen der Armen ergaunern! Macht, dass ihr weiterkommt!" Und ohne Einlass, hungrig und frierend vor Kälte und Nässe stehen wir draußen im Schnee bis zum Einbruch der Nacht: Wenn wir solche Schmähung, solche Unbill und eine solche hartherzige Abweisung geduldig ertragen, ohne uns zu betrüben und ohne über den Pförtner zu murren, und uns in demütiger Liebe eingestehen, dass er uns wahrhaft durchschaut und dass Gott durch ihn gesprochen hat - schreibe, Bruder Leo, schreibe: darin besteht die vollbeseligende Freude! Stell dir weiter vor: wir klopfen wiederum an. Er aber stürzt Zorn entbrannt heraus, um uns als listige Störenfriede mit Schimpf und Ohrfeigen fort zu jagen und uns nachzurufen: „Schert euch fort, ihr gemeinen Spitzbuben! Geht zur Herberge der Landstreicher! Hier gibt es für euch kein Essen und keine Unterkunft!" Wenn wir auch dies in Geduld und mit frohsinniger, ungebrochener Liebe hinnehmen - schreibe, Bruder Leo: darin besteht die vollbeseligende Freude."[30]

Man sieht: Franziskus hat unser heutiges Evangelium verstanden! Selig seid ihr, wenn euch die Menschen hassen und aus ihrer Gemeinschaft ausschließen, wenn sie euch beschimpfen und euch in Verruf bringen um des Menschensohnes willen.
Auch der Heilige Ignatius von Loyola hat dieses Evangelium sehr wohl verstanden. Wir lesen im Prinzip und Fundament seiner Exerzitien: „Auf diese Weise sollen wir von unserer Seite Gesundheit nicht mehr verlangen als Krankheit, Reichtum nicht mehr als Armut, Ehre nicht mehr als Schmach, langes Leben nicht mehr als kurzes, und folgerichtig so in allen übrigen Dingen."

Aber ist das nicht ein fast unerreichbares Ideal? Kann man das anstreben? Wie kann das gehen, dass ein Mensch seine Freude bewahrt, auch wenn seine Mitbrüder ihn verstoßen? Wie kann das gehen, dass ein Menschen so gelassen und innerlich frei wird, dass er Gesundheit nicht mehr verlangt als Krankheit, Reichtum nicht mehr als Armut, Ehre nicht mehr als Schmach, langes Leben nicht mehr als kurzes? Wie kann das gehen, dass die Armen selig sind und die Reichen nicht, die Weinenden selig sind und die Lachenden nicht?
Es geht nur dann, wenn wir unser Vertrauen völlig auf Gott setzen. Wenn unser Lebensfundament kein anderes ist als Gott selbst. Wenn letztlich die Quelle unserer Lebensfreude kein anderer ist als Gott selbst.

Standbein und Spielbein Normalerweise ist es aber bei uns Menschen anders. Ich will das erläutern mit den zwei Begriffen Standbein und Spielbein. Ein normaler Mensch baut sich seine Existenz auf und hat so gewisse „Dinge", auf die er sich verlässt. Sein Standbein, seine Sicherheit ist zum Beispiel sein berufliches Können, oder eine gewisse Menge Geld und so weiter. Notfalls baut man sein Standbein aus mit einigen Versicherungen. Aber im Extremfall kann viel passieren...

Halten dann deine Sicherungen? Gibt dein Standbein auch Sicherheit im Angesicht des Todes?

Aber schon folgende Ereignisse fordern uns extrem heraus: Kannst du trotzdem glücklich leben, wenn du die Hälfte deines Reichtums verlierst, wenn plötzlich dein Freundeskreis den Kontakt mit dir meidet oder du eine schwere Krankheit erleidest?

Das ist letztlich nur möglich, wenn die Quelle des Glücks und der Sicherheit Gott ist. Wir sind als Christen eingeladen, immer mehr unser Standbein von weltlichen Dingen auf Gott selbst zu verlagern. Nicht unser Standbein, nur unser Spielbein soll sich mit weltlichen Dingen beschäftigen.

Hier seien jedoch zwei ganz wichtige Bemerkungen gemacht: Erstens ist es letztlich ein lebenslanger Prozess, in diese Haltung, völlig Gott zu vertrauen, zu kommen. Und zweitens können wir uns nur für diese Umwandlung in unserem Herzen bereiten. Wir selbst können diese Haltung des völligen Gottvertrauens nicht herstellen. Sie ist Gnade und wird geschenkt.

Aber wie können wir uns bereiten, auf dass unser Standbein immer mehr in Gott seinen festen Stand hat?

1. Das tägliche Gebet. Nur im Gebet machen wir uns wirklich bewusst, dass unser Fundament letztlich Gott ist.
2. Gott wirklich im Gebet um Gelassenheit bitten.
3. Im mitmenschlichen Bereich versuchen, den kleinen Egoisten in uns beiseite zu lassen und den anderen in den Blick zu nehmen. Zum Beispiel indem man dem anderen wirklich zuhört.
4. Regelmäßig kritisch sich zu fragen: Wie sehr hänge ich an Dingen? Am Auto, am Fernsehen, am Geld usw. Wie oft kreist meine Gedanken um solche Dinge? Wie sehr hänge ich an Gewohnheiten, die ich eigentlich auch lassen könnte? Und dann können wir zum Beispiel in der Fastenzeit bewusst auf Gewohnheiten und Dinge verzichten.

5. Wenn im Lebensverlauf uns etwas genommen wird, können wir entscheiden: Entweder will ich die Leere gleich wieder füllen und suche wie wild nach einem Ersatz; oder ich halte die Leere aus. Da versprechen die Seligpreisungen folgendes: Wer die Leere, die einem im Leben zustößt, annimmt, aushält, im Blick auf Christus erträgt, der wird mit Gnade erfüllt!
Zum Abschluss möchte ich Ihnen das ganze Prinzip und Fundament der Exerzitien von Ignatius vorlesen. Es fasst in gewisser Weise das Gesagte zusammen:
„Der Mensch ist geschaffen dazu hin, Gott unseren Herrn zu loben, ihm Ehrfurcht zu erweisen und zu dienen, und damit seine Seele zu retten.
Die anderen Dinge auf der Oberfläche der Erde sind zum Menschen hin geschaffen, und zwar damit sie ihm bei der Verfolgung des Ziels helfen, zu dem hin er geschaffen ist.
Hieraus folgt, dass der Mensch dieselben so weit zu gebrauchen hat, als sie ihm auf sein Ziel hin helfen, und sie soweit lassen muss, als sie ihn daran hindern.
Darum ist es notwendig, uns allen geschaffenen Dingen gegenüber indifferent zu verhalten in allem, was der Freiheit unseres freien Willens überlassen und nicht verboten ist.
Auf diese Weise sollen wir von unserer Seite Gesundheit nicht mehr verlangen als Krankheit, Reichtum nicht mehr als Armut, Ehre nicht mehr als Schmach, langes Leben nicht mehr als kurzes, und folgerichtig so in allen übrigen Dingen. Einzig das sollen wir ersehnen und erwählen, was uns mehr zum Ziele hinführt, auf das hin wir geschaffen sind."

7. Sonntag im Jahreskreis: Ziemlich beste Freunde

Lk 6, 27-38
Henry Ford „Dein bester Freund ist der, der deine besten Eigenschaften zur Entfaltung bringt." Genau das erleben Driss und Philippe. Ihre Freundschaft ist außergewöhnlich und wurde durch den Spielfilm „Ziemlich beste Freunde" weltbekannt. Sie bringen beim jeweils anderen die besten Eigenschaften zur Entfaltung.
Können sie beide ein Vorbild sein für uns? Wie wir miteinander auskommen können? Wie wir das Gebot „Liebe deinen Nächsten wie dich selbst" erfüllen können?
Dem anderen eine Chance geben Am Anfang stehen genügend Vorurteile zwischen ihnen. High Society trifft auf Unterschicht! Aber irgendwie sind doch beide bereit und offen, dem anderen eine Chance zu geben. Driss: „Hab mich wohl geirrt, Sie haben doch Humor!"
Das wäre die erste Frage, die die beiden an uns stellen: Bist Du bereit, an deinen Vorurteilen vorbei zu schauen? Bist Du bereit, dem anderen eine Chance zu geben?
Starkes Mitleiden Driss nimmt Philippe mit seiner Lähmung an und behandelt ihn mit Humor, nicht von oben herab. Es gibt verschiedene Arten von Mitleid: Ein schwaches, wehleidiges Mitleid. Das will Philippe nicht. Er will nicht bemitleidet werden. Er möchte ernst genommen werden. Ein Mensch mit starkem Mitleid begegnet dem anderen auf Augenhöhe, er ist zu Humor fähig! Dafür gibt es genügend Beispiele im Film!
Das wäre die zweite Frage, die die beiden an uns stellen: Wie gehen wir mit den Handicaps oder mit dem Leid des anderen um? Können und wollen wir es mittragen, vielleicht auch mit Humor und Zuversicht?

Musik verbindet! Obwohl beide total unterschiedlichen Musikgeschmack haben, öffnen sich beide und interessieren sich für die Musik des anderen. Bei der Geburtstagsfeier lernt Driss Vivaldis 4 Jahreszeiten, den Hummelflug oder Bachs Cellosonate kennen und versetzt sich mit Freuden in diese Gefühlswelt. Und Philippe erfreut sich an dem folgenden Tanz von Driss, der die ganze steife Geburtstagsgesellschaft mitreißt.
Somit die dritte Frage: Bist du interessiert an der Musik, am Geschmack der anderen? Auch wenn Dir nicht gleich die Musik des anderen gefällt? Und kann man nicht bei der Musik lernen, wie wichtig und wertvoll es ist: Andere verstehen wollen – auch wenn sie anderer Meinung sind!
Dem anderen beistehen Zwischen Philippe und Driss wächst das Vertrauen. Wendepunkt ist sicherlich, wie Driss Philippe nach 2 Wochen, als er nachts merkt, dass Philippe Atemnot hat, ihn kurzerhand in den Rollstuhl setzt und ihn durch das nächtliche Paris schiebt. Da erzählt Philippe auch von seinem Unfall. In dieser Nacht beginnt ihre Freundschaft.
„Menschen tragen gern zum Wohle anderer bei, wenn sie vertrauen können, dass sie mit ihren Anliegen gehört und respektiert werden." – Genau das ist zwischen ihnen passiert. In der nächtlichen Atemnot eilte Driss zu Philippe. Philippe merkte: Er hört mich, er trägt gerne zu meinem Wohle bei. So will auch ich ihn wertschätzen und dankbar sein.
Die vierte Frage: Bist Du bereit, dass Vertrauen wachsen darf? Bei wem kannst Du offen reden? Bist Du bereit, die Anliegen des anderen zu hören? Welchen Menschen hilfst Du gerne, stehst du gerne bei, weil Du weißt, sie sind auch für dich da und respektieren dich?
Sich aufrichtig mitteilen, ohne zu verletzen. Driss redet offen mit Philippe über seine Tochter, die den anderen im Haus auf der Nase herumtanzt. Und Philippe erkennt klar, wann es Zeit, dass Driss sich weiter entwickelt, dass er sich

um seinen Bruder kümmern muss und in seinem Leben neue Schritte gehen muss. Über das können beide aufrichtig reden.
Die fünfte Frage: Bist Du bereit, offen Probleme, Missverständnisse anzusprechen? Kannst Du eine Weise finden, aufrichtig zu sprechen, ohne zu verletzen?
Beste Eigenschaften zur Entfaltung bringen Nochmals Henry Ford: „Dein bester Freund ist der, der deine besten Eigenschaften zur Entfaltung bringt." Philippe und Driss haben sich gegenseitig bereichert: Mit Humor, mit gegenseitiger Hilfe, mit Musik. Dabei waren sie auch bereit, Neues kennenzulernen: Driss lernte moderne Malerei kennen und probierte sich an der Leinwand aus. Philippe verkaufte sein Bild. Unverhoffte beste Eigenschaften haben sie bei sich hervorgebracht.
Und so die letzte Frage: Wer hat bei mir schon beste Eigenschaften zur Entfaltung gebracht? Und bei wem habe ich Charismen gefördert?
Zuerst kamen beide aus unterschiedlichen Schichten, die sich fremd und feindselig gegenüberstehen. Aber Philippe hat nicht verurteilt, nicht gerichtet. Er wagt es, die gesellschaftlichen Schranken zu überwinden und Driss folgt seinem Beispiel. Er wagt das Unerwartete. So wie es Jesus uns im Evangelium empfiehlt: Eine zweite Meile mitzugehen, den Mantel auch noch zu geben, oder einem motivationslosen schwarzen Arbeitslosen die Pflege seines eigenen gelähmten Körpers anzuvertrauen.

Siehe auch Alternativpredigt in: „Exerzitien der Nächstenliebe", 37. Woche

8. Sonntag im Jahreskreis: Weniger Verurteilen mit gewaltfreier Kommunikation, lösungsorientierten Arbeiten und Ignatius

Lk 6, 39-45
Richtet nicht! Urteilt nicht! So fasst Jesus im Matthäus-Evangelium die anschauliche Empfehlung zusammen, den Balken im eigenen Auge nicht zu übersehen, wenn man über einen anderen urteilt oder einen anderen verbessern will.
Warum ist das Urteilen so verhängnisvoll? Keine Frage, wir Menschen müssen immer wieder Urteile fällen, aber die meisten Urteile sind nicht notwendig. Vielmehr haben sie oft etwas von gedanklicher Gewalt an sich. Viele Urteile schaffen Gräben zwischen den Menschen. Viele Urteile erheben den Urteilenden über die anderen. Denn er kennt sich aus, er weiß es besser! Einige Beispiele:
1. Bewerten, Etikettieren und Kategorisierung: Wir sehen zum Beispiel einen Jugendlichen mit gefärbten Haaren, die zu einem Kamm hochgestellt sind, und Piercings im Gesicht. Und wir denken: „Oh ein Punk! Ein Revoluzzer, ein Parasit der Gesellschaft!" – das ist gedankliche Gewalt: denn wir wissen nichts von diesem Mensch, vielleicht ist er sogar Ministrant oder in einer Theatergruppe eines Gymnasiums.
2. Vorurteile, vorgefasste Meinungen, Pauschalurteile und Automatismen: Frauen können nicht Auto fahren. Beamte sind faul. Alle Politiker sind korrupt. Das haben wir immer so gemacht. – Seltsamerweise machen Frauen weniger Autounfälle. Und den Beamten und Politikern, die sich wirklich für das Gemeinwohl einsetzen, tun wir Unrecht.
3. Das Schwarz-Weiß-Denken: entweder - oder, etwas ist richtig oder falsch, jemand hat recht oder nicht. Jemand ist intellektuell oder handwerklich begabt, beides geht nicht. –

Dann ist ein „sowohl als auch" nicht mehr denkbar, dann ist ein teilweise richtig ausgeschlossen. Man verbaut sich andere Vorstellungen und Lösungsmöglichkeiten. Man tut eigentlich seinem eigenen Denken Gewalt an.

4. Verantwortung abschieben: „Ich bin deprimiert, weil meine Eltern…, weil Du …, weil die Welt…" Das Urteil lautet: Du bist verantwortlich, dass ich deprimiert bin. – Auch das ist Gewalt mit Worten!

5. Ratschläge: „Bei dir ist das und das falsch. Mache dies und jenes, und dann ist wieder alles in Ordnung." - Woher weiß ich, dass genau das und das beim anderen falsch ist? Und woher weiß ich, dass genau dieser Ratschlag für ihn ein passender Weg ist? Und wie reagiere ich darauf, wenn mein Ratschlag nicht angenommen wird? „Bei dir ist Hopfen und Malz verloren! Du lässt dir ja auch nichts sagen!" - Da haben wir sie: die Spezialisten für den Splitter im Auge des anderen!

Wie können wir ohne diese verletzenden Urteile denken, miteinander reden, miteinander umgehen? Das Evangelium bietet uns mit der Splitter-Balken-Geschichte eine Frage an: Bin ich wirklich besser als der andere, oder bilde ich mir das nur ein? Das kann schon manches Urteil in Frage stellen.

Der heilige Ignatius zum Beispiel sprach öfters Empfehlungen in seinen Briefen aus. „Ich an eurer Stelle würde…" dann aber schrieb er sinngemäß: „entscheidet vor Ort gemäß der Situation und eurem Urteilsvermögen." – das sind Empfehlungen, die man gerne annimmt. Hier weiß jemand um die Begrenztheit seines Wissens und seiner Urteile. Hier lässt jemand Raum, dass der andere anders entscheiden kann. Hier traut jemand dem anderen zu, besser zu entscheiden, weil er vor Ort ist und selber kompetent ist.

Ein lösungsorientiertes Gespräch soll man nach Steve de Shazer in einer ähnlichen Haltung führen: mit der Haltung des Nichtwissens. Der Berater sagt sich nicht: Ich habe studiert und habe viel Erfahrung, ich verstehe vielmehr Zusammenhängen. Sondern er sagt sich: Über diesen Menschen weiß ich eigentlich fast nichts. Er ist der Experte seines Lebens. In ihm liegen, vielleicht verborgen, die besten und für ihn passendsten Lösungen. Aber ich kann in dem Gespräch Hebamme sein, dass die beste Lösung zum Vorschein kommt.

Gewaltfreie Kommunikation Und was machen wir mit Menschen, die wir wirklich sehr gut kennen? Zum Beispiel wenn Ihre Mutter anruft und im Verlauf immer erregter wird. Sie kennen das Spiel schon, Ihre Mutter ereifert sich über Ihre Schwester. Sie sind frustriert und denken sich: Diese Schallplatte habe doch schon oft genug gehört! Und vielleicht haben Sie in so einer Situation Urteile gegenüber Ihrer Mutter geäußert: „Du regst Dich auch immer so maßlos auf!"
Dann können Sie mal Ihre Mutter fragen: „Mama, bist du besorgt wegen meiner Schwester, weil du möchtest, dass sie glücklich ist?" - was ist anders bei dieser Frage? Sie haben das mögliche Gefühl bei Ihrer Mutter angesprochen: bist du besorgt? Und Sie haben das darunter liegende Bedürfnis, den darunter liegenden ehrlichen Wunsch und die Sehnsucht angesprochen: du möchtest, dass sie glücklich ist? Auf einmal haben Sie eine Brücke gebaut, indem Sie empathisch nachgefragt haben. Urteile schaffen oft Gräben zwischen Menschen. Viele Urteile verhindern Verbindung zum anderen. Solche empathische Fragen nach den Gefühlen und Sehnsüchten des anderen schaffen wieder Verbindung.
Und was ist mit Ihrem Urteil in Ihren Gedanken? „Diese Schallplatte habe doch schon oft genug gehört!" - probieren Sie es aus, Sie werden merken, dass dieses Urteil verschwunden ist, (zumindest um einiges schwächer ist) wenn Sie sich auf den anderen empathisch einlassen.
Und wenn Sie in einer Wohngemeinschaft wohnen und merken, dass Ihr Mitbewohner Nudeln gekocht hat und Töpfe

und Geschirr nicht abgespült hat, was denken und sagen Sie dann? Vielleicht kommt Ihnen das Urteil in den Kopf: Dieser Schlamper! Dieser Schmutzfink! Die Küche schaut aus wie Sodom und Gomorra! – Nun, wenn Sie zu Ihrem Mitbewohner das sagen, dann wird die Beziehung zu ihm sicherlich nicht besser.

Die gewaltfreie Kommunikation gibt uns ein paar Tipps, die dreckigen Töpfe anzusprechen, ohne den anderen zu verurteilen. Als erstes empfiehlt sie uns, nur die Tatsachen, die beobachtbar sind, anzusprechen. Darüber kann man nicht streiten. Die Tatsachen nüchtern ansprechen ist nie verurteilend oder anklagend, denn keiner kann sie leugnen. Also statt „Die Küche schaut wie Sodom und Gomorra aus!" können Sie sagen: In der Spüle liegen gebrauchte Töpfe und Geschirr.

Als zweites empfiehlt sie uns, unsere Gefühle und Bedürfnisse zu äußern anstelle eines Urteils oder einer Bewertung: „Das ärgert mich, weil mir Sauberkeit wichtig ist und weil mir wichtig ist, dass jeder sich um seine Sachen verantwortlich kümmert!" – Wenn Sie ein Mensch sind, dem Sauberkeit nicht so wichtig ist, dann hätten Sie vielleicht angesichts der zwei dreckigen Töpfe auch anders reagiert. Wir dürfen und sollen deutlich sagen, was uns wichtig ist. Der andere kann unsere Werte ja nicht erraten. Statt des Urteils „Du Schlamper! Du Schmutzfink!" und „Wegen Dir ist jetzt mein Abend versaut!" sagen Sie genau, was Ihnen wichtig ist, und erklären damit auch, warum Sie sich ärgern.

Und als drittes empfiehlt sie uns eine Bitte statt einer Drohung: Aus einem Urteil hören wir gern eine Muss heraus. Wenn wir sagen „So verlässt man die Küche nicht!", wird die Bitte, das Geschirr aufzuräumen, nicht mehr als echte Bitte gehört. Wir erheben uns über den anderen. Aber bei einer echten Bitte bleiben wir auf Augenhöhe. „Bitte kannst Du gleich Dein Geschirr abspülen?" Verbindung ist weiterhin

möglich, obwohl wir das unangenehme Thema „dreckiges Geschirr" angesprochen haben.
Nicht urteilen ist ein Akt der Liebe! Das sagt Paulus schon den Korinthern: Die Liebe urteilt nicht. Und das gilt es immer neu einzuüben, um die Nächstenliebe wachsen zu lassen und zu pflegen.

9. Sonntag im Jahreskreis: Wie wird Jesus für uns der Christus?

Lk 7, 1-10
Bei sehr vielen Heilungen sagt Jesus: Dein Glaube hat Dir geholfen. In unserem heutigen Evangelium ist Jesus sogar richtig euphorisch: Jesus war erstaunt über ihn, den Hauptmann, als er das hörte. Und er wandte sich um und sagte zu den Leuten, die ihm folgten: Ich sage euch: Nicht einmal in Israel habe ich einen solchen Glauben gefunden. Und als die Männer, die der Hauptmann geschickt hatte, in das Haus zurückkehrten, stellten sie fest, dass der Diener gesund war.
Wer hat nun den Diener geheilt? Jesus oder der Glaube des Hauptmanns? Üblicherweise sagen wir schnell: Natürlich Jesus. Aber er sagt nie: Ich habe Dir geholfen, sondern er sagt: Dein Glaube hat Dir geholfen. Aber ohne Jesus wäre das Wunder auch nicht geschehen. Also geschieht das Wunder in der Beziehung zwischen Jesus und dem Hauptmann. Der Hauptmann glaubt an Jesus und sucht die Begegnung mit ihm. Wie kommt der Hauptmann zu diesem Glauben? Das führt noch zu allgemeineren Fragen:
Wie wird Jesus für die Menschen damals, wie den Hauptmann, ein besonderer Mensch, dem sie ganz vertrauen? Wie wird Jesus für uns der Christus, der Heiland? Warum ist Jesus der Christus? In vier Überlegungen gehe ich diesen Fragen nach. Sie ergänzen sich gegenseitig und hängen miteinander zusammen.
1. Jesus wird Christus in der Geschichte. Jesus ist ein Jude und hat seinen Ort in der jüdischen Geschichte. „Jesus war voll und ganz ein Mensch seiner Zeit und seines jüdisch-palästinischen Milieus des 1. Jahrhunderts, dessen Ängste und Hoffnungen er teilte." Johannes Paul II. hat mit sehr deutlichen Worten klar darauf hingewiesen, dass Jesus in der

Geschichte steht, die sich zwischen Gott und seinem Volk Israel ereignet hat und immer noch ereignet. „Manche Menschen betrachten die Tatsache, dass Jesus Jude war und dass sein Milieu die jüdische Welt war, als einfachen kulturellen Zufall. [...] Aber diese Leute verkennen nicht nur die Heilsgeschichte, sondern noch radikaler: Sie greifen die Wahrheit der Menschwerdung selbst an."[31] Die Menschen wie der Hauptmann glaubten Jesus, weil er aus der Geschichte und Religion seines Volkes lebte. Jesus wird Christus nur in dieser Geschichte des Volkes Israels mit seinem Gott, der der Schöpfer der Welt ist.

2. Jesus wird Christus, indem er dem Reich Gottes dient, es erhofft, an das Reich Gottes glaubt und es in Wort und Tat verkündet, bis zur letzten Konsequenz. Das zentrale Thema Jesu war die Verkündigung des Reiches Gottes. Die Menschen spürten, dass er anders über Gott spricht, dass mit ihm das Reich Gottes wirklich anbricht. Seine Botschaft ist, dass Gottes Macht sich durchsetzt und dass das Reich Gottes wie ein Sauerteig alles durchwirkt und verändert. Diese Botschaft kam aus seinem Glauben an seinen Vater, aus seinem Urvertrauen, das ihn auch in der Dunkelheit des Kreuzes nicht verlässt. „Jesus war nicht für sich selbst da, sondern besaß einen Bezugspunkt im Reich Gottes und im Gott des Reiches."[32]

3. Jesus wird Christus, indem er anderen Menschen begegnet, sie hochachtet, von ihnen lernt, weil er das Göttliche im Zwischen in der Begegnung erfährt und benennt. Das zeigt unser heutiges Evangelium exemplarisch. Jesus ist auch bereit dazu zu lernen. Denn so einen Glauben hat er, ähnlich wie bei der Begegnung mit der Syrophynizierin, außerhalb von Israel nicht erwartet. Jesus weiß, dass das Reich Gottes unter uns wächst. Er ist kein Zauberer, der allein die Kraft hat und an andere aussendet. Sondern in der Begegnung deckt er auf, dass die Kraft Gottes in uns und zwischen uns wirkt. Die Menschen spüren: Dieser Jesus achtet mich, wertschätzt mich, meine Suche und meinen Glauben.

4. Jesus wird Christus, indem Menschen auch nach seiner Auferstehung bis heute an ihn glauben und sich dieser Glaube durch die Nachfolgenden in der Geschichte als heilige Macht erweist bis heute. „Christus hat keine Hände außer unseren Händen."

Jesus ist also Christus, weil er in dieser Vernetzung steht: Sein Urvertrauen zum Vater, sein Dienst, das Reich Gottes zu verkünden und anbrechen zu lassen, seine jüdische Verwurzelung, seine Begegnungen mit Mitmenschen, unser Glaube an ihn.

Das ist nicht so selbstverständlich, wie es vielleicht ausschaut. Wenn wir fragen, warum ist Jesus der Christus, fragen wir nach seinem Wesen. Und wie üblich in der Philosophie nehmen wir dann alle Vernetzungen und Beziehungslinien weg. Wer einen klassischen Philosophen nach dem Wesen eines Vogels fragt, der bekommt die Antwort: Ein Tier, das fliegen kann und gefiedert ist. Wie armselig ist dieser Wesensbegriff! Das lebendige Leben kann er nicht erfassen. Wir müssen wieder ihm die Vernetzungen zurückgeben: In welchem Umfeld lebt er, mit welchen anderen Tieren, Vögeln, Pflanzen? Wie gehören seine Farbe und sein Gesang zu seinem Verhalten und seinem Gesang? Und durch solche Fragen wird alles wieder bunt und lebendig.

Und das Wesen Jesu Christi? Natürlich ist er Sohn Gottes, zweite Person der Trinität, menschgewordener Gott. Aber bei diesem von allen Vernetzungen losgelösten Begriff dürfen wir nicht stehen bleiben. Absolut absoluter Christus nennt Sobrino diesen Begriff von Jesus Christus. Ein absolut absoluter Christus entsteht, wenn der Mittler Christus verabsolutiert wird, wenn seine Bezüge vergessen werden! Wenn vergessen wird, dass er immer sagte: Dein Glaube hat

Dir geholfen. Wenn vergessen wird, dass er sich nicht selbst predigte wie ein Sektenguru, sondern das Reich Gottes verkündete und durch sein Handeln anbrechen ließ.

Die vier Aspekte geben Jesus Christus genau diese Verbindungen wieder zurück. Diese vier Aspekte vertiefen unser Verständnis von Jesus Christus, sein Wesen zeigt sich gerade in diesen Vernetzungen.

Das Zurückgehen auf den historischen Jesus, das Sich-zurückfragen ist dem christlichen Glauben wesentlich. Wenn wir das heute tun, dann wiederholen wir den Glaubensprozess der ersten Jünger Jesu. Sie lernten Jesus selbst kennen, hörten, was er sagte, erlebten mit, was er tat und welchen Lebensweg er ging, und erfuhren die Auferstehungsbotschaft. Diese Erfahrungen trieb sie zu der Frage: Wer ist dieser Jesus für uns? Die Antwort: Es ist der Christus. „Es wäre aber Illusion zu glauben, dass wir heute dieses Ergebnis des Prozesses direkt erfassen könnten, ohne den Weg, der zu dem Ergebnis führt, [...] selbst zu gehen. Und dieser Weg beginnt bei Jesus aus Nazareth. [...] Jesus kann als der Weg zu Christus verstanden werden."[33]

Damit in unserem Leben und unserem Miteinander das Reich Gottes sich ereignen kann, ist der Impuls des damaligen Jesus von Nazareth notwendig. Aber dieser Impuls ist bei weitem nicht eine abgeschlossene Idee oder eine klare Handlungsanweisung. Es ergibt sich aus dem Leben Jesu auch nicht ein Lebensschema, das kopierbar wäre.

Aber wir können Jesus nachfolgen: Unsere geschichtlichen Wurzeln annehmen, auf Gott unser Vertrauen setzen, die Kraft und Heilung Gottes in Begegnungen mit Mitmenschen entdecken und auch in der Ohnmacht und Dunkelheit an die Auferstehung glauben, auf Jesus schauen. Dann findet jeder von uns den Lebensweg, der heilend und lebenserfüllend ist – und das werden sehr unterschiedliche Lebenswege sein.

10. Sonntag im Jahreskreis: Eckhart Tolle und Paulus

Gal 1, 11-19
Wenn man ein Buch bei Amazon kaufen möchte, kann man sich über die Kommentare informieren, was verschiedene andere Leser von diesem Buch gehalten haben. Normalerweise bekommt ein durchschnittliches Buch circa fünf bis zehn Kommentare. Wenn ein Buch aber bei Amazon über 100 Kommentare und im amerikanischen Amazon sogar über 1200 Kommentare bekommen hat, dann ist das schon eine große Ausnahme. Jetzt sind Sie sicherlich gespannt, auf welches Buch ich anspiele.
Es ist das spirituelle Buch „**Jetzt! Die Kraft der Gegenwart" von Eckart Tolle.** Bis zum 30. Lebensjahr war sein Leben geprägt durch Depression, viele Ängste, Frustration und Gehetztsein.
Eines Nachts kam ihm der Gedanke: Ich kann mit mir nicht mehr leben. Da dachte er sich: Moment einmal. Gibt es zwei Ich? Vielleicht ein Ich und ein Selbst, mit dem ich nicht mehr leben kann? Und vielleicht, dachte er sich, ist dann nur eines von beiden wirklich?!
Dies führte ihn zu einem tiefen Gnadenereignis, durch das er erkannte, dass Leben nur völlig in der Gegenwart geschieht. Unser Verstand mag uns in die Zukunft und Vergangenheit bringen und sich mit verschiedensten Gedanken und Problemen beschäftigen. Aber das wahre Leben geschieht im Jetzt, im aufmerksamen Dasein in der Gegenwart. Er kam in Kontakt mit dem Frieden Gottes, der alles Denken übersteigt, weil er durch seine Überlegungen, sein Gnadenerlebnis und seine tiefe Erkenntnis dazu geführt wurde, sein Ego loszulassen.

Danach folgte eine Zeit der Einsiedelei. Er verbrachte Monate auf Parkbänken und verweilte zufrieden in der Gegenwart. Sein altes Leben führte er nicht mehr fort. Dann begann er alte spirituelle Texte zu lesen und erkannte, dass er genau das erfahren hatte, von dem so viele religiöse und spirituelle Texte sprechen.

Hat Tolles Wandlung nicht Ähnlichkeiten zur Umkehr des Paulus? Beide sind eingebunden in die Ideologie der Zeit und identifiziert mit einer Illusion. Paulus war ein gesetzestreuer Jude, der ganz auf die Verfolgung des Gesetzes achtete. Tolle war eingebunden in die moderne Welt mit ihrer Sehnsucht nach Erfolg, Geld und Ehre und litt unter Stress. Dann folgte bei beiden ein Gnadenereignis: Paulus weiß, dass er wirklich von Christus berufen ist. Paulus erfährt die frohe Botschaft durch Christus direkt. Die Gnade lässt ihn erfahren: Jesus Christus ist auferstanden. Gottes Liebe erscheint durch Jesus Christus selbst. Ich brauche mich nur beschenken lassen. Paulus hat nicht indirekt von anderen von Jesus Christus gehört, sondern der Auferstandene erschien ihm selbst.

Und die Geschichten von Paulus und Tolle zeigen uns, dass der Heilige Geist nicht selten Außenseiter beruft, von denen wir diese Wandlung nicht erwarten. Aber es gibt einen Unterschied zwischen Paulus und Tolle. Paulus erkennt Christus als den wahren Weg zu Gott. Wer sich Christus hingibt, erlebt das erfüllte Leben. Eckhart Tolle kommt durch die Selbsterkenntnis zur Gnade, mit der Frage, was das wahre Selbst ist. Aber diese zwei Wege widersprechen sich nicht. Denn Gotteserkenntnis und Selbsterkenntnis gehören zusammen und sind nur zwei Seiten einer Medaille. Gemeinsam ist beiden, dass das Ego stirbt, die Illusion stirbt. Paulus: Nicht mehr ich lebe, sondern Christus lebt in mir. Und bei Eckhart Tolle: Ich bin jenseits von irgendwelchen Bestimmungen wie z.B. ich bin reich. Diese reine Wirklichkeit „Ich bin" ist nur im Hier und Jetzt erlebbar.

Beiden ist gemeinsam, dass der Heilige Geist sie zur Wahrheit führte. Christus wird der innere Lehrer sowohl für Eckhart Tolle als auch für Paulus.

Bei beiden folgt eine Zeit der Vertiefung. Paulus geht in die Wüste, um seine Christusbeziehung zu vertiefen, und Tolle verweilt Monate auf einer Parkbank, um im inneren Frieden und im Wahrnehmen der Natur zu verweilen. In dieser Zeit vertieft sich die Gnadenerfahrung, damit man ganz aus der Verbindung zur Gnade und zum inneren Frieden leben kann.

Erst dann nimmt Paulus Kontakt mit Petrus aus. Er kann erkennen, dass seine Gnadenerfahrungen mit dem offiziellen Evangelium überein stimmt. Aber nicht durch die Sendung von Petrus sondern durch die Sendung von Jesus Christus selbst nimmt Paulus seine Arbeit als Heidenapostel auf und macht sich auf seine Reisen.

Ein Unterschied ist jedoch herauszustellen: Nach der Bekehrung hat Paulus sein Leben völlig dazu eingesetzt, um die Botschaft zu verkünden und Menschen zu helfen und beizustehen. Eckhart Tolle dagegen hat zwar Bücher geschrieben und Vorträge gehalten. Aber er blieb gewissermaßen auf dem Berg Tabor sitzen und machte es sich dort gemütlich. Er ging nicht wirklich wieder in die Ebene zurück wie Paulus, um das Gnadenerlebnis in tätige Nächstenliebe völlig umzusetzen. Hier fehlt etwas Entscheidendes in der Spiritualität Eckhart Tolles, das jedoch Paulus mit völligem Einsatz uns vorgelebt hat: Die Hingabe an die Mitmenschen um der Liebe und des Evangeliums willen!

11. Sonntag im Jahreskreis: Variationen – wie Jesus auch hätte handeln können...

Lk 7, 36-50
Jesus war ein Meister, in schwierigen Situationen die Menschen zum Umdenken einzuladen. Er war ein Meister darin, in Konflikten neue Sichtweisen und ungewöhnliche Lösungen anzubieten. Er nahm die Menschen in ihren Denkweisen, Bedürfnissen und Verstrickungen ernst und konnte deswegen ihnen versöhnliche Wege anbieten.
Das heutige Evangelium ist ein Beispiel, an dem wir ihn als Meister in Konflikten studieren können. Jesus wird zum Essen bei einem Pharisäer namens Simon eingeladen. Da kommt eine Sünderin zu ihm, die voll Vertrauen war, dass Jesus nicht urteilend sie abweist sondern vielmehr ihr den Weg zum erfüllten Leben zeigen kann. Sie salbt seine Füße und weint aus Hingabe und Reue. Der Pharisäer ist entsetzt. Mit dieser Frau will er nichts zu tun haben und sein Gast lässt sie gewähren. Wenn wir verstehen wollen, warum Jesus ein Meister in solchen schwierigen Situationen ist, hilft es, sich vorzustellen, wie Jesus auch hätte reagieren können.
Eine erste Alternative: *Jesus erriet, was der Pharisäer im Stillen dachte. Während er die Frau weitermachen ließ, verständigte er sich mit Simon mit den Augen und durch sein Mienenspiel darüber, dass er merke, was für eine das sei, aber kein Aufhebens machen wolle, um das Essen, das Gespräch und die Atmosphäre nicht zu stören. Simon war beruhigt. Er dachte: Der Mann ist zwar etwas zu großzügig, aber er ist höflich und klug. So wird er die Frau am schnellsten wieder los. Dieser Mann gehört zu uns. - Die Frau hatte mittlerweile ihr Öl verbraucht. Als weder Jesus noch sonst jemand im Raum von ihr Notiz nahm, stand sie auf und ging schweigend*

hinaus. - Von diesem Tag an fanden viele Pharisäer den jungen Wanderprediger recht sympathisch.
Hätte Jesus sich so verhalten, dann hätte er die Frau enttäuscht. Der schwelende Konflikt mit Simon wäre zwar diplomatisch beigelegt gewesen. Aber Simon hätte nichts dazugelernt und die Frau hätte die Begegnung mit Jesus nicht als erlösend erfahren.

Eine zweite Alternative: *Während Simon sich so seine Gedanken machte, stand Jesus plötzlich auf und rief: Ihr alle, hört her! Ich habe euch etwas über Simon zu sagen. Er ist ein Heuchler. Er kommt sich besser vor als diese Frau hier. Aber im Grunde ist er genauso schlecht wie sie. Macht euch doch nichts vor! Vor Gott seid ihr alle gleich schlecht. Wehe dir, Simon! Das Gericht kommt über dich - und über euch alle, wenn ihr mir nicht glaubt. Ihr werdet alle in die Hölle kommen, und dort wird Heulen und Zähneknirschen sein! Schließt euch mir an! - Bei diesen Worten wurde Simon wütend. Er ließ Jesus und die Frau hinauswerfen. Von diesem Tag an waren die Pharisäer Jesu Gegner.*

Am Schluss ein Scherbenhaufen auf allen Seiten: Der Konflikt wäre mit dieser Rede Jesu eskaliert. Die Höllenpredigt hätte Simon vor den Kopf gestoßen. Wer andere verurteilt, verhindert Umdenken beim anderen. Vielmehr wachsen Abneigung und Widerstände und schaukeln sich auf zu hassender Ablehnung. Und die Frau wäre auch nicht weitergekommen: Dass sie etwas in ihrem Leben falsch gemacht hat, das braucht Jesus ihr nicht sagen. Das weiß sie auch so!

Eine dritte Alternative: *Sichtlich erfreut ließ Jesus dies alles geschehen. Während er seine linke Hand begütigend auf den Arm Simons legte, bat er mit der rechten um Schweigen und begann dann zu sprechen: Liebe Freunde, lasst mich diese Frau zum Anlass nehmen, euch wieder einmal zu sagen, was ich immer sage: Gott ist so gut! Ist es nicht schön, dass er so* *gnädig und gütig ist und auch diese Frau liebt? Sein Gesetz, wir wissen es, trennt uns, die Guten und Gerechten, von Menschen dieses Schlags, und das ist gut so. Recht und Ordnung müssen nun einmal sein, und wer sich selber vom Gesetz und von unserer Gesellschaft ausschließt, der gehört nicht zu uns. Aber ist es da nicht für uns und für diese Frau ein wahrer Trost, dass Gott auch solche Menschen leben lässt? Er hat auch sie geschaffen; seine gütige Vorsehung führt selbst noch jene, die gesetzlos leben und mit uns nichts zu tun haben. So wollen auch wir nachsichtig sein und die Hoffnung nicht aufgeben, dass auch sie und ihresgleichen dereinst Barmherzigkeit bei Gott unserm Herrn finden. Wir wollen diese Frau nun unbehelligt dahin zurückkehren lassen, wo sie hingehört, und nicht aufhören, für sie zu beten. Mit diesen Worten lehrte Jesus die Anwesenden noch vieles und sprach noch lange von Gott. Und obwohl den Anwesenden manches etwas ungewohnt erschien, hörten sie doch gern zu und waren von Jesu Ansprache erbaut. Auch Simons Vorbehalte schwanden dahin. Schließlich herrschte eine weihevolle Stille, als Jesus geendet hatte. Die Frau war, als sie merkte, dass Jesus sich warm geredet hatte und wohl nicht mehr auf sie zurückkommen würde, unbemerkt hinausgegangen.*[34]

Propheten des Alten Testaments, wie Amos oder Jeremia, wären entsetzt gewesen über eine solche Predigt. Man kann doch nicht abstrakt über Gottes Liebe predigen, aber gesellschaftliche Ungerechtigkeiten und zwischenmenschliche Gräben und Vorurteile unangetastet lassen. Gottes Liebe will sich in zwischenmenschlichem Umgang auswirken.

Gerade diese Variante entlarvt eine gefährliche Strategie: Wenn ich den Konflikt schon nicht vertuschen kann, dann kann ich wenigstens durch salbungsvolle Reden den Kern des Problems umgehen. Hier wäre der Kern des Konflikts

ausgeklammert, dass Simon mit seinen Vorurteilen nicht fähig ist, der Frau zuzutrauen, dass sie mit der Gnade Gottes neu anfangen kann, und dass er sein selbstgerechtes Selbstbild nicht hinterfragt.
Was macht Jesus tatsächlich?

Evangelium Lk 7, 36-50

Er erzählt eine Geschichte! Mit einer Geschichte greift er Simon nicht direkt an. Vielmehr gibt er Raum zum Nachdenken. Simon entspannt sich und hört aufmerksam zu. Er wird langsam und geduldig von Jesus zu einem Lernprozess eingeladen. Er kann sich selber innerlich fragen: Wer bin ich in Jesu Geschichte?
Dann zählt Jesus nur Tatsachen auf: Was hast du, Simon, getan? Was hat sie getan? Über Tatsachen, die jeder beobachtet hat, kann man nicht streiten! Aber gerade der Kontrast zwischen Simons Verhalten und dem der Frau zeigt den Unterschied: Sie liebt im Übermaß, weil ihr viele Sünden vergeben sind. Jesus leugnet nicht, dass sie gesündigt hat. Aber er schaut viel mehr auf ihre Sehnsucht nach Vergebung, nach echter Liebe, nach erfülltem Leben und auf ihren Glauben.
Kam Simon zum Umdenken? Hat er durch das Gespräch mit Jesus dazugelernt?
Wir wissen es nicht. Aber die Chancen stehen gut: Liebevoller und ehrlicher kann man einen Menschen zum Umdenken nicht einladen.
Die Frau jedenfalls hatte eine heilende Begegnung mit Jesus! Wir dürfen Jesu Worte auch uns zusprechen: Deine Sünden sind dir vergeben. Dein Glaube hat dich gerettet, gehe in Frieden!

12. Sonntag im Jahreskreis: Die Frage aller Fragen und für wen hältst Du mich?

Lk 9, 18-24
„**Per Anhalter durch die Galaxis**" ist eine verrückte Geschichte. Britischer Humor vom Feinsten. Aber die Geschichte führt uns zu ernsten tiefschürfenden Fragen. Ein kurzer Überblick über den Kultroman:
Eines Morgens wacht Arthur Dent, ganz normaler Angestellter, auf und sieht entsetzt: Bagger vor seinem Haus! Ein Vertreter der Gemeindeverwaltung erklärt ihm, dass sein Haus wegen einer neuen Umgehungsstraße eingerissen wird. Da kommt sein Bekannter Ford Perfect und klärt ihn auf: Wir müssen schnell von der Erde verschwinden: Denn durch die Erde wird eine intergalaktische Umgehungsstraße gelegt. Dafür wird die Erde weggesprengt.
Kurz vor der Vernichtung der Erde gelingt es Arthur und Ford, sich in das Raumschiff der Vogonen zu flüchten. Diese erweisen sich als wenig gastfreundlich. Durch einen unglaublichen Zufall gelangen sie zu dem Raumschiff der intergalaktischen Rumtreiber Zaphod Beeblebrox, Tricia McMillan sowie dem depressiven Roboter Marvin.
Irgendwann gelangen sie auf den Planeten Magrathea. Von dem Planetendesigner Slartibartfast, der gerade an einen neuen Planeten Erde arbeitet, erfahren sie, dass die Erde vor ihrer Zerstörung von weißen Mäusen kontrolliert wurde, die die Antwort auf die Frage nach dem Sinn des Lebens herausfinden wollten. Schöne humorvolle Verdrehung: Eigentlich untersuchen die Mäuse die Menschen für ein megagroßes Experiment!
Vor langer Zeit gab es einen riesengroßen Computer Deep Thought: Er sollte die Frage aller Fragen zu beantworten.

Nach zig Tausenden von Jahren spuckt der Computer die Antwort aus. Die Antwort wurde berühmt: 42!
Natürlich völlig unnütze Antwort. Der Grund, der in der Geschichte angegeben wird: Die Frage wurde dem Computer nicht exakt genug gestellt.
Man kann es aber auch tiefer deuten: Die Antwort für die Frage aller Fragen lässt sich nicht berechnen!
Aber greifen wir die Kritik im Buch auf: Was ist denn die Frage aller Fragen?
Die Frage aller Fragen, kann ganz unterschiedlich gestellt werden:
Für Einstein war die Frage aller Fragen: „Ist das Universum freundlich?" Oder ist das Universum nur ein kalter Ort, dem es völlig egal ist, ob irgendwo Leben entsteht? Oder wirkt eine Karft, ein Elan vital im Kosmos, der Bedingungen fördert, so dass Leben auf der Erde entstehen konnte? „Ist das Universum freundlich?"
Kant nannte drei Fragen zentral: „Was kann ich wissen? Was soll ich tun? Was kann ich hoffen?" Wie kann ich begründet zu wahren Erkenntnissen kommen? Wie soll ich mich in schwierigen Situationen entscheiden? Was ist das ethisch Richtige? Gibt es ein Leben nach dem Tod, eine unsterbliche Seele? Werden dann meine ethischen Entscheidungen gewürdigt, die mir im irdischen Leben nicht gewürdigt wurden?
Luther trieb die Frage um: „Wie finde ich einen gnädigen Gott?" Welche Regeln muss ich erfüllen? Erst durch die Lektüre der Paulusbriefe erkannte er: Ich muss nicht durch Taten Gott gnädig stimmen. Gott macht den ersten Schritt, ich darf auf seine Gnade mit Glauben antworten.
Walter Wink, der den gewaltfreien Widerstand in Südafrika unterstützte und Bischof Tutu beraten hat, stellte folgende Frage ins Zentrum: „Wie kann ich im Gegner, im Feind Gott finden?" Eine heute aktuelle Frage: Viele empfinden

fundamentalistische Muslime als bedrohlich, als Gegner. Wie kann ich da Ängste überwinden?
Meditationswege im Osten stellen die Frage „Wer bin ich – jenseits meiner veränderbaren Eigenschaften?" in den Mittelpunkt. Sie stellen damit die Frage nach dem tiefsten Wesen und Grund des Menschseins! Im Zen z. B. fragt man: Wer bin ich, bevor meine Eltern geboren wurden?
Was ist Deine Frage aller Fragen?
Auch angeblich kleinere Fragen können auf ihre Weise die Frage nach dem Sinn des Lebens berühren, wie zum Beispiel: „Was soll ich für eine Ausbildung nach der Schule machen?" dahinter steht: „Was soll ich mit meinem Leben machen?" und letztlich steht dahinter: „Will mich der Heilige Geist irgendwo hin führen? Mit welchem Lebensweg kann ich glücklich werden?" Oder: „Warum hat sie bzw er Schluss gemacht? Wie soll es nun weiter gehen?"
Der Roman „Per Anhalter durch die Galaxis" hat diese Fragen aller Fragen mit britischem Humor beantwortet: Deep Thoughts Antwort ist 42.
Damit wurde 42 zum ironischen Symbol: Man kann die Frage aller Fragen nicht intellektuell beantworten. Es gibt dafür keine Antwort, die man einfach auf ein Blatt Papier schreiben könnte. Die Antwort auf die Fragen aller Fragen ist nicht von der Art wie die Antwort auf eine Rechenaufgabe. Die Antwort finden und geben wir uns selber in unserem Leben. Unser Lebensweg ist unsere persönliche Antwort auf die Frage aller Fragen.
Was ist Deine/Ihre Frage aller Fragen? Lassen Sie sich Zeit zum Nachdenken. Vielleicht kommt nicht gleich eine Idee. Aber es lohnt sich, diese Frage, was ist für mich die Frage aller Fragen, wach zu halten.
Jesus stellte seinen Jüngern auch eine Frage aller Fragen: „Für wen haltet ihr mich?" Für uns Christen ist diese Frage zentral. Sie berührt alle anderen zentralen Sinnfragen des

Lebens. Oft für uns unbewusst und verdeckt ist sie doch vernetzt mit allen anderen großen Lebensfragen.

Wer als Christ seiner Fragen aller Fragen nachgeht, der kommt irgendwann zu Jesu Frage: „Für wen hältst Du mich?" Und wer Jesu Frage nachgeht, findet seine zentrale Lebensfrage: „Was soll ich mit meinem Leben anfangen?" in seiner passenden Weise. Deswegen lohnt es sich, auch dieser Frage nachzugehen.

Die Antwort gebe ich in meinem Leben. Die zwei Fragen ergänzen sich und ich kann sie im Gespräch mit Jesus immer neu stellen. Diesen Fragen kann ich im Gebet nachgehen: Ich kann mit Jesus sprechen. Was meinst Du Jesus, was ist der Sinn meines Lebens? Was bist Du für mich?

Wer diese beiden Fragen wach hält, der ist in der Nachfolge Jesu!

13. Sonntag im Jahreskreis: Menschensohn, Sohn Gottes und Knecht Gottes.

Lk 9, 51-62
Wenn wir uns fragen, wer Jesus ist, beginnen wir Christologie zu betreiben. Eine Lehre über Jesus Christus. Dabei fassen wir unsere Einsichten oft in ein Wort, einen Begriff, einen Titel für Jesus zusammen. So ein Titel ist wie ein Brennglas, der viele Einsichten über Jesus bündelt. Das haben die ersten Christen schon getan! Sie geben Jesus den Titel: Jesus ist der Knecht Gottes, der Menschensohn, der Sohn Gottes. Den Titel Menschensohn hat Jesus sogar selbst aufgegriffen.
Menschensohn Ein Mann redet Jesus an und sagt: Ich will dir folgen, wohin du auch gehst. Jesus antwortete ihm: Die Füchse haben ihre Höhlen und die Vögel ihre Nester; der Menschensohn aber hat keinen Ort, wo er sein Haupt hinlegen kann.
Das ist nicht die einzige Stelle, bei der man deutlich erkennt: Jesus beansprucht den Titel „Menschensohn" für sich selbst. Er versteht sich als Menschensohn. Als man ihn kritisiert, dass er am Sabbat heilt, sagt er: „Der Menschensohn ist Herr über den Sabbat!" Mk 2,28.
Mit dem Titel Menschensohn bezieht Jesus sich auch auf die Vollendung. Das Reich Gottes wird sich vollenden und dann wird der Menschensohn die Menschen richten: „Ich sage euch: wer sich vor den Menschen zu mir bekennt, zu dem wird sich auch der Menschensohn vor den Engeln Gottes bekennen" Lukas 12,8. Jesus verknüpft sich also mit dem zukünftigen Menschensohn am Ende der Zeit.
Und wenn Jesus über sein zukünftiges Leiden spricht, sagt er auch: „Der Menschensohn müsse vieles erleiden und von den Ältesten, den Hohenpriestern und den Schriftgelehrten verworfen werden." Mk 8,3

Im Titel Menschensohn kommt also Unterschiedliches zusammen, das man bei Jesus auch zusammendenken muss: Macht und Scheitern, Rettung bringen und selbst Verdammnis erfahren, irdischer Mensch und zukünftiger Richter, Menschlichkeit und Würde, Geschichte und Transzendenz.
Sohn Gottes Jesus hat sich selbst zwar oft als Menschensohn bezeichnet aber nie als Sohn Gottes. Er hat nur zu seinem Vater gebetet und seine Güte verkündet. Nach Ostern verehren die Jünger Jesus immer öfters als Sohn Gottes. Wie kamen sie dazu? Welche Bedeutung hatte für sie dieser Titel? Sohn Gottes sagt etwas über Gott aus: der Mensch Jesus hat eine ganz enge Verbindung mit Gott. Er nennt ihn deswegen auch: mein Vater! Die Menschen spüren: Die Liebe Gottes ist durch Jesus Christus erschienen. Sohn Gottes sagt auch etwas über uns Menschen aus: Wir sind Söhne und Töchter Gottes. Wir können durch ihn Söhne und Töchter Gottes sein.
Sohn Gottes wurde der Pharao in Ägypten genannt und der römische Kaiser in Rom. Im Alten Testament wurde das ganze Volk oder der König als Repräsentant des Volkes als Sohn Gottes genannt vgl Ps 2,7: Mein Sohn bist du. Heute habe ich dich gezeugt. Aber es gibt etwas in Jesus selbst, was von keiner bestehenden Tradition abgeleitet werden kann. Deswegen ist mit dem Titel Sohn Gottes bezogen auf Jesus auch etwas Neues gesagt:
Jesu Art und Weise, sich Gott vorzustellen war einzigartig. Jesus redete ihn ganz vertraut „mein Vater" an. Jesus vertraute auf seinen Vater, bei ihm konnte er ruhen und still werden, und er war ganz auf den Vater ausgerichtet, hingebungsvoll und verfügbar. Dies führte dazu, dass die Christen sagten: Jesus kommt von Gott. Und so gaben sie ihm den Titel Sohn Gottes.
Menschensohn und Sohn Gottes ergänzen sich Beide Titel ergänzen sich, sind zueinander wie ein Kontrapunkt, wie zwei

zusammenpassende Melodien in der rechten und linken Hand bei einem Klavierstück von Bach.
Jesus ist der Menschensohn und hat diesen Würdentitel, weil er die Menschlichkeit selbst vertieft hat, weil er durch und durch menschlich und wohlwollend ist. Wenn der Menschensohn retten kann, dann nicht, weil er Macht besitzt, die ihm von außen gegeben wurde, sondern weil er wahrhaftig Mensch ist. Wenn wahre Menschlichkeit aufscheint, dann ist dies immer erlösend und umgekehrt das Rettende lässt immer das wahrhaft Menschliche aufscheinen. Weil der Menschensohn wirklich menschlich ist, erleidet er Leid und Kreuz und umgekehrt bestätigt ihn die Auferstehung als wahren Menschen, der ein wahres Leben gelebt hat.
Jesus ist Sohn Gottes und Menschensohn! Er hat eine personale Beziehung zu Gott und steht auf der Seite Gottes und kommt von Gott. Andererseits ist Jesus Teil der Menschen, steht auf der Seite der Menschen und kommt von der Erde. Der Menschensohn ist die Weise, wie der Sohn Gottes in Jesus erscheint. Die Güte Gottes zeigt sich in der Güte des Menschen Jesus.
Knecht und Sklave Gottes Sohn Gottes steht auch dem Titel „Knecht Gottes" gegenüber: Der Knecht ist gehorsam. Er überlässt sich dem Willen des Herrn, auch wenn er ihn nicht versteht. So überlässt sich Jesus dem Willen des Vaters im Garten Getsemani, er lässt Gott Gott sein, er übergibt sich dem geheimnisvollen Gott. Er ist Knecht Gottes! Weil er seine Sendung erfüllt hat, hat Gott seinen Knecht erweckt. Vgl. Apg 3,26. Mit dem Titel Knecht erreichen wir wohl eine sehr frühe Christologie. Vielleicht hat Petrus wie in der Apostelgeschichte berichtet schon bald nach Ostern Jesus als Knecht Gottes verkündet. Er hat damit die Gottesknechtslieder des Jesaja aufgegriffen, um Jesu Leben, Sterben und Auferstehen zu verstehen und zu deuten.

Paulus wird in seinem Philipperhymnus Jesus als Sklave bezeichnen. Aus Freiheit wählte der Sohn den Weg, Sklave zu werden! Und der Hebräerbrief betont, dass Jesus mit uns alle die Schwachheit geteilt hat, selbst Opfer wurde, um uns zu erlösen.

Hier ist der Kontrapunkt bis ins Äußerste getrieben: Jesus zeigt sich als Sohn Gottes, weil er Knecht und Sklave ist, gehorsam dem Willen des Vaters, erniedrigt, leidend an aller Schwachheit der Menschen und selbst Opfer. Er hat nicht mit Gegengewalt sondern mit Verzeihen und Hingabe geantwortet.

Während für die Juden die Aussage von der göttlichen Abstammung ein Ärgernis ist, weil sie den Monotheismus infrage stellt, ist für die Griechen der Knecht ein Ärgernis: Gott kann doch nicht so tief sinken! Das ist Torheit! Die Christen hielten beides fest, die Abstammung von Gott und das Leiden, auch wenn beides ihr Denken ins Paradoxe trieb.

Ziel der Christologie Wir sollten dabei das Ziel all dieser christologischen Titel nicht aus den Augen verlieren: Der Sohn wurde Mensch und Knecht, damit wir alle unsere Würde als Töchter und Söhne wieder entdecken und in Würde miteinander umgehen.

Diese Herausforderung ist heute immer noch gegeben: Die Würde so vieler Menschen wird in Krieg, Gewalt, Ausbeutung und Ungerechtigkeit mit Füßen getreten. Mit ihnen solidarisiert sich der Knecht Gottes und klagt als Menschensohn die Verantwortlichen an, damit Neuanfang, Umkehr, Reue, Heilung und Auferstehung für alle Menschen möglich wird.[35]

14. Sonntag im Jahreskreis: Das Reich Gottes - das zentrale Thema der Predigt Jesu

Lk 10, 17-20
Kehrt um! Denn das Himmelreich ist nahe! Das Reich Gottes bricht jetzt an!
So beginnt Jesus seine öffentliche Predigt. Sie ist Überschrift für alles Weitere. Sie enthält gewissermaßen das Ganze.
Dieser Predigt geht eine zentrale Gotteserfahrung und Erkenntnis voraus: Jesus hatte eine Vision: „Ich sah den Satan wie einen Blitz aus dem Himmel fallen" (Lk 10,18). Um diesen Satz zu verstehen, müssen wir uns das Denken der Menschen damals klar machen. Für sie hingen der Himmel und die Erde zusammen. Was im Himmel passiert, hatte Einfluss auf das, was auf Erden geschieht. Wenn Jesus sieht, dass der Satan aus dem Himmel geworfen wurde, heißt das: Der letzte große Kampf im Himmel hat bereits stattgefunden. Der Satan ist aus dem Himmel geworfen, also besiegt. Die Herrschaft Gottes hat sich - im Himmel jedenfalls - durchgesetzt. Und das ist das Entscheidende. Dass Gott sich auf der Erde durchsetzt, ist nur noch eine Frage der Zeit. Die Gottesherrschaft, das Reich Gottes hat begonnen. Die große Wende ist da. Sie ist eindeutig entschieden.
Für Johannes, den Täufer, war das noch nicht so eindeutig. Für ihn war das Ende offen, das Gericht Gottes stand noch bevor. Deswegen rief er zur Umkehr und Sühne auf.
Mit der Vision vom Satanssturz allerdings hat sich für Jesus alles geändert. Der Satanssturz ist das Zeichen dafür, dass die Zeitenwende bereits eingesetzt hat. Die Zeit war reif, seinen Lehrer Johannes zu verlassen und die neue frohe Botschaft zu

verkünden: Das Reich Gottes ist auch auf Erden nahe und beginnt zu wachsen!

Unter Verzicht auf mythologische Sprache würden wir heute vielleicht sagen: Jesus hatte unerschütterliches Urvertrauen gewonnen. Gott ist mein Vater, der mich immer hält und der nun sein Reich für die Menschen anbrechen lässt.

Diese frohe Botschaft verkündete Jesus besonders durch seine Gleichnisse. Sie verdeutlichen die verschiedensten Aspekte des Reiches Gottes.

Mit Gleichnissen erklärt Jesus das anbrechende Reich Gottes

1. Das Reich Gottes geschieht nicht nur im Himmel. „Das Reich Gottes ist schon mitten unter euch." (Lk 17,21) verkündet Jesus. Es bricht in dieser Welt an, in deinem Leben, in meinem Alltag. Besonders geschieht das Reich Gottes unter euch, zwischen euch, wenn die Liebe Gottes als Nächstenliebe lebendig erfahrbar wird.

2. Das Reich Gottes oder wie Matthäus schreibt „Himmelreich" breitet sich aus wie der Sauerteig im Mehl. Vielleicht können wir das besonders erleben bei Menschen mit weitem und gütigem Herzen. Sie verändern durch ihre Präsenz einen Raum, sie verändern durch ihre Gespräche und ihr Zuhören Menschen, Gruppen und Institutionen.

3. Man kann das anbrechende Reich Gottes auch verpassen. So wie die Hochzeitsgäste, die nicht zur Hochzeit kommen. Wachsamkeit ist die zentrale Tugend, damit man im Leben das plötzliche Einbrechen des Reiches Gottes nicht verpasst. Der barmherzige Samariter war wachsam und hatte Mitleid und half dem Verwundeten – Reich Gottes geschah. Die törichten Jungfrauen dagegen verpassen das Reich Gottes, die Ankunft des Bräutigams.

4. Das Reich Gottes ist besonders für die Armen, Kranken und Ausgestoßenen offen. Jesus erkennt deutlich, dass der Vater seine Güte besonders diesen Menschen schenken will, und so

widmet er sich mit großer Hingabe den Besessenen, den Kranken, den Zöllnern, den Dirnen, den Aussätzigen. Im Gleichnis vom Hochzeitsmahl holt der König seine Gäste einfach von der Straße! Das Reich Gottes ist für alle offen, aber Gottes Güte widmet sich besonders den Benachteiligten.
5. Das Reich Gottes kommt zu uns. Wir werden beschenkt. Der Hirt läuft dem entlaufenen Schaf nach. Gott schenkt seine Gnade bedingungslos. Wir brauchen nichts leisten, damit Gott uns liebt. Wir müssen nicht eine große Summe von Geboten einhalten, damit der Messias kommt. Er kommt zuerst! Wer das wirklich erfährt, der will aus lauter Freude und Dankbarkeit mit Gott Beziehung pflegen und will aus sich heraus die Liebe Gottes weiter geben.
6. Aber so lange wir auf Erden leben, wird dem Reich Gottes auch „Gewalt angetan" (Mt 11,12). Die Gegner hat Jesus selbst erlebt: die Pharisäer, die in ihren alten Vorstellungen gefangen sind und blind sind für das Wirken Gottes im Hier und Jetzt; die Hohenpriester, die ihre Macht erhalten wollen; die Zeloten, die mit Gewalt die Unterdrückung der Römer überwinden wollen.
7. Deswegen gibt es immer ein „schon" UND ein „noch nicht": Das Reich Gottes bricht schon an, es ist aber noch nicht vollendet. Wir können es nicht dadurch vollenden, dass wir die Gegner beseitigen. Das würde nur noch mehr Unheil schaffen. Deswegen erzählt Jesus das Gleichnis vom Unkraut im Weizenfeld: Wer das Unkraut aktiv heraus reißt, der wird auch Gutes zerstören. Erst am Ende der Zeiten wird alles durch die Macht und Güte Gottes vollendet und verwandelt und geheilt.
8. „Können Hochzeitsgäste fasten?" (Mk 2,19). Nein, das wäre ungehörig! Nein, werden wir mit Freude und vollem Vertrauen Sucher des Reiches Gottes in unserem Leben! Wer dem Wirken Gottes vertrauen kann, kann Diener für das Reich

Gottes sein: Sucht zuerst das Reich Gottes, alles andere wird euch dazu geschenkt!

Das Reich Gottes als zentrales Thema Jesu wieder entdecken Das Reich Gottes ist das zentrale Thema der Predigt Jesu! Erstaunlicherweise ist das schnell verschleiert, verzerrt und vergessen worden. Ca. 1800 Jahre war der Christenheit nicht klar, dass das Reich Gottes das zentrale Thema der Predigt Jesu ist. Es kommt z. B. in keinem Credo vor! Erst durch die historisch-kritische Bibelauslegung wurde das in den letzten 100 Jahren wieder deutlich. Wie kam es dazu? Schon das Evangelium von Johannes versteht unter froher Botschaft nicht das anbrechende Reich Gottes sondern Jesus Christus und seine Erlösung, Er ist Sohn Gottes und führt zum ewigen Leben.

So kam es, dass das Reich Gottes immer mehr rein Jenseitig verstanden wurde: Das Reich Gottes sei das ewige Leben bei Gott! Aber für Jesus beginnt das Reich Gottes hier und jetzt, in der menschlichen Geschichte.

Oder die Kirche wurde als Verwirklichung des Reiches Gottes auf Erden verstanden. Auch das ist eine Verzerrung, denn dann setzt sich die Kirche als letztgültig. Sie ist aber nicht letztgültig sondern Dienerin: Durch ihren Dienst soll das Reich Gottes unter den Menschen wachsen.

Oder das Reich Gottes wurde rein innerlich verstanden: in der Seele soll das Reich Gottes wachsen. Das Reich Gottes beginnt zwar in den Herzen der Menschen, aber es verändert auch das Zusammenleben und die Geschichte! Es schafft Gerechtigkeit für die Armen und Ausgestoßenen und bewirkt Frieden! Maria verheißt dies schon in ihrem Loblied bei Elisabeth![36]

Entdecken wir das Reich Gottes wieder neu, so wie es Jesus verstanden hat, damit wir stärker mit der Kraft des Heiligen Geistes an seinem Wachstum mitwirken!

15. Sonntag im Jahreskreis: Sehen, Urteilen, Handeln

Lk 10, 25-37
Veni, vidi, vici – das Lebensmotto Cäsars: Ich kam, sah und siegte.
Der barmherzige Samariter hat auch einen Dreischritt, aber dieser lautete etwas anders: Er sah, urteilte mit dem Herzen und handelte!
Sehen - Urteilen – Handeln – das ist das Lebensmotto unseres heutigen Evangeliumshelden! Und es ist das Lebensmotto, das Kardinal Cardein seiner Bewegung, der christlichen Arbeiterjugend gegeben hat. Und es ist der rote Faden durch die Pastoralkonstitution.
Grund genug, sich diese drei Schritte genauer anzuschauen und sich in ihnen zu üben… Sehen - urteilen - handeln, das ist wahrlich ein christlicher Glaubens- und Lebensstil.
Sehen Das Wichtigste an diesem Lebensstil ist, dass es mit dem Sehen beginnt! Es beginnt nicht mit einem Prinzip, das alles erklären soll, sondern: Es beginnt mit dem Sehen der Realität hier und heute!
Der barmherzige Samariter denkt nicht an den kommenden Tempeldienst oder an eine allgemeine theologische Abhandlung, wie eventuell der Priester und der Levit. Er sieht, was jetzt los ist, ist wach und offen für das Hier und Jetzt: da liegt ein Verletzter.
Ebenso sollen sich die Jugendlichen der CAJ fragen: Was sind die Situationen und Probleme in den Betrieben, in denen wir jetzt arbeiten?
Wer ernsthaft sehen möchte, sollte dreierlei beachten:
1. Die Realität wahrnehmen, so wie sie ist, auch wenn es schmerzlich ist. Wir müssen gegen unsere Neigung angehen, die Wirklichkeit unseren Interessen gemäß schön zu reden.

2. „Treue gegenüber dem Realen". Auf Dauer könnte man der Versuchung erliegen, irgendwann nicht mehr hinzusehen - in Resignation und Zynismus zu verfallen. Es gehört zum Sehen, der Realität treu zu bleiben.

3. „Sich vom Realen tragen lassen". Die Realität ist auch von Gnade durchdrungen, die es bewusst wahrzunehmen und zu schätzen gilt. Unser Glaube versichert uns, dass die Realität ein Mehr an Gnade in sich trägt: das Anwachsen des Reiches Gottes.

Mit dem Sehen zu beginnen ist der Weg der Pastoralkonstitution im II. Vatikanum. Was sind die Nöte und Freuden der Menschen? Was sind die Zeichen der Zeit: der Hunger nach Frieden, Hilfe für unterentwickelte Länder, soziale Gerechtigkeit und Verantwortung, Frauenfrage, Klimawandel? Wer sich diesen Fragen stellt, der sieht die Realität.

Mit dem Sehen beginnen ist nicht selbstverständlich in der katholischen Kirche: Oft genug in der Kirche wurde ein ganz anderer Glaubensstil gepflegt und wird heute noch gepflegt: Er beginnt mit dem Satz „Wir haben aufgrund von Jesus Christus in Schrift und Tradition die Wahrheit."

Zwei Schwächen hat dieser Weg! Erstens: Wie soll diese Wahrheit fruchtbar werden für das Heute? Denn nur im Heute wächst das Reich Gottes. Wer so anfängt, ohne zu sehen, verkündet nur abstrakte Wahrheiten. Da ist nur noch die Asche da! Dass früher einmal ein Feuer da war, kann man nur erahnen.

Zweitens: Dieser Anfang bedeutet, eine Einbahnstraße zu errichten. Man sagt den Leuten, was es zu glauben gilt: Das ist die Botschaft Christi! Aber man hört nicht zu. Einbahnstraßen sind immer ein Zeichen von Arroganz und Stillstand.

Aber das Wichtigste ist, dass diese Position zu wenig Glauben hat! Sie glaubt nicht ernsthaft, dass man Gott in der Realität

von Hier und Heute entdecken kann. Sie meinen, man müsste diesen Gott von einem Gestern oder von einem Jenseits ins Heute hineintragen. Sie vergessen dabei, den Auferstandenen in der Realität von Hier und Heute zu entdecken.
Urteilen In der Methode Sehen - Urteilen - Handeln folgt nach dem Sehen das Urteilen. Klassisch geschieht das dadurch, dass man z. B. einen Bibeltext liest und aus ihm heraus versucht, Maßstäbe zu entwickeln. Die Jugendlichen in den CAJ-Gruppen setzen sich zusammen, um nach dem Sehen in der Bibel zu lesen und sich von daher zu fragen: Wie sollen wir unsere Fragen und Probleme in der Arbeitswelt durch die Brille des Evangeliums sehen und beurteilen?
Der Geist des Evangeliums soll Maßstab des Urteilens sein. Aber schon die Versuchung Jesu durch den Satan zeigt, dass man mit Bibelzitaten allein sowohl dem Geist des Evangeliums als auch dem zerstörerischen Geist folgen kann. Deswegen ist das Sehen als erster Schritt so wichtig. Die Realität ist nicht nur Schmerz, sondern enthält selbst auch Gnade: Das Lachen eines Kindes, das Engagement vieler Ehrenamtlicher, das kritische Fragen von Jugendlichen, die Weisheit alter Menschen - in so vielem kann man in der alltäglichen Realität Gnade entdecken, wenn man hinschaut.
Wer im Sehen den guten Geist entdeckt, wird ihn auch in der Bibellektüre entdecken. Wer auf sein Herz hört, merkt, wo die Gnade in der Realität wirkt!
Unser Herz ist ein Kompass, der das Gute in der Realität anzeigt: Auf diesen Kompass hören, auf das innere Gewissen, auf den Heiligen Geist in uns hören, das ist Urteilen! Genau das macht der barmherzige Samariter: Er hatte Mitleid – er hört auf seinen inneren Kompass!
Dieser Kompass ist die Heilige Schrift in uns. Die Heilige Schrift als Buch ist für uns das Trainingsprogramm, um diesen inneren Kompass kennenzulernen!

Handeln Und dann handelt der Samariter: Er hat sich von der Realität anrühren lassen und reagierte mit Barmherzigkeit.
Wer die Realität sieht und mit dem inneren Kompass beurteilt, den „provoziert" die Realität aus sich selbst heraus zu einer Antwort des Handelns und der Lebensbejahung: das ist die Reaktion der Barmherzigkeit.
Der barmherzige Samariter zeigt uns deutlich: Die letztentscheidende und sinngebende Haltung für die Menschen ist das barmherzige Handeln - es ist das Christliche schlechthin. Es ist das göttliche Handeln durch den Menschen - auch wenn oft für unsere Augen verborgen oder sehr bescheiden.
Der Beweggrund für barmherziges Handeln soll nicht die Erfüllung eines Gebotes sein, sondern ich soll aus dem Herzen heraus auf das Leid reagieren. Denn: Christus hat keine Hände, außer unsere Hände, um das Gute zu tun! Oder wie es im bekannten Lied heißt: Jetzt ist die Zeit, jetzt ist die Stunde! Heute wird getan oder auch vertan, worauf es ankommt, wenn er kommt!
Sehen - urteilen - handeln ist echte Nachfolge Christi!

16. Sonntag im Jahreskreis: Martha und Maria als Tendenzen in mir

Lk 10, 38-42

Kennen Sie Loriots Sketch: Feierabend? Da sitzt der Ehemann gemütlich in seinem Lehnsessel. Er hat Feierabend. Er hat gearbeitet und gegessen und möchte jetzt einfach ... ja da gibt es mehrere deutsche Wörter, die das umschreiben: verweilen, entspannen, chillen, einfach da sitzen. Oder in Lateinisch: Kontemplation!

Aber seine geschäftige Frau in der Küche unterbricht die Ruhe: Herrmann! Ja sie will wirklich das Beste für ihn, sie will ihm wirklich gut sein, sie will wirklich die umsorgende Ehefrau sein. Aber eines ist jenseits ihrer Vorstellung: Dass Einfach-da-sitzen schön und sinnvoll ist. Dass man genau das sich wünscht. Sie ist gleich einer beschäftigten Biene, die immer aktiv ist, außer wenn sie schläft.

Also empfiehlt sie ihm: Lies doch mal was, geh doch mal spazieren! Soll ich Dir den Mantel bringen! Du tust ja nicht das, was Dir Spaß macht! Stattdessen sitzt du da!

Irgendwann muss der Ehemann brüllen: Ich sitze hier, weil es mir Spaß macht!

Unsere Martha hat große Ähnlichkeiten mit der Ehefrau, und Maria hat eine ähnliche Sehnsucht wie der Ehemann. Einfach da sitzen. Einfach zuhören. Einfach verweilen – in der Gegenwart, bei Jesus.

Beide Szenen können wir als ein Lehrstück für uns selbst lesen: **Ich habe sowohl Martha und Maria in mir, wie zwei Tendenzen.** In mir streiten Ehemann und Ehefrau, wie zwei innere Stimmen.

Ich glaube, das kennt jede und jeder: Man will einfach mal da sein, verweilen, chillen, lauschen, in der Gegenwart verweilen, entspannen. Aber da kommt der unruhige Verstand und quatscht einen voll. Du musst noch das erledigen. Schau doch mal ins Fernsehen. Das Missverständnis gestern, dieser schreckliche Kerl usw. Ja der Streit zwischen Ehemann und Ehefrau in Loriots „Feierabend" findet in mir statt. Der unruhige Verstand bringt immer neue Gedanken hervor. Für unseren aktiven Verstand ist einfach Da-sein etwas Fremdes, Unverständliches.

Aber genau danach haben wir immer wieder Sehnsucht. Und wir erleben darin auch höchste Sinnmomente: Eine Blume bestaunen, ein Baby anlächeln, eine Berglandschaft betrachten, in die Stille lauschen, das Leben selbst spüren in sich und um sich herum, auf Jesus Christus schweigend schauen. Es gibt viele solche verweilende Momente: in sich wertvoll und sinnvoll.

Da sind wir bei Maria: sie sucht das Eine. Was ist das Eine? In der Geschichte: Auf Jesus hören, ihm zuhören. Aber das heißt auch: still werden, in der Gegenwart sein, verweilen. Und wer heute still wird, in der Gegenwart verweilt, der richtet sich auf die Gegenwart Gottes im Hier und Jetzt aus.

Das verwandelt: Elija entdeckte Gottes Gegenwart in der Stille. Das verwandelte ihn. Das gab ihm neue Kraft. Das führte ihn zu einer neuen, gewandelten Aktivität. Seine Sorgen, ja Todesängste und Lebensüberdruss waren überwunden.

Hat Martha dann die Verliererkarte gezogen? Nein vielmehr soll Martha an Maria gesund und wieder neu aufgerichtet und ausgerichtet werden, damit sie neu und gewandelt Martha sein kann.

Unser unruhiger aktiver Verstand kann in der Zeit der Stille, des Gebetes, des Verweilens ruhig werden, neu sich ausrichten. Da können Sorgen in neuem Licht erscheinen. Da kann man plötzlich Abstand zu den Sorgen bekommen. Aber was noch wichtiger ist: Das Eine, das Entscheidende wird wieder deutlich:

Das Leben auf Jesus Christus ausrichten und im Hier und Jetzt immer neu das Leben entdecken. Beides sind zwei Seiten der einen Medaille: Das Eine, das Entscheidende. Maria in uns, unsere Sehnsucht nach Kontemplation, erinnert uns daran. Hören wir auf unsere Maria in uns, damit die Martha in uns an Maria gesund und neu ausgerichtet wird und lebensdienlich und in Harmonie aktiv sein kann.

Maria und Martha ergänzen sich dann mehr und mehr auch im Alltag. Der Heilige Benedikt hat dies als Lebensziel seinen Brüdern mitgegeben: Ora et labora – bete und arbeite ist Maria und Martha. Wenn sie sich gegenseitig ergänzen, dann wandeln wir bewusst und freudig in der Gegenwart Gottes.

17. Sonntag im Jahreskreis: Ein Bibelgespräch über das Vaterunser

Lk 11,1-4
Solentiname ist eine abgeschiedene Inselgruppe im großen See von Nicaragua mit rein bäuerlicher Bevölkerung. In den siebziger Jahren war Ernesto Cardenal dort Pfarrer. Am Sonntag im Gottesdienst gab es keine Predigt sondern ein Gespräch über das Evangelium. Cardenal hat einige dieser Bibelgespräche notiert und veröffentlicht. Es lohnt sich, in die Schule dieser einfachen Bauern zu gehen, die eigene und besondere Lebenserfahrungen mitbringen, mit der sie das Evangelium deuten. Außerdem hat ihre Lebenssituation größere Ähnlichkeit zu den damaligen Zuhörern Jesu als unsere Lebenssituation in Europa. Deswegen nehmen sie viele Aussagen Jesu anders auf als wir. So lade ich Sie heute ein, einigen Gedanken und Deutungen der Katholiken von Solentiname über das Vaterunser zu lauschen. Diese Gespräche zeigen auch wichtige Grundsätze der Befreiungstheologie auf. Denn die Befreiungstheologie schöpft aus den Erfahrungen und Sichtweisen der unterdrückten Menschen in Lateinamerika.

Wir lesen die ersten Worte: **Vater unser, der du bist im Himmel.** Im Lukasevangelium steht allein die Anrede „Vater". *Olivia meint dazu: Gott wird also ganz liebevoll angeredet, so dass wir von Anfang an Vertrauen zu ihm haben können. Beten bedeutet also nicht, Gebete her zu sagen, sondern ganz einfach mit Gott sprechen.*

William verweist auf ein mögliches Missverständnis: Die Tatsache, dass das Reich Gottes immer Himmelreich genannt wurde, hat eigentlich eine große Verwirrung gestiftet. Die Leute denken, das Reich Gottes käme später, im Himmel, in einem anderen Leben. Aber Jesus meinte ein Reich hier auf

der Erde. Auch dass man sagt: „der du bist im Himmel", hatte in unseren Hirnen eine furchtbare Verwirrung angerichtet. Alle stellen sich Gott irgendwo im Himmel vor, wo die Astronauten herumschwirren, und nicht als einen, der in uns selbst und in allen unseren Brüdern ist.
Das Reich Gottes beginnt immer schon hier, auch wenn es sich in der Ewigkeit vollendet. Das haben diese einfachen Bauern verstanden und das betont auch die Befreiungstheologie. Sie geht damit auf das ursprüngliche Verständnis Jesu vom Reich Gottes zurück und zeigt die heutige Brisanz dieser Erkenntnis auf.

Dein Name werde geheiligt
Felipe: Den Namen Gottes heiligen bedeutet, den Nächsten lieben und etwas für die anderen tun. Wenn wir Gott nur mit Gebeten und Prozessionen loben wie früher, dann heiligen wir seinen Namen absolut nicht. Mit anderen Worten bedeutet Liebe üben also dasselbe wie den Namen Gottes heiligen oder seine Persönlichkeit hier auf der Erde bekannt machen, auch wenn man den Namen Gottes vielleicht gar nicht dabei erwähnt.
Alejandro: Die Gerechtigkeit Gottes ist dasselbe wie seine Heiligkeit, und Gerechtigkeit üben, heißt Gott heiligen. Aber unter Gerechtigkeit darf man nicht die bürgerliche Gerechtigkeit verstehen. Gerechtigkeit ist dasselbe wie Befreiung, das Ende aller Ausbeutung.
Wie Bischof Ketteler und die Sozialenzykliken zeigen diese Bauern auf: Die soziale Frage, die soziale Gerechtigkeit steht im Zentrum unseres Glaubens. Wie auch die Propheten des Alten Testaments betonen sie: Soziales Unrecht ist Gott ein Greuel. So wird sein Name nicht geheiligt.

Dein Reich komme.
Laureano: Dieses erwartete Reich ist da, wenn Gleichheit herrscht, wenn es Brüderlichkeit unter allen Menschen gibt. Wir hier wollen wirklich, dass dieses Reich komme. Wir sind

dabei, es aufzubauen. Wenn wir dieses Reich erbitten, dann haben wir auch die Verpflichtung, alles zu tun, damit es so bald wie möglich kommt. Und alle, die gegen dieses Reich sind, die sich nicht dafür interessieren und nichts dafür tun, die haben auch kein Recht, so zu beten. Es handelt sich nämlich um ein Reich, das unter den Menschen und mit dem Menschen gemacht wird, das heißt, es kommt von Gott, aber es kann nicht ohne uns aufgebaut werden.
Sehr schön verbindet hier Laureano die zwei Grundsätze unserer Gnadenlehre: Alles ist Gnade, alle Kraft kommt letztlich von Gott UND Christus hat keine Hände außer unsere Hände.
Gib uns täglich das Brot, das wir brauchen Hier diskutieren die Bauern, was Jesus eigentlich mit „täglich" meint.
Julio Mairena fragt: Waren für Jesus Christus alle Tage vielleicht wie ein einziger Tag?
Und Julio ergänzt aus ihrer gemeinsamen Lebenserfahrung: Wenn wir unser ganzes Leben lang um ein bisschen Brot bitten müssten, heute und morgen und übermorgen... auf diese Weise lebten wir immer im Elend. Ich sehe das so, dass wir alle nur eine einzige Arbeit tun müssen: die Gesellschaft verändern. An dem Tag haben wir Brot. Für alle Zeiten.
Das ist wirklich die Perspektive der Armen. In den Schweizer Hochgebeten beten wir z. B., dass die Kirche bzw. wir den Menschen helfen mögen oder dass wir offen seien für das, was die Menschen bewegt. (Jesus, unser Weg und Jesus unser Bruder) Aber für die Armen und Bedrängten selbst wird nicht gebetet. Es fehlen Sätze wie: Stehe allen, die ohnmächtig sind, bei und gib ihnen neue Kraft. Ich habe dann den Eindruck, dass diese Gebete aus der Position und Sichtweise der Reichen formuliert wurden. Die Befreiungstheologie möchte nicht nur Almosen und Unterstützung für die Armen einfordern, sondern aus der Sicht der Armen heraus Theologie betreiben! Daraus ergeben sich dann auch neue Fragen an uns: Wie

verändert sich Hilfe, wenn ich ihre Sichtweise in den Blick nehme?! Ganz konkret: Wie begegne ich Flüchtlingen, wenn ich aus ihrer Lebensgeschichte heraus ihr Verhalten betrachte?
Rebekka bringt eine andere Perspektive noch mit hinein: Ich sehe, dass Gott das Brot täglich gibt. Jeden Tag gibt er Brot für alle. Aber manchmal geschieht es auf der Erde, dass der eine alles für sich anhäufen will und so muss der andere hungern. Aber Gott gibt Brot für alle, damit wir alle essen können, damit keiner hungrig bleibt.
Ernesto fasst zusammen: Man könnte also sagen, im Vaterunser bitten wir um die Veränderung der Gesellschaft. Wir bitten darum, dass der Tag komme, an dem wir nach den Bedürfnissen jedes einzelnen all das verteilen können, was jetzt einige für sich angehäuft haben. Wir sehen, dass wir um diese Veränderung nicht nur bitten, sondern auch daran mitarbeiten sollen.
Und erlass uns unsere Sünden; denn auch wir erlassen jedem, was er uns schuldig ist.
William: Wir haben gesehen, dass das Reich Gottes das Reich der Liebe ist. Solange es Egoismus gibt, ist dieses Reich noch nicht gekommen. Es wird auch kein Brot für alle geben, solange es Egoismus gibt, solange wir getrennt sind und uns nicht lieben.
Cosme Canales: Wir sollen unseren Schuldigern vergeben. Das kann irgendeine Beleidigung sein. Es können aber auch Geldschulden sein. Ich sage nicht, dass wir unser Geld nicht von einem zurückfordern sollen, der etwas hat, aber einem, der nichts hat, dem sollen wir auch diese Schuld vergeben. Für viele Reiche ist es leichter, eine Beleidigung zu vergeben als eine Geldschuld zu streichen.
Rosita: Wann hat man je einen reichen eine Geldschuld vergeben sehen!

Cosme fährt fort: Und dann kann ein Reicher dieses Gebet auch nicht beten, wenn er nicht bereit ist, nicht nur die Beleidigungen, sondern auch die Schulden zu vergeben.
Auch diese Überlegungen sind für uns lehrreich. Jesus spricht oft von Schulden erlassen, gerade auch in Gleichnissen. Wir übertragen das schon reflexartig auf moralische Verfehlungen. Aber Jesus dachte auch an echte Geldschulden, genauso wie diese Bauern, die unter Schulden und Wucherzinsen leiden. Vor dem Jahr 2000 forderte aus diesem Geist Jesu heraus auch Misereor und Missio ein Erlassjahr 2000 für überschuldete arme Länder.

Führe uns nicht in Versuchung!
Adán Ortega: Ich glaube, die Versuchung ist heute die Ausbeutung, der Kapitalismus.
Julio ergänzte: Wir alle sprechen hier viel von der Veränderung der Gesellschaft. Vielleicht werden wir eines Tages in dieser Beziehung selbst einmal in Versuchung geführt werden, wenn wir einmal einige Macht haben sollten... das könnte dann eine sehr schwierige Probe für uns sein.
Felipe deutet ganz grundsätzlich: Mit anderen Worten, er soll uns vom Egoismus erlösen. Darum müssen wir Gott bitten, er soll uns vom Egoismus erlösen. Das Böse wird durch die Liebe vernichtet. Die Liebe ist das einzige, das stärker ist als das Böse.[37]
Erstaunlich wie selbstkritisch sie sind. Sie wissen, der Egoismus und die Habgier kann auch sie in Versuchung führen. Diese Einsicht macht ihre Gedanken noch glaubwürdiger. Die Bauern von Solentiname lehren uns, mit Glaube, Hoffnung und Liebe das Vaterunser zu beten und seine Botschaft zu leben.

18. Sonntag im Jahreskreis: Ignatius´ Theologie nach Hugo und Karl Rahner

Lk 12, 13-21

Vor kurzem war der Gedenktag für den Hl. Ignatius v Loyola. Er empfahl passend zu unserem Evangelium und den zwei Lesungen gegenüber Reichtum und weltlicher Sicherheit indifferent, also innerlich unabhängig sein. Aber er konnte diese Indifferenz selbst nur deswegen leben, weil er in Jesus Christus verankert war. Er, der Gründer des Jesuitenordens, ist für uns eines der größten Lehrer des Christentums. Was macht ihn aus? Was ist das Wesentliche für Ignatius?

So will ich die wichtigsten Gedanken von zwei großen Jesuiten vorstellen, die sich genau diese Frage gestellt haben. Sie sind die beiden Brüder Hugo Rahner und Karl Rahner.

Für Hugo Rahner hat Ignatius´ Denken eine klare Struktur: **Oben, Mitte, Unten.** Oben die heilige Trinität, der immer größere Gott. Unten die Kirche mit ihrer Lehre, Leben, Sakramente usw. Dazwischen das Mittlere: Jesus Christus, wahrer Mensch und wahrer Gott.

Beginnen wir mit Oben, von oben her: Seit den mystischen Erfahrungen in Manresa weiß Ignatius aus innerer Erfahrung, dass in allem Gott ist und alles auf Gott bezogen ist. Alles ist Abglanz, Gleichnis der unendlichen Größe Gottes. Daraus ergibt sich, „dass man Gott in allen geschaffenen Dingen lieben soll, indem man sich der Liebe zu allen geschaffenen Dingen entkleidet."[38] Das ist der tiefste Grund für innerliche Unabhängigkeit von weltlichen Dingen.

Zweitens: das Mittlere, Jesus Christus. Das unfassbare Geheimnis Gottes ist nur erfassbar im Blick auf Jesus Christus. Er offenbart uns den Vater. Das heißt aber, dass Ignatius nicht mehr weltentrückt nach oben zu schauen braucht, um die trinitarischen Geheimnisse zu suchen und zu finden. Mystische Gottesschau, sozusagen der Blick nach oben, und das vernünftige Studium gehören deswegen auch zusammen und ergänzen sich. In den Exerzitien vertiefen wir uns, Jesus in den Städten, Landschaften und Synagogen von Palästina innerlich nachzuerleben. Ignatius lädt sogar den Exerzitanten ein, die biblischen Ereignisse mit allen fünf Sinnen nachzuerleben: Wie hat das Öl gerochen, wie fühlte sich eine Berührung Jesu an, wie war die Atmosphäre eines Mahles mit Jesus und Zachäus? Das Göttliche wird lebendig erfahrbar in der Welt durch Jesus Christus: Er ist die Mitte, der Vermittelnde!

Der Weg von Ignatius und seinem Orden ist der Weg Jesu: Er steigt hinab bis zum Kreuz. Wer ihm mit ihm dahin nachfolgt, ist mit dem Oben, der Gnade Gottes, verbunden.

Drittens: Unten. Das Sichtbare, das irdisch Geformte, das Kirchliche. Hugo Rahner schreibt: „Alles, was von oben her durch das Mittlere nach unten abströmt, ist Buchstabe geworden (weil Gott Fleisch wurde), das Strömende des Geistes muss sich bei seiner Ankunft im Unten kristallisieren, also auch verhärten. Buchstabe ist Gegenstand, Gegenstück, oft auch Gegensatz zum Geist."[39] Der Heilige Ignatius ist von der Ruhestätte der Gottesschau in die Welt zurückgekehrt. Er setzt sich der Spannung aus zwischen Himmel und Erde, zwischen Gnade und Natur, zwischen Geist und Kirche, zwischen Begeisterung und Vernunft. Wer, wie Ignatius, von Gott her die Dinge sieht, der kann auch wieder ein „gewöhnliches Leben" führen und muss sich nicht in asketischen Übungen beweisen. Kirche und Seelsorge, Politik und Diplomatie gehören deswegen für Ignatius ebenso zu Gottes Angelegenheiten. Denn von den kleinsten Dingen geht eine unmittelbare Beziehung hinauf ins Göttliche.

Oben, Mitte, Unten sind also miteinander verschränkt, nicht getrennt, und ergänzen sich gegenseitig. Das ist wesentlich für Ignatius. Gott sehen in allen Dingen! – über

Jesus Christus, das Mittlere, wissen wir, dass wir das Oben im Unten finden können.

Nun zu **Karl Rahner**. Er schrieb eine fiktive Rede: **Was würde Ignatius einem Jesuiten von heute sagen?** Ähnlich wie sein Bruder beginnt er mit Ignatius' Gotteserfahrung in Manresa: „Ich habe Gott erfahren auch und vor allem jenseits aller bildhaften Imagination. […] Ich bin Gott, dem wahren und lebendigen, den, der diesen alle Namen auslöschenden Namen verdient, wirklich begegnet. […] Ich konnte auch damals schon unterscheiden zwischen Gott an sich und den Worten, den Bildern, den begrenzten Einzelerfahrungen, die auf Gott in irgendeiner Weise hinweisen."[40]

Rahner vermeidet es, die unmittelbare Gotteserfahrung des Ignatius weiter auszumalen. Nur eine wesentliche Charakterisierung nimmt er vor: man muss sich in die Nähe des Todes begeben, die Leere erfahren, sein Standbein in der Welt verlieren, um Gott erfahren zu können. „Kein Wunder, dass ich selbst in Manresa hart am Abgrund des Selbstmordes stand."[41]

Mit seinem Exerzitienbuch möchte Ignatius zu eigenen Gotteserfahrungen einladen. Der Sinn der Exerzitien ist, dass Gott und sein Geschöpf sich unmittelbar begegnen und Gott an ihm unmittelbar handelt. Das war damals gefährlich anstößig: Gott beruft den Einzelnen direkt, nicht durch Vermittlung der Kirche, vielmehr entsteht durch viele Berufene Kirche! Damit hat Ignatius eine wichtige Erkenntnis des Zweiten Vatikanischen Konzils vorweggenommen.

Rahner will die Ungeheuerlichkeit dieser Position betonen. Ignatius ist näher an Luther und Descartes, als man gemeinhin annimmt! Seelsorge muss deswegen immer das Ziel vor Augen haben, dass Menschen Gott selbst erfahren können.

Somit gehen die Exerzitien von einer Gnadentheologie aus, in der der Mensch nach dem Sündenfall nicht total verderbt ist.

Durch die Gotteserfahrung erkennt der Mensch, dass der Funke des Hl. Geistes in ihm verschüttet immer schon da war. Wie sein Bruder betont Karl Rahner, dass wir nach der Gotteserfahrung vom Berg Tabor hinuntersteigen müssen – wie Jesus Christus. Das Ganze der Gotteserfahrung entfaltet ihre vielfältigen Aspekte nur im konkreten Leben. Weil Ignatius in Jesus Gott sah, war ihm auch seine Reise nach Israel so wichtig! Diese Orte wie Jerusalem oder der See Genetsareth betrachtete er als Sakramente des Lebens Jesu und damit als Sakramente der Gegenwart Gottes in dieser Welt.

Zuletzt: Warum wollte Ignatius nicht, dass Mitglieder aus seinem Orden Bischöfe oder Kardinäle werden? Und was würde er heute zu den Jesuiten sagen, die ein solches Amt innehaben? Die Jesuiten sollen nach Ignatius versuchen, „ohne „Macht", im reinen Vertrauen auf die Kraft des Geistes und der Torheit Christi den Menschen durch die Kirche hindurch zu dienen."[42]

Karl Rahner begründet Ignatius´ Vorsicht durch eine Grundspannung, die es auszuhalten und zu gestalten gilt: „Ich weiß das Problem, das da im Grunde liegt: wie kann eine charismatische Gemeinschaft radikaler Jesusnachfolge auch ein kirchlich institutionalisierter Orden sein? […] Und ihr müsst das Wunder dieser Identifikation immer neu zu vollbringen suchen. Die Rechnung wird nie aufgehen. Aber versucht es immer neu. Eines von den zweien allein ist zu wenig. Erst beides zusammen kreuzigt genug."[43]

Wir sollten diese Herausforderung auch auf unsere Gemeinden anwenden: Unsere Strukturen, Riten, Orte sollen immer neu belebt werden, dass sie Orte werden, in denen Gott wirklich erfahren werden kann.

19. Sonntag im Jahreskreis: Beten ist Warten auf den Herrn

Lk 12, 32-48

Der Weg eines Christen besteht darin, immer mehr seine Ichbezogenheit zu verlassen und immer mehr gottbezogen zu werden und zu leben.

Schauen wir uns dazu das Evangelium an: da gibt es Knechte, die auf ihren Herrn warten. Der Herr ist auf einer Hochzeit und die Knechte wissen nicht, wann er kommt. Er kann in der ersten, in der zweiten oder auch in der dritten Nachtwache erst kommen. Und natürlich freut sich der Herr, wenn seine Knechte wach sind, auch wenn er spät kommt.

Stellen wir uns einen ichbezogenen Knecht vor: der sitzt auf einem Stuhl, schaut durch das Fenster und ärgert sich: „Jetzt ist mein Herr immer noch nicht da und ich muss wach bleiben. Ich habe heute schon so viel gearbeitet und bin müde und habe keine Lust mehr zu warten." In der heutigen Zeit würde dann der Knecht wahrscheinlich das Handy nehmen, den Herrn anrufen und den Herrn fragen, wann er denn endlich komme. Und ob er die ganze Zeit wach sein müsse.

Ein Knecht, der ganz auf seinen Herrn bezogen ist, verhält sich dagegen anders: er sitzt auf einem Stuhl, schaut durch das Fenster in die dunkle Nacht, ist hellwach, ist aufmerksam, ob er seinen Herrn im Dunklen sieht. Und vielleicht würde in der heutigen Zeit dann der Herr den Knecht anrufen und ihm sagen: „Es kann heute später werden." Dann wird der Knecht, der ganz auf seinen Herrn bezogen ist, antworten: Lieber Herr! Feier recht schön und bleibe, solange du willst, du musst dich nicht um mich kümmern, ich warte und freue mich, wenn du ein schönes Fest hast.

Es geht also für den Christen darum, immer mehr so zu werden wie dieser Knecht, der ganz auf seinen Herrn bezogen ist. **Aber was heißt das konkret?**

Gott offenbart sich uns am deutlichsten durch die Realität, die vor unseren Augen jetzt hier und heute da ist. Gott sehen in allen Dingen, sagt Ignatius von Loyola. Das heißt, dass wir wirklich in allen Dingen, in allen Menschen, denen wir begegnen, in allen Ereignissen Gottes Gegenwart entdecken könnten. Aber dafür dürfen wir unsere Gürtel nicht ablegen und müssen unsere Lampen brennen lassen. Das heißt also ganz konkret, dass wir wachsam und aufmerksam im Augenblick, im Hier und Jetzt leben.

Ein Europäer ging zu einem indischen Meister und fragte ihn nach dem Geheimnis seines spirituellen Lebens. Der sagte: Wenn ich sitze, sitze ich! Wenn ich gehe, gehe ich! Und wenn ich esse, dann esse ich. Darauf sagte der Europäer: Das mache ich doch auch. Darauf der indische Meister: Wenn du sitzt, bist du mit deinen Gedanken schon beim Aufstehen. Und wenn du gehst, bist du schon beim Essen.

Es ist äußerst lohnend für das ganze Leben dies immer wieder einzuüben und zu pflegen: Achtsamkeit und Aufmerksamkeit für das, was im Hier und jetzt passiert.

Für die Wüstenmönche stellte sich die Frage noch brisanter: Wie kann ich nicht nur immer wach bleiben, sondern auch meine Aufmerksamkeit und meinen Blickkontakt immer auf Gott richten? Oder wie es bei einer anderen Stelle heißt: Ununterbrochen beten?

Dafür haben sie das Jesusgebet entwickelt. Wenn Sie im alten Gotteslob unter der Nummer 6,1 nachschauen, dann können Sie folgende Beschreibung für das Jesusgebet lesen.

„Die Anfänge dieser Gebetsform gehen zurück bis in die Zeit der Kirchenväter. Das Jesusgebet verbreitete sich vor allem in der Ostkirche, ist aber heute auch in weiten Kreisen des Westens bekannt. Dieses Gebet ist eine Meditation, an der

auch der Körper beteiligt ist. Der ganze Mensch soll frei sein von Unrast. Man muss sich zur Ruhe kommen lassen. Die Muskulatur soll völlig entspannt sein. Man wiederholt im Einklang mit dem Herzschlag oder mit dem Atem unablässig: „Herr Jesus Christus, erbarme dich meiner", [Oder nur: beim Ausatmen „Jesus", beim Einatmen „Christus". Diese schlichte Form ist die intensivste]. So versenkt man sich in die Gegenwart Jesu.
Nicht nur die Versenkung in Gott wird durch diese ständige Anrufung des Namens Jesus gefördert, sondern auch die Empfindung von Frieden und Versöhnlichkeit gegenüber allen Menschen, das Zurücktreten der eigenen Interessen und die Gelassenheit. Das Jesusgebet wird von jenen, die es üben, als ein Weg zur inneren Freiheit bezeichnet."
Menschen, die das Jesusgebet heute pflegen, nehmen sich zum Beispiel jeden Tag eine halbe Stunde Zeit, dieses Gebet in Stille zu pflegen: beim Ausatmen Jesus, beim Einatmen Christus. Man achtet auf den Atem, auf den Klang des Namens und auch die Hände, die gefaltet sind. Mit der Zeit durchwirkt dieses Gebet den Alltag. Auch beim Einschlafen oder beim Autofahren geschieht es, dass man fast von selbst innerlich den Namen Jesus Christus mit Einatmen und Ausatmen spricht.
Diese Gebetsform ist eine Möglichkeit, ganz konkret den wachsamen Knecht von unserem Evangelium in das Leben umzusetzen. Vieles ist auf diesem Weg Gnade und Geschenk. Was wir jedoch aktiv tun können, ist, dass wir wenigstens in der Absicht für Gott da sein wollen, dass wir unsere Wachsamkeit und Aufmerksamkeit immer wieder erneuern, dass wir unserer inneren Sehnsucht nach Gott folgen. Dann werden viele Augenblicke des Lebens kostbar und zu Zeichen der Gegenwart Gottes.

20. Sonntag im Jahreskreis: Oscar Romero bei Johannes Paul II.

Lk 12, 49-53

„Meint Ihr, ich sei gekommen, um Frieden auf die Erde zu bringen? Nein, sage ich euch, nicht Frieden, sondern Spaltung." Dieses Wort Jesu erstaunt uns, vielleicht erschreckt es uns sogar. Hat nicht Jesus gesagt: „Meinen Frieden gebe ich euch!"?

Dieses Wort Jesu hatte eine wichtige Bedeutung in einem Streitgespräch zwischen zwei großen Personen. Und vielleicht kann gerade dieses Streitgespräch auch ein erhellendes Licht auf dieses ungewöhnliche Wort Jesu werfen. Es ist das Gespräch zwischen Erzbischof Oscar Romero und Papst Johannes Paul II., ein knappes Jahr vor der Ermordung des Erzbischofs.

Bei seinem Rombesuch kommt Erzbischof Romero erst einmal nicht zum Papst durch. Die Kurialbeamten ermöglichen ihm keine Audienz. „,Ich werde um diese Audienz betteln", entschließt er sich. [...] Romero ist schon seit den frühen Morgenstunden auf den Beinen, um einen Platz in der ersten Reihe zu ergattern. Und als der Papst vorbeischreitet, ergreift er seine Hand und lässt sie nicht mehr los. „Heiliger Vater, ich bin der Erzbischof von San Salvador und bitte Sie inständigst um eine Audienz." Der Papst willigt ein. [...]

Zum ersten Mal wird also der Erzbischof von San Salvador mit Karol Wojtyla, der erst seit einem knappen Jahr Pontifex ist, zusammentreffen. [...] „Heiliger Vater, hier können Sie nachlesen, dass die ganze Verleumdungskampagne gegen die Kirche und gegen ihre Diener vom Präsidentenpalais aus gesteuert wird ..." [...]

„Ich habe Ihnen doch schon gesagt, dass Sie nicht mit so viel Papieren herkommen sollen! Wir haben hier keine Zeit, soviel zu lesen." […] In einem gesonderten Umschlag hat Romero dem Papst ein Foto von Octavio Ortiz mitgebracht, dem Priester, den die Nationalgarde einige Monate zuvor zusammen mit vier jungen Leuten umgebracht hat. […] Deutlich sieht man einen Machetenhieb in den Hals.

„Ich habe Octavio gut gekannt, Heiliger Vater, er war ein Priester, wie er im Buche steht. Ich habe ihn geweiht und wusste über seine gesamte Arbeit Bescheid. An diesem Tag gab er gerade einen Bibelkurs für die jungen Leute aus dem Viertel..." Detailliert berichtet er über alles. Er legt seine Version dar und die Version, die die Regierung verbreitet hat.

„Schauen Sie, wie sie sein Gesicht zugerichtet haben, Heiliger Vater..."

Regungslos betrachtet der Papst das Foto und schweigt. Dann schaut er Erzbischof Romero in die feuchten Augen und macht eine Handbewegung, als wollte er dem Bericht von dem blutigen Geschehen etwas von seiner Dramatik nehmen.

„So brutal haben sie ihn getötet und gesagt, er sei ein Guerrillero gewesen ..." erinnert der Erzbischof.

„Und war er das vielleicht nicht?" fragt frostig der Pontifex. Romero hält das Foto, mit dem er soviel Mitgefühl zu erwecken gehofft hat. Seine Hand zittert ein wenig. Die Audienz nimmt ihren Fortgang. Sie sitzen einander gegenüber. Und immer wieder kommt der Papst auf denselben Gedanken zurück: „Sie, Herr Erzbischof, müssen sich um ein besseres Verhältnis zur Regierung Ihres Landes bemühen […] Eine Harmonie zwischen Ihnen und der salvadorianischen Regierung ist das Christlichste in diesen Augenblicken der Krise ..." Romero hört weiter zu. Es sind Argumente, mit denen ihn bei anderen Gelegenheiten auch schon andere Autoritäten bombardiert haben. […] Der Papst insistiert so

sehr, dass der Erzbischof nicht mehr länger zuhören will und noch einmal ums Wort bittet. Leise, aber überzeugt sagt er: „Aber, Heiliger Vater, Christus sagt uns im Evangelium, dass er nicht gekommen ist, den Frieden zu bringen, sondern das Schwert."
Der Papst schaut Romero scharf in die Augen: „Übertreiben Sie nicht, Herr Erzbischof!" Die Argumente sind zu Ende. Die Audienz auch. All das hat mir Erzbischof Romero den Tränen nahe am 11. Mai 1979 in Madrid erzählt, als er bekümmert in sein Land zurückflog."[44]

Oscar Romero war kein Revoluzzer. Vielmehr war er ein sehr vorsichtiger Mensch, eigentlich ein konservativer Katholik. Im Jahr 1977 wurde er Erzbischof von San Salvador. Als der Jesuit Rutilio Grande am 12.3.1977 mit zwei Begleitern auf dem Weg zu einem Gottesdienst ermordet wurde, eilte Oscar Romero zu seinem Wirkungsort. Er erkannte, dass dieser Priester wirklich arm gelebt hat, wirklich in der Nachfolge Jesu stand. „Wenn sie ihn für das umgebracht haben, was er getan hat, dann muss ich denselben Weg gehen. Rutilio hat mir die Augen geöffnet."
Mit diesem Worten wird Oscar Romero später seine innere Wandlung ausdrücken. Seitdem solidarisierte er sich konsequent mit den Armen, in seinen Predigten klagte er die Regierung und die reichen Familien mit ihren brutalen und gewalttätigen Unterdrückungsmethoden an. In diesem Staat, in dem es keine Meinungsfreiheit gab, waren die Predigten von Oscar Romero die Stimme der Gerechtigkeit und der Hoffnung! „Für diese Predigt in ihrer ganzen Länge schalteten mehr Leute ihr Radio ein als für den Fußball. […] Diese Predigten war nämlich nicht bloß Katechismus, sie waren eine richtige Zeitung."[45]

Warum war Papst Johannes Paul II. so ablehnend gegen diesen glaubwürdigen Erzbischof? Wegen einer gefährlichen, tragischen und folgenreichen falschen

Interpretation! Aufgewachsen in einem kommunistischen Staat war Papst Johannes Paul II. zurecht höchst allergisch gegen die kommunistische Ideologie. Aber es war eine katastrophale Fehlinterpretation, lateinamerikanische Basisgemeinden, Solidarität mit den Armen, gewaltfreier Widerstand, Befreiungstheologie, die Theologie der lateinamerikanischen Bischofskonferenz von Puebla und Medellin als kommunismusverdächtig anzusehen, abzulehnen und zu bekämpfen. Eine Fehlinterpretation, die mit Papst Franziskus ein Ende hat.

Oscar Romero jedenfalls hat in der Unterscheidung der Geister klaren Kopf bewiesen: „Seit den Tagen Johannes des Täufers bis heute wird dem Himmelreich Gewalt angetan – die Gewalttätigen reißen es an sich" Mt 11,12. Genau diese Gewalt am aufkeimenden Reich Gottes, diese Macht des Anti-Reiches hat Erzbischof Oscar Romero in den Taten der Regierung, des Militärs und der regierenden Familien von El Salvador erkannt. Mit den Machenschaften des Antireiches kann man keine Kompromisse eingehen. Genau das hat Jesus mit dem Wort gemeint: „Meint Ihr, ich sei gekommen, um Frieden auf die Erde zu bringen? Nein, sage ich euch, nicht Frieden, sondern Spaltung." Johannes Paul II. erkannte richtig, dass die regierenden Kommunisten im Ostblock eine Form des Antireiches sind, mit denen man keine Kompromisse eingehen darf. Aber er war unfähig, das Antireich auch in den diktatorischen Staaten in Lateinamerika wie zum Beispiel El Salvador zu erkennen. Auch ein Heiliger darf sich irren. Auch der heilige Petrus musste sich von Paulus im antiochenischen Zwischenfall belehren lassen. Aber es wird Zeit, den Märtyrer Oscar Romero heilig zu sprechen. Denn seine Hingabe für das Volk Gottes, für die leidenden Menschen und seine klare Unterscheidung der Geister ist auch heute noch ein heiliges Vorbild!

21. Sonntag im Jahreskreis: Was ist mit der Hölle?

Lk 13, 22-30
Stellen Sie sich mal vor, uns wäre von der Botschaft Jesu nur ein einziges Papyrusfragment überliefert, und zwar nur das heutige Evangelium. Uns würde Jesus als äußerst streng vorkommen. Der Text stellt uns vor die provozierende Frage: Wie steht es mit den Ausgestoßenen? Jesus antwortete, dass es viele sein werden, die es nicht vermögen. Gott sei Dank haben wir von der Botschaft Jesu nicht nur den heutigen Text. Aber der heutige Text steht eben auch in der Bibel. Also zurück zur provozierenden Frage: Wie steht es mit den Ausgestoßenen? oder noch drastischer: Wie steht es mit der Hölle und wie viel Menschen müssen aus welchen Gründen auf Ewigkeit verdammt sein?
Es ist sehr tröstlich, dass nicht nur wir in der Neuzeit, in der Moderne Schwierigkeiten mit der Hölle haben sondern schon am Anfang der Christenheit große Theologen wie zum Beispiel Origines. Er entwickelte die so genannte **Apokatastasis-lehre**. Apokatastasis heißt Wiederherstellung. Damit ist die Wiederherstellung der ganzen Schöpfung in einen Zustand vollkommener Heilung, Versöhnung, Vollendung und Seligkeit gemeint, einschließlich der schweren Sünder, der Verdammten in der Hölle.
Origenes (verstorben 253 n. Chr.) hat damit gerechnet, dass nach unendlich langen Zeiträumen „alle vernunftbegabten Seelen" in einen vollkommenen Vollendungszustand zurückgeführt würden, der den Anfangszustand durch die Erfahrung vollkommener Liebe überbieten und alle vor einem neuen Abfall schützen würde. Dass er behauptet habe, auch der Teufel würde erlöst werden, wies er als verleumderische Unterstellung zurück. Die Synode von Konstantinopel (543)

verurteilte die Lehre einer völligen Wiederherstellung. Trotzdem: Eine Apokatastasis-lehre wurde immer wieder von bedeutenden Theologen bis heute gelehrt oder erhofft.

Motive und Gründe Besonders interessant ist die Frage: Welcher Grund steckt dahinter, anzunehmen, dass am Ende der Zeiten auch die Verdammten in der Hölle Versöhnung von Gott erfahren? Der Grund liegt in unserem Verständnis von Gott. Wir stellen uns unseren Gott, den Vater Jesu Christi, das Absolute schlechthin, nicht so vor, dass es etwas geben könnte, dass nicht im Bereich seiner Barmherzigkeit auf ewig ist. Ganz deutlich formuliert das der Philosoph und Theologe Berdjajew: „Die Lehre von einer ewigen Hölle ist hoffnungslos, [...] [sie] bedeutet das verhängnisvolle Scheitern nicht nur des Menschen, sondern vor allem Gottes, das Scheitern der Schöpfung der Welt, Scheitern nicht in der Zeit, sondern in Ewigkeit."[46] Wenn es ewig eine Hölle gäbe, dann wäre das ein Desaster für Gott nach Berdjajew.

Ebenso interessant ist die Frage: Welches Motiv steckt dahinter, anzunehmen, dass es Menschen gibt, die auf ewig verdammt sind? Auch hier ist der Philosoph und Theologe Berdjajew ganz deutlich: In der Vorstellung von einer Hölle sieht er rachsüchtige und grausame Instinkte der Menschen am Werk. „Hass, Rache, eine erbarmungslose Haltung gegenüber einem Feind führt stets zum Wunsch nach einer Hölle."[47] In der dann der Feind landen soll...

Ein weiteres Motiv für die Hölle war in der ganzen Kirchengeschichte ein gewissermaßen pädagogisches Motiv: Hat man gerade in Predigten die Vorstellung von der Hölle nicht oft gebraucht und benutzt, um die Menschen anzutreiben, die Gebote Gottes zu halten?

Und da gilt es weiter zu fragen: Brauchen wir Menschen die Angst vor der Hölle, um die Gebote Gottes zu halten? Ich glaube, es muss für den christlichen Menschen eine bessere

Motivation geben als die Angst vor der Hölle. Ich will das mit einem Vergleich beschreiben.
Äußere und innere Motivation Nehmen wir an, ein Schüler lernt für eine Prüfung. Mehrere Stunden sitzt er über Heften und Büchern. Freude kann sich auf zweierlei Weise in dieser Situation einstellen. Er schreibt die Prüfung und bekommt eine gute Note, ein Lob vom Lehrer und von den Eltern. Er freut sich über die Note und das Lob. Diese Freude wird von außen, durch eine Autorität oder durch eine Bewertung einer Autorität verursacht.
Nach diesem Modell verstehen nicht wenige auch das Verhältnis zwischen Mensch und Gott: Ein Mensch erfüllt brav die Gebote Gottes und dann lobt Gott ihn dafür und er darf in das Himmelreich. Die Angst davor, sozusagen von Gott eine schlechte Note für seinen Lebenswandel zu bekommen, motiviert ihn dazu, anständig genug zu leben.
Aber es gibt noch ein anderes Modell: Es ist auch möglich, dass der Schüler Freude und Spaß am Lernen selbst empfindet. Beim Lernen entsteht ein Interesse am Stoff, an den Fragen und Problemen des Faches. Mathe oder Französisch selbst ist Quelle der Freude. Die Freude wird durch das Lernen selbst verursacht. Sie bleibt vielleicht auch bestehen, wenn ein Lob und eine gute Bewertung ausbleiben. Wir können nun diese Unterscheidung auf unseren ganzen Lebensablauf übertragen: ein Mensch, der Tugenden in seinem Leben verwirklicht, spürt in sich selber Glück und Zufriedenheit: die Wahrheit und Schönheit eines tugendhaften Lebens. Noch weiter gedacht kann man sagen: Für ihn ist Gott nicht eine außenstehende Autorität, die belohnt oder verurteilt, sondern er ist die Lebenskraft, der Grund des eigenen Lebens, an dem man selbst Freude hat, umso mehr man versucht aus dem Grund seines eigenen Lebens, nämlich Gott, zu leben.
Und trotzdem bleibt eine berechtigte Frage:

Was passiert mit dem Bösen in der Ewigkeit?
Nehmen wir folgendes Bild zu Hilfe: Das ewige Antlitz der Seele ist wie ein großes Mosaik aus unserer ganzen Lebensgeschichte. Ein großes Mosaik, das die verschiedenen Ereignisse und Taten unseres Lebens enthält. Dunkle Steine stehen für die zerstörerischen Taten, helle leuchtende Steine für die guten Taten. Durch die Gnade Gottes und durch neue Güte und Reue eines Menschen kann Verzeihung, Versöhnung und Wiedergutmachung geschehen. Der dunkle Stein wird durch Gott entfernt. Aber die Lebensstunde, in der das Böse geschah, ist in Ewigkeit eine leere und tote Stunde.
Zwei Extreme kennen wir: Maria ist neben Jesus der einzige Mensch, der für keine Stunde seines Lebens sich entschuldigen muss. Das ewige Antlitz ihrer Seele ist ein vollständig strahlendes Mosaik.[48]
Ich weiß nicht, was Gott mit dem Leben von Josef Stalin zum Beispiel anfangen wird. Ob er ewig in der Hölle verdammt sein wird oder ob er durch die Barmherzigkeit Gottes erlöst wird - ich weiß es nicht. Aber eines macht dieser Vergleich deutlich: Wenn zum Beispiel Josef Stalin durch die Barmherzigkeit Gottes erlöst wird, dann wird das ewige Antlitz seiner Seele aus vielen leeren und toten Stunden bestehen.
In diesem Verständnis ergänzen sich Barmherzigkeit und Gerechtigkeit Gottes. Und eine extra Hölle ist nicht mehr nötig…
Ist das nun alles Spekulation, was ich nun vorgetragen habe? Die folgende Geschichte kann Anstoß sein für die Vermutung, dass das nicht alles nur Spekulation war, was ich Ihnen heute vorgetragen habe:
„Ein reicher Mann, der als Waise aufgewachsen war, pflegte die Frauen, mit denen er Beziehungen hatte, auszunutzen. Er konnte anderen Menschen gegenüber nie Verpflichtungen eingehen, trennte sich immer wieder von Partnerinnen nach

seinem Gutdünken und seinen Launen. Eines Tages betrat eine seiner Frauen sein Büro, schoss auf ihn und lief davon. Als er mit dem Tod rang, hatte er eine Nahtoderfahrung: Er erlebte, dass er durch einen Tunnel kam. Da gelangte er zu einer großen, hohen, weißen Mauer, die ihm den Weg versperrte. Er hörte eine Stimme: „Du hast keine Identität, hier kannst du aber nicht durchkommen, solange du keine Identität hast." Dann hatte er eine Vision, in der sein ganzes Leben an ihm vorüberzog. Er war über sich selbst entsetzt, als er erkannte, dass sein ganzes Leben davon durchzogen war, andere Menschen zu verletzen und zu vernachlässigen. Dann hörte er wieder die Stimme: „Wenn du Vergebung willst, dann kannst du Vergebung empfangen und du kannst eintreten. Du kannst aber auch zurückkehren, um alles wieder gutzumachen." Er wählte, wieder zurückzukehren und sein verlorenes Lehen nachzuholen. Er wurde wieder gesund und führte fortan ein vorbildliches Leben voller Mitgefühl."[49]

22. Sonntag im Jahreskreis: Gleichnisse als seelische Arznei

Lk 14, 1.7-14
Jesu Worte können wie Medizin wirken, sie können heilen, etwas in uns in eine neue Richtung lenken, Gleichgewicht wieder herstellen, neue Energie und Antrieb geben. Jesu Worte als Medizin für unsere verwirrte und kranke Seele. So kann heute noch Jesus durch seine Worte unser Arzt sein. Verfolgen wir ein bisschen diese Idee: Jesu Worte als Medizin für uns. Was kann diese Medizin heilen? Ganz allgemein können wir sagen: Unsere egozentrischen Muster. Jesu Worte decken unsere egozentrischen Muster auf. Sie entlarven unseren Egoismus. Sie laden uns ein, unser Herz für Gott, für den Mitmensch, für uns selbst wirklich zu öffnen. Sie lassen uns Freiheit, Freude und Lebenssinn neu entdecken.
Und wie können Jesu Worte heilen? Erstaunlicherweise durch paradoxe Ratschläge und Beispielerzählungen, durch Provokation und Verwirrung.
Einige Beispiele erwünscht? Dem Habgierigen sagt Jesus direkt ins Gesicht: „Da sprach Gott zu ihm: Du Narr! Noch in dieser Nacht wird man dein Leben von dir zurückfordern. Wem wird dann all das gehören, was du angehäuft hast? So geht es jedem, der nur für sich selbst Schätze sammelt, aber vor Gott nicht reich ist." Lukas 12,15-21. Fülle des Lebens erreichen wir nicht durch Anhäufung von Reichtum, sondern indem wir der Sehnsucht nach Gott folgen.
Für einen Perfektionisten und Gesetzestreuen ist Jesu Streitgespräch mit den Schriftgelehrten heute noch heilend: Sie tadeln ihn, weil er am Sabbat geheilt hat, und er antwortet: „Ist es erlaubt, am Sabbat Gutes zu tun?" „Der Sabbat ist für den Menschen da, nicht der Mensch für den Sabbat". (Mk 2, 23- 3,6) Ordnung und Gesetze haben dem Leben zu dienen.

Der verlorene Sohn erlebt, dass ein maßloses, zügelloses Leben, das nur auf oberflächliches Vergnügen aus ist, nicht wirklich glücklich macht. Wahre Freude erlebe ich, wenn ich mich wieder in die Arme Gottes begebe.

Dem Trägen und Faulen erzählt Jesus die Geschichte von der Hochzeitseinladung, die abgelehnt wird, weil man angeblich anderes zu tun hat. Richtig wachrütteln soll uns diese Geschichte, damit wir unsere Lebenschancen nicht verpassen, damit wir den Ruf des Heiligen Geistes nicht überhören, damit wir das Reich Gottes in unserem Leben nicht übersehen.

Unser heutiges Evangelium ist ein etwas schwierigeres Beispiel: Welche Menschen spricht Jesus an? Ich vermute, er sprach gerade die an, denen es um gesellschaftliche Anerkennung ging. Was ist ihre Krankheit, die Jesus heilen möchte? Welchem egozentrischen Muster folgen sie? Vielleicht denken sie: Ich bin nur etwas wert, wenn ich Anerkennung bekomme, wenn ich einen gesellschaftlichen Status habe. Ich bekomme Anerkennung, wenn ich wichtigen anderen Personen helfe, mich unentbehrlich für sie mache. Sie sind stolz auf ihren Status, auf ihre Hilfsbereitschaft, ihre Unentbehrlichkeit. Aber was sie nicht kennen, dass sie einfach so geliebt werden. Sie denken, sie müssten immer etwas für andere tun, um Anerkennung, Status, Wertschätzung zu bekommen.

Jesus sieht nun auf diesem Fest, wie alle in ihrem Kopf grübeln: Ich muss einen ordentlichen Platz bekommen. Ich bin etwas, ich darf nicht hinten sitzen, immerhin ist der Gastgeber mir diesen und jenen Gefallen schuldig. Wehe ich bekomme nicht den Platz, der meinem Status zusteht.

Wie kann Jesu Wort in diesem Beispiel heilend wirken?

Ich fange mit dem zweiten Ratschlag an: Wenn ich Arme, Krüppel und Lahme einlade, dann steige ich aus dem stolzen üblichen gesellschaftlichen Spiel aus: Gibst Du mir, gebe ich

Dir! Jesus provoziert, deckt das stolze egozentrische Spiel auf und lädt uns ein: Probiere es doch mal anders!

Wenn wir dann wirklich jemand etwas geben, von dem wir nichts zurück erwarten können; wenn wir Arme, Krüppel und Lahme einladen, was kann dann passieren. Wir werden vielleicht unerhofft beschenkt mit etwas, das wir nie erwartet hätten: gute ehrliche offene Gespräche jenseits des konventionellen Geplänkels... Vielleicht! Oder einfach Dankbarkeit. Oder wir spüren, wie sich unser Herz öffnet und wir wirklich mit anderen mitfühlen, anstatt an uns und unseren Status zu denken. Oder wir spüren, wie viel uns Gott mit seinen Gaben beschenkt hat und merken, dass dies alles ein Hinweis ist, dass Gott mich liebt, noch bevor ich etwas leiste oder helfe oder etwas vorweise.

Ein Beispiel: Zwei ehemalige Schüler von mir haben geheiratet und sind dann ein halbes Jahr nach Afrika gegangen. Sie wollten in einigen Projekten den Menschen dort helfen. Als sie zurückkamen, sagten sie: Wir kamen, um zu helfen, um ihnen ein wenig Unterstützung zu bringen. Aber wir sahen, dass wir viel mehr von ihnen mitbekamen an Weisheit, Lebensfreude, Bescheidenheit. Die naive Vorstellung, „Wir bringen ihnen etwas, das sie nicht haben und das sie brauchen", hat sich als Illusion herausgestellt.

Und der erste Ratschlag? Wortwörtlich umgesetzt würde der Ratschlag das gesellschaftliche Spiel, „Wer hat die besten Plätze? Und hat jeder auch zu Recht seinen Platz?", nicht durchbrechen. Es wäre nur ein geschickter Trick, um nicht negativ aufzufallen.

Aber wenn man noch einen Schritt zurück geht, merkt man, dass Jesus humorvoll mit unserem Stolz und unserem Statusgerangel spielt: Wenn du erhöht werden willst, erniedrige dich, nimm einen hinteren Platz ein, dann wirst Du erhöht werden, dann wirst Du vorgebeten. Na! Ist das nun ehrlich oder gerissene Taktik?!

Also was soll man tun? Sich stolz vorsetzen oder gespielt bescheiden nach hinten setzen? Jesus bringt uns in eine Zwickmühle, irgendwann ist gar nichts mehr richtig…!
Genau das will Jesus in unserem Denken eigentlich erreichen. Denn im Reich Gottes, im Hochzeitsfest Gottes gilt eine andere Logik: Wenn wir aufgeben, stolz auf unsere Leistungen und Status zu sein, dann kann die Gnade, die Kraft Gottes fließen. Wir können uns in den Augen Gottes nicht erhöhen. Wir können uns in den Augen Gottes auch nicht niedriger machen, als wir sind. Wir können vor Gott nur dankbar sein, dass er uns alles geschenkt hat. Wir können mit leeren Händen zu ihm kommen, er füllt sie uns!
Jesu Worte als Arznei für uns. Arzneien soll man öfters einnehmen. Auch die Worte Jesu wirken erst bei regelmäßigem Einnehmen. Fragen Sie Ihren Pfarrer oder Pastoralreferent. Gefahr von Nebenwirkungen? Wenn die Worte Jesu wirken, dann auf jeden Fall! Probieren Sie es aus!

23. Sonntag im Jahreskreis: Jüngersein in der Wandergruppe Jesu

Lk 14, 25-33
Anti-Werbung Wenn man das heutige Evangelium unbedarft sich anhört, kann man den Eindruck bekommen: Jesus macht gerade eine Anti-Werbung! Er hängt die Latte bewusst sehr hoch! Warum eigentlich? Ist es ihm nicht wichtig, neue Jünger zu gewinnen?
Um das zu verstehen, müssen wir uns bewusst machen, was es damals bedeutete, Jünger Jesu zu werden. Wer sich einem solchen Wanderprediger anschloss, verließ seine Familie, sein Dorf, sein soziales Gefüge. Er kündigte den Generationenvertrag auf: Er übernahm nicht mehr die Versorgung der alten Eltern. Er kümmerte sich nicht mehr um die Kinder! Er verließ das soziale Netz, das ihn trug und für das er auch zu sorgen hätte.
Aber zur Zeit Jesu verschlechterten sich insgesamt die wirtschaftlichen Verhältnisse. Viele einfache Leute hatten wenig Grundbesitz. Hungersnöte und hohe Steuern belasteten die Familien zusätzlich. Nicht wenige kapitulierten und wurden Bettler, oder sie suchten Erlösung von all dem Leid in einer Widerstandsbewegung oder in einer religiösen Gruppe wie der Qumrangemeinde am Toten Meer.
Es gab genügend potentielle frustrierte Aussteigerkandidaten! Jesus wollte ehrlich mit diesen potentiellen Kandidaten umgehen. Die Gleichnisse vom Turmbau und vom Kriegführen sollen ihnen klar machen: Überlegt es Euch gut! Keine voreiligen Entschlüsse! Denn wenn Ihr Euch mir anschließt, dann gibt es keinen Weg zurück. Ihr habt dann Euer soziales Netz verlassen und dieser Ausstieg ist unwiderruflich.

Ehepartner der Jünger Wenn man sich Jesus anschloss, hat man dann auch seine Ehefrau verlassen? Unser heutiger Lukastext legt das nahe. Neben Vater, Mutter, Sohn, Tochter soll man die Frau, ja das eigene Leben hassen, also loslassen. Aber interessant! Bei Matthäus steht nur: Wer Vater und Mutter mehr liebt als mich, ist meiner nicht wert, und wer Sohn und Tochter mehr liebt als mich, ist meiner nicht wert. Da fehlt die Ehefrau.
Gehen wir einmal von der Annahme aus, dass die Jünger ihre Ehefrauen mitnehmen durften. Was spricht dafür? Simon Petrus z. B. hatte eine Ehefrau, sonst hätte er keine Schwiegermutter haben können, die Jesus geheilt hat.
Bibelarbeit ist manchmal wie Detektivarbeit in einem guten Krimi. Der Inspektor kommt auf die Idee, der könnte der Mörder sein; und plötzlich ergeben die vielen Indizien, Hinweise, Aussagen und Begebenheiten ein passendes Bild. Die Puzzleteile fügen sich zusammen.
Und so ist es auch, wenn wir davon ausgehen, dass viele Jünger, z. B. die 12 Apostel, verheiratet waren und ihre Ehefrauen mitgenommen haben. Warum schickt Jesus die Jünger zu zweit aus, um zu predigen und zu heilen? Vielleicht dachten wir immer an zwei männliche Jünger. Aber jetzt: Warum sollten es nicht meistens Ehepaare sein?
Matthäus und Lukas haben den besagten Text über das Verlassen des sozialen Netzes aus der Spruchquelle. Es ist wahrscheinlicher, dass Lukas „Frau und eigenes Leben" hinzugefügt hat, als dass Matthäus das bewusst weggelassen hat.
Wenn die 12 für die 12 Stämme Israels standen, ist es dann nicht gerade wichtig, dass sie verheiratet sind? Denn nur so stimmt doch die Symbolik: Die 12 Stammväter waren verheiratet, also muss auch die Gruppe, die das neue Israel symbolisiert, aus 12 Ehepaaren bestehen. Die Evangelisten nennen leider nur die 12 Männer.

Der strenge Spruch Jesu gegen jede Form der Ehescheidung bekommt im sozialen Kontext „radikales Wanderleben" ein neues Verständnis: Jesus will nicht, dass jemand sich ihm anschließt, um aus einer misslungenen Ehe zu flüchten! „Wenn sich einer Jesus anschließen will, dann zusammen mit seiner Frau. Selbst wenn die Frau nicht mitgehen sollte, bleibt der Mann gebunden."[50]

Noch ein anderes Jesu Wort wird mit unserer Annahme viel verständlicher: Stellen wir uns Jesu Jüngergruppe vor: Einige Ehepaare, einige einzelne Männer aber auch einzelne Frauen. Flirts, neue Liebesbeziehungen sind nicht unwahrscheinlich ... Aber das würde sehr viel Unruhe in der Gruppe auslösen. Es könnte die ganze Bewegung auseinanderbrechen lassen. Deswegen sagt Jesus ganz deutlich: Wer eine Frau auch nur lüstern ansieht, hat in seinem Herzen schon Ehebruch mit ihr begangen. Mt 5,28.

Auch in der Urkirche war eigentlich das missionierende Ehepaar das übliche Modell. Der nichtverheiratete Paulus ist die Ausnahme. Im Korintherbrief schreibt er: Haben wir nicht das Recht, eine gläubige Frau mitzunehmen, wie die übrigen Apostel und die Brüder des Herrn und wie Kephas? 1 Kor 9,5. Die Frauen sind nicht nur Begleiterinnen sondern selbst Missionare. Im Römerbrief nennt Paulus erst die Ehefrau Priska und dann den Ehemann Aquila: „Grüßt Priska und Aquila, meine Mitarbeiter in Christus Jesus." Röm 16,3

Ehelosigkeit wurde zum Leitbild Wenn es also absolut jesusgemäß war, dass Ehepaare gemeinsam Mission betreiben, wenn das in der Urkirche üblich und selbstverständlich war, wie konnte das so in Vergessenheit geraten, dass es über Jahrhunderte als unvorstellbar erschien? Einige Gründe könnten sein: Bei den Berufungserzählungen in den Evangelien werden meist Brüderpaare berufen: Petrus und Andreas, Jakobus und Johannes. In den 12er – Listen werden nur Männer genannt. Also las man bald: Jesus sandte sie zwei und zwei aus – das sind Männerpaare. Außerdem: Jesus und Paulus waren unverheiratet. Ihre Lebensform wurde zum Leitbild, nicht die Lebensform des Petrus und der anderen 12 Apostel.

Klar, das sind alles Argumente gegen den Zölibat als notwendige Bedingung für das Priesteramt. Aber es sind keine Argumente gegen das Charisma der Ehelosigkeit. Es gibt Menschen, die dieses Charisma geschenkt bekommen haben, und es ist ein Segen, wenn sie für das Volk Gottes dieses Charisma verwirklichen. All das sind eigentlich Argumente, Mut zu mehr Vielfalt zu haben.

Aber ich möchte noch mal zum Anfang zurück: Jesus warnt die potentiellen Aussteiger! Überlegt es Euch gut! Die Botschaft Jesu provozierte, hinterfragte die übliche Gesellschaft. Und diese Provokation sollte uns heute wieder bewusster werden: Jesu Botschaft ist eigentlich nichts, um brave Bürger zu beruhigen. Wo fordert mich Jesu Botschaft heute noch heraus? Wo provoziert es mich, aus dem üblichen Establishment auszubrechen: in Gedanken, Worten und Werken…? Franz von Assisi, Mutter Teresa, Johannes von Kreuz und Charles de Foucauld haben diese Frage jeweils auf ihre Weise beeindruckend beantwortet! Wie ist meine Lebensantwort auf diese Frage?

24. Sonntag im Jahreskreis: Sind wir beide Söhne in einem?

Lk 15, 1-32
Das Gleichnis vom barmherzigen Vater ist uns so bekannt, dass wir in Gefahr stehen, es schnell standardmäßig zu deuten. Jesus wendet sich den Zöllnern und Sündern zu. Die Pharisäer empören sich. Der Vater ist Gott mit seiner Güte. Der jüngere Sohn steht für die Zöllner und Sünder, die umkehren und mit der Güte Gottes neu beginnen. Und der ältere Sohn regt sich genauso auf wie die Pharisäer.
Aber dieses Gleichnis ist offen für weitere Deutungen. Es ist ein Schlüssel, um immer neu das menschliche Drama zu verstehen. Und so probiere ich heute wieder einen neuen Zugang. Dabei beginne ich mit zwei Prämissen, mit denen ich das Gleichnis neu versuche zu lesen:
Erste Prämisse: Der verlorene Sohn steht für den Lebensweg jedes Menschen!
Zweite Prämisse ist vielleicht noch ungewöhnlicher: Der ältere Sohn ist der jüngere, verlorene Sohn, nur unter einer anderen Perspektive betrachtet!
Wir testen diese zwei Prämissen zuerst bei den Pharisäern: Sie verhalten sich wie der ältere Sohn, sie sind empört! Aber sind die Pharisäer nicht auch irgendwie weg gegangen von Gott wie der jüngere Sohn? Sie vertrauen mehr auf sich als auf Gott. Der Pharisäer im Tempel lobt sich selbst und prahlt damit, welche Gebote er befolgt und welche Gebete er erfüllt. Gott soll ihn dafür loben. Aber damit hat sich dieser Pharisäer von Gott entfernt. Er lebt nicht aus der Verbindung mit Gott sondern vermeintlich aus dem eigenen Vermögen. Er denkt: Ich schaffe das! Wie der jüngere Sohn vertraut er auf sich und sein Vermögen. Aber woher hat er das Vermögen? Von Gott, vom Vater – das hat er vergessen!

Wenn aber unter dieser Sichtweise der jüngere der ältere Sohn ist und umgekehrt – was passiert dann zwischen beiden?
Das Gespräch des älteren Sohnes mit dem Vater zeigt: Der ältere Sohn sieht nicht den jüngeren Sohn in sich. Er sieht nicht, dass er davon gelaufen ist. Seine „Sünde", sein Abfallen vom Vater projiziert er auf andere Menschen. Seinen Balken im eigenen Auge sieht er als Splitter im Auge des anderen. Er sieht nicht, dass er den Vater auch verlassen hat, dass er auch der verlorene Sohn ist. Und er kann dem anderen nicht verzeihen, weil er diese Projektion nicht erkennt. Er muss seinen jüngeren Bruder ablehnen und beschimpfen, weil er diese Seite in sich nicht wahrhaben will. Wenn er erkennt, dass er auch auf Abstand zum Vater ging, dass er auch nicht mehr aus der Güte des Vaters lebte, dann kann er auch dem anderen verzeihen – und beim Fest mitfeiern. Der ältere Bruder erkennt nicht mehr, dass er in der Güte des Vaters lebt. Beleidigt glaubt er, dass er nicht einmal einen Ziegenbock bekommt.

Es ist die Illusion des Menschen: Wir denken, wir könnten von Gott weggehen, wir können es alleine schaffen (jüngere Sohn)! Wir denken, wir seien nicht mehr von Gott geliebt, in Gott beheimatet (älterer Sohn)! Wir denken, wir müssten etwas tun, um zu Gott zu kommen (älterer Sohn will durch Arbeit dem Vater gefallen)! Wir denken, wir könnten nichts tun, um zu Gott zu kommen, der Graben ist zu groß (jüngerer Sohn glaubt, er könne nur noch als Tagelöhner beim Vater arbeiten)! Das ist alles die gleiche Illusion: Die Illusion nicht in der Liebe und Gegenwart Gottes zu sein!

Beide Söhne übersehen, dass sie immer in Gott sind.
Dazu gehört eine weitere Verzerrung: Der ältere Sohn übersieht die Fülle und denkt vom Mangel aus – nicht einmal einen Ziegenbock bekomme ich! Und der jüngere Sohn merkt, dass er das Vermögen aufbraucht, wenn er nur auf sich baut,

wenn er es alleine schaffen will. Er bekommt die Fülle neu geschenkt, weil er die Ohnmacht und Leere durchlitten hat!
Wir sind somit alle der jüngere und der ältere Sohn in einem. Manchmal zeigen wir mehr die eine Seite, dann wieder die andere. Wir urteilen über andere und halten uns für richtig und übersehen unsere Schattenseiten und Verzerrungen wie der ältere Sohn. Oder wir gehen Irrwege und Umwege wie der jüngere Sohn und durchleiden unsere Ohnmacht und wenden uns wieder Gott zu.
Und dann zeigt sich: Die Rückkehr zum Vater kann in einem Menschenleben öfters geschehen, in verschiedenen Variationen. Und immer wieder lernen wir etwas hinzu.
Immer wieder urteilen wir über andere, halten uns für richtig... Wenn wir selbstkritisch uns anschauen, merken wir auch unsere eigenen Irrwege und Umwege – und lernen durch Gottes Güte wieder dazu!
Dieser Prozess ist auf geheimnisvolle Weise für jeden Menschen notwendig. Jeder Mensch ist auf unterschiedliche Weise jüngerer Sohn und älterer Sohn!
Ist das nicht tragisch? Warum müssen Menschen Umwege und Irrwege gehen, um zu lernen und um zu erkennen, dass sie immer in der Liebe Gottes sind?
Warum müssen Menschen ihre eigenen Umwege und Irrwege verdrängen und projizieren sie auf andere, verurteilen sie und lehnen sie ab?
Das ist das Geheimnis der Freiheit und des Mitmenschen!
Nur der Mitmensch, den ich verurteile, hilft mir zu zeigen, dass auch ich wie der jüngere Bruder Umwege gehe. Er hilft mir, dazu zu lernen. Wir lernen voneinander. Nur durch die Mitmenschen erkennen wir durch Umwege: Ich bin jüngerer und älterer Sohn in einem.
Und der Vater nimmt beide in bedingungsloser Liebe in seine Arme. In seinen Armen dürfen beide heil werden und sich miteinander versöhnen!

25. Sonntag im Jahreskreis: Untreuer Verwalter und Demokratie

Lk 16, 1-13
Das Gleichnis vom untreuen Verwalter ist eines der seltsamsten Gleichnisse Jesu. Und man kann sich fragen, was Jesus uns damit als Christen sagen will.
Ich will aber heute ein anderes Gedankenexperiment mit Ihnen durchgehen mit der Frage: Was würde mit dem Verwalter in einer modernen funktionierenden Demokratie geschehen? Der reiche Mann könnte ihn wegen Betrug anzeigen. Der Verwalter würde vor ein ordentliches Gericht gestellt. Er könnte sich einen Anwalt nehmen, der ihn verteidigen würde. Vielleicht würde sich herausstellen, dass er nur die eigene Provision gestrichen hat. Dann wäre sein Handeln ja legal gewesen, weil er nur auf seinen eigenen Gewinn verzichtet hätte. Die Richter müssten genau den Fall untersuchen und begründet nach den Gesetzen, die durch demokratische Prozesse beschlossen wurden, entscheiden.
Die Gesetze dürfen die Richter aber nicht sich selber geben. Die modernen Demokratien sind auf eine Gewaltenteilung aufgebaut, so dass die drei Mächte im Staat sich gegenseitig ergänzen und kontrollieren und dass keine Macht überhandnimmt: Das Parlament erlässt Gesetze. Die Regierung führt aus. Die Richter entscheiden nach Gesetzen. Und über all dem gibt es einen Maßstab, den sich die Nation einmal gegeben hat. Z. B. das Grundgesetz mit seinen Werten der Menschenrechte. Gemessen an diesem Maßstab kann das Verfassungsgericht Korrekturen vornehmen.
Wenn jedoch unser Verwalter in einem undemokratischen Land lebt, in dem Korruption üblich ist? Dann wird er wahrscheinlich mit seinem Verhalten durchkommen. Er wird sich vielleicht durch seine Schuldenreduzierungsaktion

jemand anderes gewogen gemacht haben, der ihn dann einstellt oder beschützt oder fördert. **Demokratie lohnt sich also nicht für einen untreuen Verwalter.** Aber alle Demokratie funktioniert nur, wenn Menschen die demokratischen Prozesse beleben. D. h. in einer Zivilgesellschaft mit ihren Vereinen, Parteien, Kirchen, Bewegungen, Universitäten, Medien usw. werden Fragen diskutiert, Entscheidungen gefällt und ausgeführt. Und idealerweise wird in einer Demokratie fair und tolerant diskutiert und gestritten. Wenn eine Kommune ein fragwürdiges Projekt plant, kann eine Bürgerbewegung ein Volksbegehren anstreben. Die Zeitungen werden die Diskussionen der Öffentlichkeit vorlegen. Und wenn jemand über die Stränge schlägt, wie z. B. unser Verwalter, dann gibt es jemand anderes, der sich beschwert.

Wenn eine Demokratie mit ihren gegenseitig sich korrigierenden Mächten und Prozessen funktioniert, dann werden die Menschen als verantwortliche Politiker und Staatslenker gewählt, die – wie Jesus sagt – auch in kleinsten Dingen zuverlässig sind: Also kompetente Menschen, die wohlbesonnen die schwierigen Herausforderungen der Politik anpacken.

Es ist wieder wichtig geworden, diese Idealvorstellung unserer Demokratien wach zu rufen. Gerade in Deutschland dürfen wir Christen dankbar auf Konrad Adenauer schauen, der als Katholik und aus der katholischen Soziallehre heraus Deutschland demokratisch und freiheitlich mit anderen mehrheitlich christlichen Politikern aufgebaut hat.

Natürlich gibt es bessere und schlechtere Politiker und eine Demokratie läuft nie optimal. Kompromisse, Risiken, langwierige Entscheidungsprozesse, Skylla-Charybdis-Situationen machen die demokratische Politik zu einem der schwersten Aufgaben in der Menschheitsfamilie.

Jedoch sollten wir wieder neu, gerade als Christen und Katholiken, für Demokratie und ihre freiheitlichen Werte einstehen und kämpfen. Denn in vielen Ländern werden entweder Teile der freiheitlichen, demokratischen Staatsordnungen oder sogar das ganze demokratische System bekämpft, zerstört, abgeschafft.
Viele haben in unsicheren Zeiten den Wunsch nach klarer Führung, nach einer durchgreifenden Hand. Und so denken sich manche: Vielleicht ein bisschen mehr Diktatur würde in diesen Zeiten uns weiter helfen. Viktor Orbán betont sogar: Allgemeines Wahlrecht und Bürgerfreiheit müssen nicht Hand in Hand gehen. Er kann sich auf Carl Schmitt berufen, der behauptete: Demokratie und Diktatur müssen nicht im Widerspruch stehen, solange die Legitimität durch Abstimmungen erzeugt sei. „Sein politisches Ideal war die Identität von Führern und Geführten."[51]
Wir sollten uns vehement gegen solche Versuchungen wehren und die Position von Schmitts Gegenspieler stark machen: Hans Kelsen leitete die Demokratie aus dem Freiheitsprinzip ab. Die bürgerlichen Freiheiten sind Fundament der Demokratie, keine Zugabe. Wer sie beseitigt, zerstört den Grund, auf dem das Haus Demokratie steht. Denn zur Demokratie gehört, dass sie im Vergleich zu allen anderen politischen Systemen die Zahl derjenigen Bürger am kleinsten hält, die durch politische Entscheidungen eingeschränkt werden. Und eine gute Demokratie versucht auch diese Minderheiten zu schützen.
Wir gestalten Demokratie „Die Schwäche der Demokratie, dass sie praktisch nur in den Köpfen der Menschen existiert, ist auch ihre Stärke." Schrieb Gero von Radow in der ZEIT. Jeder von uns kann an seinem Platz, von Stammtischgesprächen bis zur Mitarbeit in einer Partei, sich darum bemühen unsere demokratische Ordnung zu stärken: die Menschenrechte, die Bürgerrechte, die Gewaltenteilung,

die soziale Marktwirtschaft, die Toleranz, die lebendige Zivilgesellschaft, unseren Rechtsstaat. Dafür gilt es wieder, mehr zu diskutieren, „mehr Debatten ohne Hass, Toleranz ohne Naivität, Fakten kennen, Lügen von Wahrheit unterscheiden."[52] Ein untreuer Verwalter kommt nur in einer Gesellschaft durch, die ihm erlaubt zu betrügen. Wir müssen immer neu beginnen, eine Demokratie lebendig zu erhalten oder wieder neu zu beleben, in der Betrug, Intoleranz und Unfreiheit wenig Nährboden findet! Damit wir als Kinder des Lichtes klug diese Welt gestalten können! **Demokratie muss immer neu gelebt und belebt werden, weil sie selbst eine Quadratur des Kreises ist.** Sie versucht verschiedene Werte gleichzeitig zu verwirklichen, die sich aneinander reiben: z. B. Freiheit versus Gleichheit. „Gleichheit lässt sich nur erreichen, wenn die Freiheit der Bessergestellten beschnitten wird. Und wenn jeder unbegrenzte Freiheit hat, dann geht das auf Kosten der Gleichheit. Die gesamte politische Geschichte seit 1789 lässt sich als der Versuch verstehen, diesen Widerspruch aufzulösen."[53] Oder verschiedene Verständnisse von Gerechtigkeit ringen miteinander. Usw. Nach dem Philosophen Zizek besteht die Versuchung der nationalen Parteien darin, die Gesellschaft in einen abgeschlossenen Körper zu verwandeln, in der jedes Individuum seinen festen Platz hat. Die Nation als harmonischer Körper, in dem die Teile gemeinschaftlich zusammenarbeiten. Das ist aber nicht Demokratie. Damit gehen sie dem schwierigen Geschäft der immerwährenden Quadratur des Kreises aus dem Weg. Wenn die nationalen Parteien Sündenböcke suchen, die Flüchtlinge, die Ausländer usw. – dann verdrängen sie, dass sie eigentlich wissen, dass sie nicht halten können, was sie versprechen: eine homogene Totalität![54]

Deswegen gilt für uns Christen heute auch eine Abwandlung von Jesu Wort:
Kein Bürger kann zwei Staatssystemen dienen: Der Demokratie und der Diktatur!

26. Sonntag im Jahreskreis: Soziale Ungerechtigkeit

Am 6, 1a.4-7 und Lk 16, 19-31
Ungerechtigkeit ist Gott ein Greuel. Amos, Jesus, die katholische Soziallehre prangern unmäßigen Reichtum und Ausbeutung der Armen an.
Die soziale Ungerechtigkeit, die große Schere zwischen Arm und Reich ist auch heute noch ein Übel, das zum Himmel schreit wie Lazarus im Evangelium
Ein Arbeiter in der Kupfermine in Nordwest-Sambia verdient 14 € am Tag. Er merkt nichts davon, wenn der Aktienkurs des Bergbauunternehmens sich verfünffacht. Die Europäische Zentralbank schaffte nach der Finanzkrise 2009 neues Geld, damit die Banken wieder mehr Geld an Unternehmen verleihen. Aber eine gute Firma wie die MTK-Gießerei musste trotzdem Insolvenz anmelden, weil die Hausbanken nicht bereit waren, neue Kredite zu gewähren, um die Krise zu überbrücken. Mehr Geld gab es bei Spekulationen auf dem Rohstoffmarkt ja zu verdienen.
Superreiche gehen zwar in Spitzenrestaurants essen mit Weinen für 300 € pro Flasche. Aber sie haben zu viel Geld. Das meiste Geld von ihnen kurbelt den Konsum und die Wirtschaft nicht an. Wer springt ein, um den Konsum anzutreiben? Der Staat. Eine weitere Kluft entsteht: Die Kluft zwischen privatem Reichtum und öffentlicher Armut. Vorzeichen der öffentlichen Armut sind geschlossene Schwimmbäder, marode Schulen, Budgetkürzungen bei Theatern.
Zusammengehörigkeit Die hauptsächliche Sünde, die durchgehende Illusion für dieses ganze Dilemma ist bei Paulus beschrieben: Wenn der Fuß sagt: Ich bin keine Hand, ich gehöre nicht zum Leib!, so gehört er doch zum Leib. Wenn

darum ein Glied leidet, leiden alle Glieder mit. Ein Superreicher hat nicht nur einfach Geld. Die Marktwirtschaft ist ein System. Und genauso wie im Körper die einzelnen Glieder zusammenhängen und einander brauchen, so ist es auch in der Marktwirtschaft.

So schreibt Paul VI. in seiner Enzyklika über Entwicklung und Frieden: Das höchste Ziel ist, dass die geschaffenen Güter allen Menschen angemessen zugutekommen. Das Recht auf Eigentum und auf freien Handel soll diesem Ziel dienen und dies unterstützen.

Privateigentum ist deswegen kein höchstes Recht und niemandem ist es erlaubt, Güter, die er im Überfluss hat, einzig zu privaten Zwecken in Beschlag zu nehmen, während andere lebensnotwendige Dinge entbehren.[55]

Hier hat Paul VI. die Gedanken von Paulus direkt auf die Wirtschaft übertragen. Aus Vernetzung und Zusammengehörigkeit leitet sich Verantwortung für das Ganze ab und Solidarität mit den Schwächeren!

Gerechtigkeit Ein zweites: Bei vielen sozialen und wirtschaftlichen Fragen stellt man die Frage nach Gerechtigkeit: Was ist gerecht?

Ist gerecht, wenn alle das gleiche bekommen? Das ist die kommunistische Ideologie. Die katholische Soziallehre hat sich immer dagegen gewendet.

Ist gerecht, wenn ich mit dem Geld, dass ich verdient habe, machen darf, was ich will? Und es ist egal, wie ich das Geld verdient habe - vorausgesetzt es war legal. Denn Leistung muss sich lohnen! Das ist die rein kapitalistische Vorstellung. Auch gegen diese Position hat sich die katholische Soziallehre gewendet. Denn was ist mit den Behinderten, den Kranken, den Arbeitslosen, die gerne arbeiten möchten, aber keine Arbeit finden?

Der amerikanische Philosoph John Rawls hat in den siebziger Jahren des letzten Jahrhunderts eine neue philosophische Theorie von Gerechtigkeit entwickelt.

Er beginnt mit einem Gedankenexperiment: Stellen Sie sich einen Hohen Rat vor, der für eine zukünftige Gesellschaft Gesetze und Spielregeln entwerfen soll. Nach der gemeinsamen Festsetzung der Spielregeln sterben die Mitglieder des Hohen Rates und werden wiedergeboren. Sie wissen aber in der Entscheidungssituation nicht, als was sie wiedergeboren werden: als Mann oder Frau, als gesund oder behindert, als weiß oder schwarz, als intelligent oder wenig begabt.

Deswegen werden sie bei ihrem Regelwerk an alle denken. Sie werden gerecht entscheiden, auch wenn sie egoistisch motiviert sind. Denn sie können ja in die Position eines jeden hineinkommen. Sie könnten ja auch als einer der Schwächsten, als ein Lazarus wiedergeboren werden. Nach Rawls wird sich der Rat auf zwei Regeln einigen:

1. Freiheitsrechte für alle und alle Bürger sind gleichgestellt, Chancengleichheit und fairer Wettbewerb.
2. Differenzprinzip: Es darf Reichere und Ärmere geben. Eine Marktwirtschaft funktioniert nur, wenn der Geschicktere auch mehr Gewinn haben kann. Aber insgesamt muss das System so sozial gestaltet werden, dass die „Aussichten der am wenigsten Glücklichen so gut wie möglich gestaltet sind."[56]

Ein amerikanischer Philosoph, der den reinen Kapitalismus als nicht gerecht bezeichnet und die soziale Marktwirtschaft als den guten Versuch einer gerechten Gesellschaft anerkennt. Das ist doch bemerkenswert! Er betont: Die Orientierung am Ärmsten führt zur sozialen Marktwirtschaft. Sie ist für ihn am gerechtesten. Das trifft sich mit der katholischen Soziallehre. Das trifft sich auch mit dem Beispiel Jesu, der immer die Option für die Armen ergriffen hat.

Gefangen im System? Jedoch sollten wir ein Gegenargument aufgreifen: Kann man in diesem System überhaupt etwas verändern? Sind Banker nichts anderes als Monopoly-Spieler, die sich an die Regeln halten und ansonsten schauen sie nur, dass sie genügend Geld gewinnen? Oder sind sie durch das System gezwungen, sich so zu verhalten?
Interessanterweise sagte der Verwaltungsratschef der Großbank HSCB Stephen Green, Vorsitzender des britischen Bankenverbands und Laien-Prediger der anglikanischen Kirche: „Wir müssen unser Augenmerk auf eine im Kern moralische Frage richten: es scheint, als hätten wir akzeptiert, dass der Wert unseres Tuns voll und ganz durch Marktkräfte oder Vorschriften bestimmt wird. Dass Handeln schon als rechtmäßig gilt, wenn es den Regeln des Marktes oder den staatlichen Gesetzen folgt. In Wahrheit hängt der Wert unsere Geschäfte von den Werten ab, von denen wir uns leiten lassen, wenn wir unsere Geschäfte tätigen. Der Kapitalismus muss Wert und Werte zusammenbringen. Wir Aufsichtsräte, Manager und Aktionäre gleichermaßen, müssen erkennen, dass es um mehr geht, als sich zu nehmen, was man kriegen kann."[57]
Es gibt keinen totalen Systemzwang und ein Einzelner kann sich mehr durch den Wert „soziale Verantwortung" oder mehr durch die Untugend Geiz leiten lassen. Schon beim Einkauf beginnt es: Kaufen wir T-shirts, die in Bangladesch unter schlimmsten Umständen hergestellt wurden, oder suchen wir nach Kleidung, die fair gehandelt wurde?
Und gleichzeitig müssen die Spielregeln so verändert werden, dass Fehlentwicklungen stärker verhindert werden. Der Staat kann die Spielregeln in der Wirtschaft verändern. Wenn es neue Spielregeln gibt, werden die Spieler anders spielen. Man hat in der Vergangenheit die Spielregeln gelockert, jetzt muss man sie wieder strenger machen.

Zum Beispiel könnte man endlich die Tobin-Steuer einführen: eine Steuer auf jede Spekulation, auf jeden Kauf und Verkauf von Rohstoffen, Devisen, Aktien usw. Das würde das Tempo an den Börsen verringern und Geld in die knappen Kassen des Staates zurückfließen lassen.

Jedenfalls gilt auch heute immer noch: Wir Christen müssen Anwälte von Lazarus sein und uns für mehr Gerechtigkeit einsetzen!

27. Sonntag im Jahreskreis: Die Tugend Demut

Lk 17, 5-10
Wir als Sklaven? Das soll Frohe Botschaft sein? Das klingt befremdlich! Und doch gibt es Heilige, die diese Haltung betonen: zum Beispiel Mutter Theresa: Ich bin das Kabel, Gottes Gnade ist der Strom. Theresa von Avila: Wir zahlen ein, die Bilanz macht er.

Das Befreiende und Glückliche dieser Haltung begreifen wir, wenn wir das Gegenteil anschauen. Der stolze Fromme brüstet sich vor Gott: Ich habe so viele Verdienste. Ich habe so viel geleistet. Gott du musst mich doch belohnen. Wir werden stolze Fromme, wenn wir vergessen, wie viel Gott uns zuerst gegeben hat, wenn unser eigenes Ego Ruhm erreichen möchte.

Gottes Liebe will sich verströmen. Und sie fließt, wenn wir nicht stolz zu ihm kommen, sondern mit leeren Händen. Da gilt es das Ego aufzubrechen. Das macht Jesus mit dem drastischen Wort: Wir sind unnütze Sklaven. Als Knecht Gottes freue ich mich, dass Gott immer viel mehr gibt.

Wir sind unnütze Sklaven, wir haben nur unsere Schuldigkeit getan. Das ist auch Jesu Einladung zur Demut. Diese Haltung wird zurzeit wieder neu entdeckt.

Der Unternehmensberater Kristian Furch schrieb sogar ein Buch mit dem Titel **„Demut macht stark. 10 ungewöhnliche Denkanstöße. Führungserfolg ohne Angst und Selbstüberschätzung"**. Wie konnte dieser Begriff inzwischen so populär werden?

Früher galt Demut als Gegenbegriff zur Freiheit. Demut wurde eingeimpft. Das war eigentlich Demütigung von außen und schaffte Angst gegenüber Autoritäten. Diejenigen, die

Demut als Tugend predigten, benutzten dies oft, um andere zu demütigen und gefügig zu machen.
Heute erscheint Demut eher als sympathische Haltung gegenüber der Arroganz vieler Aufsteiger, die meinen, alles schaffen zu können. Demut ist aber auch für die modernen Menschen insgesamt heilsam. Die Grenzenlosigkeit der Moderne, in der alles möglich ist, wird als Überforderung erfahren. Ich muss heute alles machen: meine Karriere, mein Leben, meinen Erfolg usw. Demut lädt mich ein, mir zu erlauben, klein sein zu dürfen vor etwas Größerem.
So verstanden gehört Demut zu jeder authentischen Religion. Heute geht es um freiwillige Demut, die ich für mich als gesunde und wertvolle Lebenshaltung entdecke.
Demut ist dann: **1. Anerkennen, wie es ist.** Mich selbst akzeptieren mit meinen Stärken und Schwächen. Mich in ein Größeres Ganzes, in Gott verankert wissen.
2. Selbstdistanziert sein können, selbstkritisch sein können. Als Selbstreflexionsfähigkeit ist dann Demut eine Urtugend, die alle anderen Tugenden ermöglicht. Mit demütiger Selbstkritik bin ich fähig, dazu zu lernen!
Demut erleben viele Menschen besonders bei einem Grenzerlebnis. Der erhabene Blick auf die Berge, das neugeborene Kind im Arm. Da erkennen wir: Ich kleiner Mensch füge mich ins große Ganze ein. Meine kleinen Probleme verblassen.
Kristian Furch erklärt, dass wir diese Metatugend Demut als Fähigkeit zur Selbstannahme und zur Selbstkritik nur durch eine besondere **Verankerung in Gott** erreichen können. Ist dein Haus auf Stein oder auf Sand gebaut? Wenn ich meinen Selbstwert aus eigener Leistungsfähigkeit und Erfolg erreichen will, muss ich ständig mich mühen. Kristian Furch empfiehlt dagegen, den Selbstwert auf Gott zu bauen: Ich bin von Gott geliebt. Ohne Leistung. Deswegen kann ich mich lieben, was auch geschieht. Meine Wertquelle ist dann

unabhängig vom Auf und Ab des Lebens, das Haus ist auf Stein gebaut.
Dann wird gesunde Demut möglich. Jeder kann z. B. in einer Firma seine Fähigkeit zur passenden Zeit einbringen und zu einer anderen Zeit einem anderen bescheiden den Vortritt lassen: Mal kann in einem Unternehmen der Willensstarke seine schnelle Entscheidungsfähigkeit einbringen. Mal kann der Teamstarke seine Kompetenzen einbringen. Und im mitmenschlichen Kontakt kann ich freimütiger geben und dankbarer annehmen, gerade weil ich nicht total abhängig bin vom Geben-Nehmen-Kreislauf.
Zur Demut gehört auch, dass wir bereit sind, unsere Lebensaufgabe als Berufung zu verstehen. Die Navaro-Indianer sagten: Jeder hat sein eigenes Lied. Im Leben gilt es anhand meiner Charismen zu erkennen, was meine Berufung ist und meinem Lebenslied demütig zuzustimmen. Es ist ein dynamisches Lied, das immer neu im Fluss des Lebens sich variieren kann. Lauschen wir dem eigenen Lied, das in mir der Heilige Geist singt, demütig – dann werden wir glückliche Knechte Gottes.

28. Sonntag im Jahreskreis: Ein schöner und erhabener Gottesdienst

Lk 17, 11-19

Sie kennen alle sicher dein Eindruck: Das war ein schöner Gottesdienst. Erfüllt und freudig geht man aus der Kirche. Aber was bedeutet es, wenn man sagt: „Das war ein schöner Gottesdienst!"? Und soll ein Gottesdienst überhaupt schön sein?

Ich möchte heute die Gelegenheit ergreifen, einige Gedanken zum Wesen des Gottesdienstes zu formulieren. Dafür möchte ich drei Wörter aufgreifen, die wir alle benutzen, um Dinge, Menschen oder Ereignisse zu beschreiben: angenehm, schön und erhaben.

Angenehm oder schön? Wir sagen zum Beispiel: Ein gutes kühles Bier ist angenehm, besonders bei einem schönen Sommerabend. Oder: Diese Schuhe sind zum Laufen sehr angenehm. Wir sagen aber: Diese Blume oder diese Landschaft ist schön. Oder diese Musik oder dieser Mensch ist schön.

Wir haben intuitiv ein gutes Gespür dafür, wann wir etwas als angenehm oder wann wir etwas als schön bezeichnen. Gerade einen Gottesdienst würden wir wohl nicht als angenehm bezeichnen sondern höchstens als schön. Aber es ist gar nicht so einfach, genau auszudrücken, was der Unterschied zwischen angenehm und schön ist. Beim Angenehmen ist jedenfalls meistens ein Eigeninteresse, ein Eigennutzen dabei. Etwas Schönes dagegen wirkt auf uns, ohne dass wir es für unsere eigenen Interessen einspannen. Ein guter Schuh nützt mir zum Laufen, aber eine schöne Blume nützt mir eigentlich nichts.

Wenn wir jedoch etwas Schönes wahrnehmen, können wir etwas bemerken: Wir werden von dem Nützlichkeitsdenken und dem Eigeninteresse herausgeführt in einem Bereich, in dem wir absichtslos sind. Das Schöne kann uns aus unserem Egozentrismus heraus führen. Wir können anfangen, über etwas Schönes zu staunen. Und wer staunt, vergisst sich selbst und seine Sorgen und ist ganz absichtslos. Außerdem erspürt er im Schönen eine Harmonie, die irgendwie anwesend ist.

Schöner Gottesdienst Genau dasselbe kann uns mit einem schönen Gottesdienst passieren - und dann kommen wir, glaube ich, dem Wesen des Gottesdienstes sehr nahe. Denn es geht im Gottesdienst nicht darum, dass der Gottesdienst mir nützt. Vielmehr soll mich der Gottesdienst in eine andere Haltung versetzen, die ich auf verschiedene Weise ausdrücken möchte:
- Staunen über die Schönheit und die Größe Gottes!
- Absichtslos für Gott da sein und ihn loben und ihm dienen!
- Gott diese Zeit des Gebetes schenken!
- Mit der Aufmerksamkeit bei Gott sein!

Dann kann ich folgende Erfahrung machen: Gerade, wenn ich meinen Blick im Gottesdienst wirklich auf Gott selbst richte, und mich nicht frage, was der Gottesdienst mir eigentlich nützt, kann Gottes Gnade in mir wirksam werden und mich verändern.

Fazit: Ein Gottesdienst soll nicht angenehm sein sondern schön. Aber soll ein Gottesdienst nicht auch etwas Erhabenes an sich haben?

Erhaben Das Wort erhaben ist für uns nicht mehr so geläufig wie angenehm und schön. Leider! Denn es bezeichnet eine ganz wichtige menschliche Erfahrung. Wenn ich zum Beispiel auf einem Berg stehe und die faszinierende Aussicht bewundere, wenn ich mit meinem Verstand und meiner Vorstellungskraft das Imposante der Bergwelt nicht mehr fassen kann, dann erfahre ich etwas Erhabenes. Das Erhabene kann auch erschreckend sein. Jedenfalls übersteigt das Erhabene die Grenzen von mir selbst. Ich spüre, dass es etwas

Größeres gibt als mich selbst, wenn ich etwas Erhabenes erfahre. Nach dem Gesagten ist klar: Jede Erfahrung von Gott, in welcher Weise auch immer, hat immer etwas Erhabenes an sich. Und somit sollte ein Gottesdienst die Möglichkeit bieten, dass wir in ihm etwas Erhabenes erfahren können.
Zwei inhaltliche Punkte unseres Gottesdienstes sind besonders erhaben:
- Es ist wahrlich erhaben, wenn ein Mensch für seine Freunde stirbt. Und genau das feiern wir in jedem Gottesdienst: Jesus ist für seine Freunde und für uns gestorben.
- Es ist wahrlich erhaben, wenn sich zeigt, dass unser vergängliches Leben einen Ewigkeitswert hat, wenn mit dem Tod nicht alles Schluss ist. Und genau das feiern wir in jedem Gottesdienst: Jesus ist von seinem Vater auferweckt worden.
Eucharistie All das Gesagte macht auch verständlich, warum wir den Gottesdienst Eucharistie nennen. „eu" heißt im griechischen gut, „charis" bedeutet Geschenk, Gunst. Das griechische Verb „eucharistein" kann man übersetzen mit: sich reich beschenkt dankend verhalten. eucharistia heißt somit Danksagung.
Das Schöne und das Erhabene eines jeden Gottesdienstes laden uns automatisch dazu ein, sich reich beschenkt zu fühlen und mit Dank darauf zu antworten. Der Gottesdienst ist der Ort, an dem wir eingeladen werden, wie der geheilte Aussätzige umzukehren und Jesus zu danken. Deswegen beginnen die Anfangsgebete beim Hochgebet mit den Worten: In Wahrheit ist es würdig und recht, dir, Vater, zu danken!
Dass das Danken nicht selbstverständlich ist, sogar noch nie selbstverständlich war, zeigt uns das heutige Evangelium. Gleichzeitig wird durch dieses Evangelium deutlich, dass Danken eine wichtige Dimension des Glaubens ist. Wenn ich Gott danke, dann öffne ich mich innerlich für die Schönheit und Erhabenheit Gottes und seiner Schöpfung. Ich werde

empfänglich für sie und Gottes Kraft wird durch das Danken lebendiger in mir. Und ebenso gilt umgekehrt: Auf die Schönheit und Erhabenheit unseres Gottes können wir nur mit Dankbarkeit antworten![58]

29. Sonntag im Jahreskreis: Beten mit erhobenen Händen

Ex 17, 8-13
„Solange Mose seine Hand erhoben hielt, war Israel stärker; sooft er aber die Hand sinken ließ, war Ámalek stärker." Ex 17,11. Kommt hier ein magisches Denken durch, das wir schnell ad acta legen können, oder gibt uns die Geschichte doch eine wertvolle Anregung?
Mit erhobenen Händen zu beten ist ja nicht ungewöhnlich in der katholischen Kirche. Der Priester erhebt bei Gebeten, beim Hochgebet und beim Vaterunser die Hände. Und manche Gläubige schließen sich im Vaterunser ihm an und nehmen die sogenannte Orantenhaltung ein. In der antiken Kirche war diese Handhaltung bei allen Gläubigen verbreitet. Unser heutiger Lesungstext ist für mich eine Einladung, sich wieder eine alte katholische Weisheit bewusst zu machen: Geist und Körper gehören zusammen und deswegen beten wir mit Körper UND Geist. Eine bewusste Körperhaltung unterstützt bewusstes Beten im Geist.
Mit dem Körper beten Wir wechseln mit Stehen, Sitzen und Knien im Gottesdienst ab, bekreuzigen uns mit der Hand, wir gehen auf Wallfahrten und legen dabei zu Fuß manchmal richtig lange Wege zurück. Aber auch wenn wir in unserer katholischen Kultur genügend Traditionen haben, die Körper und Geist beim Beten verbinden, so ist es doch wichtig, diese sich bewusst zu machen, sie wiederzubeleben oder neue Formen der Verbindung von Körper und Geist beim Beten zu finden.
Körper und Geist Zuerst zum Bewusstmachen: Wir sind ja als moderne Menschen gefährdet, dem Philosophen Descartes zu folgen und Geist und Körper zu trennen. Im Geist bete ich

zu Gott, meine Gedanken und Worte führen mich zu Gott, und mein Körper ... das ist eine andere Welt.

(Nur als Anmerkung, manchmal ist diese Trennung von Körper und Geist mit einer anderen Trennung verbunden: Sonntag und Werktage, Gottesdienst und weltlicher Alltag. Dort bin ich fromm für Gott und da muss ich mich durchkämpfen ... das ist eine andere Welt.)

Nein es ist nur eine Welt, in der Gott gegenwärtig ist: in Materie und Geist! Wir sollten uns hier vielmehr an die Logik des Konzils von Chalcedon erinnern. Körper und Geist gehören „ungetrennt und unvermischt" zueinander. Und deswegen gibt es zwischen beiden immer Wechselwirkungen, in beide Richtungen.

Viele suchen heutzutage genau in dieser Richtung: Eine psychosomatische Medizin spürt den Wechselwirkungen zwischen Körper und Seele nach, weil nur so viele Krankheiten geheilt werden können. Christliche Exerzitien nehmen Yogaübungen, Qigong oder Eurythmie mit in den Tagesablauf auf, weil die Sensibilisierung für den Körper auch die Wachheit des Geistes fördert.

Der Schöpfergeist Gottes durchwirkt die Schöpfung. Warum soll er dann nicht auch erfahrbar und erahnbar sein, wenn ich Lebendigkeit und Wachheit in meinem Körper spüre? Die Chinesen drücken diese Erfahrung so aus: Das Qi, die Lebensenergie fließt in mir und das kann ich durch Übungen und Aufmerksamkeit spüren.

Hände Die Hände sind außerdem etwas Besonderes! Mose erhob seine Hände, um mit Gott in Verbindung zu bleiben. Jesus berührte mit seinen Händen die Kranken, um sie zu heilen. Er segnete die Kinder mit seinen Händen. In der christlichen Malerei sind die Handflächen des Gekreuzigten mit Nägeln durchbohrt. Eigentlich wurden die Nägel vor dem Handgelenksknochen in den Unterarm gesetzt. Nur ein Knochen kann das Gewicht des Körpers aushalten. Aber die

Maler wussten darum, dass die Handinnenflächen etwas Besonderes sind. In sie hinein zu spüren, fördert die innere Sammlung.

Mit den Händen beten Nach dem Bewusstmachen gilt es, die Verbindung zwischen Geist und Körper wieder zu beleben und zu pflegen. Dabei können wir es Mose gleich tun: In einer ruhigen Stunde schließen Sie die Augen und heben Sie die Hände. Die Handflächen schauen aufeinander und sind auf Herzhöhe. Spüren Sie in die Hände, in die Handinnenfläche. Spüren Sie in den Zwischenraum zwischen den Handinnenfläche. Machen Sie sich bewusst, dass Ihre Hände auf Herzhöhe sind und nehmen Sie auch Ihre Brust wahr. Dabei können Sie auch auf Ihren Atem achten. Verweilen Sie in Ihren Händen und dem Zwischenraum. Vielleicht nehmen Sie den leeren Raum zwischen den Händen bewusster wahr, oder eine gewisse Sammlung oder Wärme in den Handinnenflächen oder einen ruhigen Atem oder eine innere Stille… Wenn Gedanken kommen, legen Sie sie sanft zur Seite. Das, was Sie jetzt spüren, ist jetzt da, jetzt wirklich – warum sich in die Gedankenwelt verlieren?!

Sie können dann ein Gebet sprechen: Ein Vaterunser zum Beispiel. Oder: Jesus Christus, erbarme Dich meiner. Oder den Namen Jesu meditieren: Jesus beim Ausatmen und beim Einatmen in die Stille und in die Hände lauschen.

Heute beim Gottesdienst möchte ich Sie einladen, die Hände während des Vaterunsers zu erheben. Zuerst erheben wir bewusst und langsam die Hände und spüren in sie hinein und beten dann gemeinsam zu unserem Vater mit den Worten Jesu.

Ein berühmter Satz von Karl Rahner lautet: „Der Fromme von morgen wird ein „Mystiker" sein, einer, der etwas „erfahren" hat, oder er wird nicht mehr sein."[59] Gott wurde Mensch und heiligte damit den Körper. Der Körper ist nach Paulus Tempel des Heiligen Geistes. Deswegen wird der Fromme von morgen nur dann einer sein, der etwas erfährt, wenn er achtsam mit seinem Körper umgeht, wenn er auch seinen Körper als Ort entdeckt, um die Gegenwart Gottes im Hier und Jetzt zu erleben und aus ihr zu leben.

30. Sonntag im Jahreskreis: Falsche Vorstellungen von der Beziehung zu Gott

Lk 18, 9-14
Was macht der Pharisäer in seinem Denken falsch?
1. Unser Pharisäer aus dem Evangelium hat erst einmal eine falsche Vorstellung von der Beziehung zu Gott. Er möchte sich quasi als Musterschüler hinstellen und gelobt werden. „Ich habe alles richtig gemacht." Und er möchte vom Lehrer die 1 mit Stern. Er versteht die Beziehung zu Gott gleich einem Lehrer-Schüler-Verhältnis. Aber das ist keine Liebesbeziehung. Gott sagt: Ich liebe dich bedingungslos. Gott vergibt keine Noten.
2. Unser Pharisäer hat außerdem eine falsche Vorstellung davon, wie wir vor Gott treten, was wir mitbringen sollen. Wir kommen mit leeren Händen zu Gott. Alles ist Gnade. Alle großen Heiligen merken, dass sie aus eigener Kraft nichts können. Der Zöllner dagegen hatte seine Irrwege durchlebt, er stellt sich mit seiner ganzen Ohnmacht vor Gott, er kommt mit leeren Händen in die Synagoge und ist deswegen offen für die Gnade.
3. Ein negatives Gefühl einem anderen gegenüber sagt oft etwas über uns aus. Zum Beispiel ziehen aggressive Menschen Streit mit Aggressionen an. Wir hören dann häufig: „Er hat angefangen. Er ist aggressiv." Aber wenn Sie bei einem aggressiven Menschen in seinem Auto mitfahren, können Sie folgendes erleben. Plötzlich sind viel mehr aggressive Mitfahrer auf den Straßen, als wenn Sie mit einem gelassenen Menschen auf der Autobahn fahren. Das ist quasi das Gesetz der Resonanz zwischen Menschen. Aggressive Menschen z. B. bringen die potentielle Aggressivität beim anderen auch ins Schwingen.

Somit sagt die Ablehnung des Pharisäers auch etwas über ihn aus. Er fühlt sich getrennt vom Zöllner. Er fühlt sich ihm überlegen. Er meint, seine Gerechtigkeit vor Gott hätte mit dem Zöllner nichts zu tun.

Aber wir Menschen sind tiefer miteinander verbunden, als wir denken. Der Pharisäer stellt sich den Weg zu Gott als Einzelsportkampf vor und er möchte auf den ersten Platz, er möchte die Goldmedaille gewinnen. Aber vielleicht ist es wirklich so, dass die Erlösung der ganzen Welt, der ganzen Menschheit auch eng mit der totalen Erlösung jedes einzelnen zusammenhängt. Dann ist der Weg zu Gott eben kein Einzelsportkampf sondern eher ein kooperatives Abenteuerspiel. Dann ist die endgültige Erlösung im Himmelreich erreicht, wenn kein Frommer mehr sich empört, dass Gott auch diesen oder jenen geläutert hat.

Natürlich stehen wir immer auch als einzelne mit unserer ureigenen Verantwortung vor Gott. Aber sind wir ehrlich: Einer der häufigsten Sünden ist doch die, dass wir zu wenig Liebe schenken, dass uns zu wenig bewusst ist, dass der andere eben auch ein Mensch ist, und ich deswegen zu wenig Mitgefühl hatte.

Sünde kommt von Absonderung: Die falschen Vorstellungen trennen den Pharisäer von Gott, vom Mitmenschen und von sich selbst.

Der Zöllner ist ehrlich zu sich selbst und zu Gott. Er verschönert nichts. Er übertüncht nichts. Deswegen ist er nicht von sich selbst getrennt, deswegen kann er über die Reue wieder zu Gott finden.

Das Evangelium provoziert mich und stellt mir Fragen: Wie spreche ich das Schuldbekenntnis oder das Kyrie? Wie gehe ich vor zur Kommunion? Mehr in der Haltung des Pharisäers oder mehr in der Haltung des Zöllners?

Vielleicht hat zeitweise die Kirche dieses Evangelium zu wenig wirklich verstanden als freudige Einladung. Wer zur

Kommunion gehen will, soll vorher beichten. Das war noch vor 40 oder 50 Jahren die übliche Praxis. Was steht dahinter? Vielleicht folgendes Denken: Du bist wie der Zöllner, du hast viel falsch gemacht! Du bist von Dir selbst entfernt, mit Dir selbst in Unfrieden! Mach Dir das bewusst! – Dieses Bewusstmachen ist wertvoll. Und das Sakrament der Versöhnung wird heutzutage leider viel zu selten empfangen. Aber warum kurz vor dem Kommunionempfang beichten? Damit man rein und würdig vor Jesus treten kann? Also sollen wir so wie der Pharisäer vor Gott treten und sagen können: Ich habe jetzt gebeichtet, siehe her Jesus, jetzt ist alles wieder rein. Jetzt kann ich Dich empfangen. Da ist doch durch die Hintertür das falsche Denken des Pharisäers in die Praxis der Kirche eingeflossen. Und vielleicht auch deswegen ist der positive Wert der Beichte als Fest der Rückkehr, als Fest der Heilung, durch das der Zöllner in uns Versöhnung mit Gott findet, verloren gegangen.

Wenn wir heute die Eucharistie feiern, dann wollen wir wie der Zöllner dankbar sein: Gott liebt uns bedingungslos, liebt uns trotz aller unserer Schwächen, schenkt uns seine Gnade, bewirkt alles in allem und zeigt uns, dass wir alle Schwestern und Brüder vor ihm sind.

31. Sonntag im Jahreskreis: Zachäus und der moderne Mensch

Lk 19, 1-10
Es gibt immer mehrere Wege, eine Bibelstelle für uns heute lebendig zu machen. Unsere Zachäus Geschichte ist schon von Lukas sehr ausführlich und schön erzählt worden. Deswegen finden wir sie auch in jeder Kinderbibel. Aber was kann sie uns heute sagen?

Zachäus – wie ein moderner Mensch Für mich hat der Zachäus Ähnlichkeiten mit vielen Menschen in der heutigen Zeit in Europa. Viele Menschen gehören nicht mehr zum engsten Kreis der Kirche. Sie gehen selten in die Kirche.

Aber aus irgendwelchen Gründen heraus schlummert in ihnen ein Interesse für Jesus und für den Glauben. Zachäus wollte gern sehen, wer dieser Jesus sei.

Dieses Interesse ist sicherlich meistens ein Gemisch von unterschiedlichen Gründen. Aber wenn die Sehnsucht nach Gott die tiefste Gabe des Heiligen Geistes ist, dann sollten wir davon ausgehen, dass bei diesem Interesse vielleicht auch etwas von echter Sehnsucht anwesend ist – oft ganz leise.

Und vielleicht plagt den modernen Menschen irgendetwas: ein Leid, Gewissensbisse, ein Trauma, ein Lebensdrama, Einsamkeit, Zerrissenheit, Sinnlosigkeit oder was auch immer.

Die Menge versperrt die Sicht Nun wollte Zachäus Jesus sehen, doch die Menschenenge versperrte ihm die Sicht. Ergeht es vielen modernen Menschen ähnlich? Vielleicht! Mag sein, dass einer sich in einen Gottesdienst in einer katholischen Kirche verirrt, doch keiner nimmt ihn wahr. Die Kerngemeinde ist so sehr mit sich selbst beschäftigt, dass keiner auf die Idee kommt, den neuen anzusprechen.

Oder es mag sein, dass er mitbekommt, wie auf einem Fest zwei Christen sich über alle möglichen Spezialfragen der Kirche unterhalten – er versteht nur Bahnhof und traut sich nicht, sich in das Gespräch einzuschalten.

Mag sein, dass er sich schämt: weil er nicht zur bürgerlichen Schicht gehört, oder er denkt, dass sein Lebensstil in der christlichen Gemeinde nicht akzeptiert wird.

Oder die Skandale um die katholische Kirche haben ihn wütend gemacht. Mag sein, dass viele moderne Menschen nicht genügend darüber informiert sind, um ein nüchternes Urteil zu fällen. Aber die Wut ist da. Die Enttäuschung ist ja verständlich und berechtigt, wenn die Kirche immer wieder auch ihrem Auftrag nicht mehr gerecht wird.

Halb dabei, halb mit Distanz Unser Zachäus in der Bibel gibt nicht auf. Er läuft voraus und steigt auf einen Maulbeerfeigenbaum.

Auf verschiedenste Weise geht bei vielen modernen Menschen die Suche weiter:

Vielleicht lesen sie einiges über Glauben, über Spiritualität, suchen auch in anderen Religionen, lesen etwas über Meditation.

Oder sie beginnen bei der Geburt ihres Kindes nachzudenken, ob sie es nicht doch taufen lassen sollen. Oder sie gehen halb aus Pflichtgefühl, halb aus Interesse zum ersten Elternabend der Erstkommunionsvorbereitung.

Halb dabei, halb mit Distanz – so wie Zachäus auf dem Baum.

Jesus sieht den Zachäus! Er übersieht ihn nicht! Jesus sagt zu ihm: Zachäus, komm schnell herunter! Denn ich muss heute in deinem Haus zu Gast sein!

Jesus ist aufmerksam! Jesus erkennt sofort das Interesse von Zachäus! Jesus erkennt sofort seine Not! Jesus stellt keine Bedingungen! Jesus lädt sich einfach bei Zachäus ein. Zachäus muss die Distanz nicht selbst überwinden. Jesus kommt zu ihm! Alles was zwischen ihm und Zachäus sein könnte, überspringt er einfach. Das ist so ungewöhnlich, so unerwartet, so revolutionär!

Die Kirche soll Jesu Beispiel folgen! Wie kann das heute konkret ausschauen? Diese Haltung der Offenheit, diese Haltung der herzlichen Begrüßung?

Aber bevor wir diese Frage beantworten können, ist vielleicht noch ein Perspektivenwechsel notwendig. Zachäus ist nicht nur quasi ein Prototyp für viele moderne Menschen, die mehr oder weniger fremd der Kirche sind. Jesus will so offen und herzlich auch auf uns zugehen. Und diese Erfahrung „Jesus geht offen, herzlich und bedingungslos auf mich zu" ist die Basis, um auf andere offen, herzlich und bedingungslos zuzugehen und damit Jesu Vorbild zu folgen.

Bei jeder Eucharistiefeier feiern wir das: Jesus kommt zu uns und hält ein Festmahl mit uns: offen, herzlich und bedingungslos. Es ist wichtig, dass wir uns das immer wieder klarmachen. Wenn Sie heute vor zum Altar gehen, um den Leib Christi zu empfangen, dann können Sie innerlich leise zu sich selber sagen: „So wie Jesus Zachäus offen, herzlich und bedingungslos eingeladen hat, so lädt er heute mich ein."

Nochmals: Die Kirche, wir Christen sollen Jesu Beispiel folgen! Wie kann das heute konkret ausschauen? Diese Haltung der Offenheit, diese Haltung der herzlichen Begrüßung?

Diese Frage will ich bewusst nicht beantworten. Sie soll vielmehr als Herausforderung stehen bleiben. Eine Herausforderung für uns alle!

Denn ich kann nicht voraussehen, wann mir oder Ihnen ein Zachäus begegnet, den ich oder Sie offen empfangen könnten. Das einzige, was ich sagen kann: es braucht eine gewisse Wachsamkeit im Alltag, um den kleinen Zachäus auf dem Maulbeerfeigenbaum nicht zu übersehen.

32. Sonntag im Jahreskreis: Spuren für die Ewigkeit bei ihm

Siehe „Exerzitien der Nächstenliebe"
Predigt zur 52. Woche

33. Sonntag im Jahreskreis: Beethovens letzte Sonate

Die letzte Klaviersonate von Beethoven, Sonate op. 111, ist etwas ganz besonderes. Sie besteht aus nur zwei Sätzen, die nicht unterschiedlicher sein könnten. Der erste Satz wild, heftig, dunkel, niederschmetternd. Der zweite Satz ruhig, fließend, melodiös, zart. Sie ist so besonders, dass sie in Thomas Manns Roman „Doktor Faustus" sieben Seiten lang besprochen wird. Kein klassisches Werk bekommt in diesem Roman mehr Aufmerksamkeit geschenkt. Ich kenne diese Sonate schon lange, schon als Jugendlicher habe ich sie mit größter Faszination gehört. Später auch einigermaßen eingeübt, soweit es meine technischen Möglichkeiten zuließen - jedoch sie bleibt eine technische und musikalische Herausforderung!

Aber erst vor kurzem wurde mir klar, dass sie auch als ein theologisches Gleichnis interpretiert werden kann.

Der erste Satz schildert die Zerrissenheit der Welt: Kriege, Zerwürfnisse, Aufbau und Zerstörung, Hektik und Umtriebigkeit. Wie wild treibt die Zeit die Menschheitsgeschichte weiter. Genauso erleben wir vielleicht manchmal unser eigenes Leben: Ein Ereignis jagt das andere. Das eine ist mitnichten verarbeitet – schon kommt das nächste Problem, Unglück, Herausforderung, was auch immer.

Aber wie oft wirft es uns um und zerreißt es uns. Gleich der Anfang der Sonate ist so eine Erschütterung. Zwei Mal zwei kurze Schläge, die sich mit einem Triller nur unwesentlich beruhigen – und gleich wieder zwei Mal zwei kurze Schläge.

Anfang der Sonate, Takte 1-6

Der ganze erste Satz ist dann von schnellen Läufen geprägt. Die erschütternden Ereignisse treiben uns an und sie schmerzen richtig. Dazwischen kurze Momente einer Klage,

einer Sehnsuchtsphrase. Aber es ist nicht viel Zeit für diese Klage. Die Ereignisse überschlagen sich weiter. Die Läufe überrollen in der Musik weiter die Klage. Wenn Sie nun einen Ausschnitt dieser Musik hören, welche Bilder und Assoziationen kommen Ihnen?
Wir hören die Exposition, Takte 17-69.
Ich denke auch an die Menschen in Syrien, die sich vor Bombenangriffen fürchten müssen, die verzweifelt nach Essen suchen. Ärzte, die in Kriegsgebieten Notoperationen durchführen müssen.
Ich denke auch insgesamt an die Weltpolitik: Allein in den letzten 10 Jahren erlebten wir eine Finanzkrise, die nicht voll verarbeitet ist, dann die Griechenlandkrise, dann die kurze Hoffnung mit dem arabischen Frühling und gleich darauf Entsetzen: Eskalation der Gewalt in Syrien, Auftrumpfen des Islamischen Staates, Flüchtlinge bekommen in den Flüchtlingslagern zu wenig zum Leben und flüchten weiter nach Europa. Kurzes Aufblitzen von Menschlichkeit durch Angela Merkel und schon geht das Gerangel der Machtkämpfe in Europa weiter!
Ich denke auch an das heutige Evangelium: Und wenn ihr von Kriegen und Unruhen hört, lasst euch dadurch nicht erschrecken! Ein Volk wird sich gegen das andere erheben und ein Reich gegen das andere. Es wird gewaltige Erdbeben und an vielen Orten Seuchen und Hungersnöte geben.
Mit dem zweiten Satz treten wir in eine völlig andere Welt ein: Wunderbar ruhig beginnt er mit einer zärtlich-gelassenen Melodie. Sie spüren sofort die Schönheit und Ruhe!
Arietta: das Thema Takt 1-16.
Dieses Thema wird nun drei Mal immer lebendiger und freudiger ausgeweitet und ausgestaltet. In der dritten Variation scheint Beethoven schon jazzmäßig zu swingen. Begeistert, ausgelassen und voll Freude genießt die Musik sich selber! Dann folgt ein langer zweiter Teil des zweiten

Satzes: Hier fließt alles meditativ! In dem Fließen scheint die Zeit still zu stehen – paradox, aber es ist so!
Der zweite Satz ist für mich zu einem Gleichnis für die innere Verbundenheit mit Gott geworden und zu einem Gleichnis für die Stille und die Freude und den Frieden, den das Gebet uns schenken kann. Ja dieser Satz ist fast wie ein Verlauf einer Meditation, einer Anbetung vor dem Allerheiligsten, eine stille Zwiesprache mit Jesus Christus und ein Ruhen an seiner Seite. Jeder, der schon öfters meditiert hat oder stilles Gebet zu Christus gepflegt hat, wird in dieser Musik verschiedene Phasen und Seiten einer solchen Gebetszeit erkennen: Ruhiges vor Jesus sein. Anwachsende Freude. Stilles in die Stille lauschen. Zärtliches verweilen. Sehnsüchtiges suchen und tasten. Einfaches bei Christus sein. Dann kommt noch eine weitere Einsicht: Und manchmal ist man im Gebet auch so hin und her geworfen wie im ersten Satz!
Wie kann man diese zwei Sätze so unvermittelt nebeneinander stellen? Der 1. Satz in c-moll endet zwar etwas ruhiger und in C-Dur, in derselben Tonart, in der auch der 2. Satz beginnt und endet. Aber das ist die einzige Verbindung.
Die Spur einer Antwort kann uns eine rabbinische Geschichte, die Martin Buber überliefert hat, geben: Der Faden der Gnade. Als Rabbi Jizchak Eisik [...] noch kaum dem Knabenalter entwachsen war, fragte ihn einmal sein Vater, dessen einziger Sohn er war: „Wie verstehst du das Wort unserer Weisen: „Wer sich bei Nacht mit der Lehre befasst, zu dem zieht Gott bei Tag einen Faden der Gnade hin"? Wir stehen doch immer mitternachts auf und befassen uns mit der Lehre, und doch sind wir bei Tag in großer Not und Bedrängnis. Wo ist da der Faden der Gnade?" Der Knabe antwortete: „Vater, dass wir dennoch, ohne der Bedrängnis zu achten, Mitternacht um Mitternacht aufstehen und uns mit der Lehre befassen, eben das ist der Faden der Gnade."[60]

Der Faden der Gnade ist nicht dadurch erkennbar, dass uns Leid erspart bleibt. Der Faden der Gnade zeigt sich in der Kraft, dass wir im Leid uns trotzdem zu Gott wenden und in ihm Halt suchen und finden. Schon das immer neue Hinwenden und Suchen ist durch die Gnade bewirkt.
Aber wer das so erkennt, dem erscheint auch das Leid rückblickend in einem neuen Licht. Ich will es musikalisch ausdrücken: Wer nur den 1. Satz von Beethovens letzter Sonate hören würde, hat eine andere musikalische Erfahrung als derjenige, der die ganze Sonate hört. Dem Hörer erstrahlt der 1. Satz in einem neuen Licht, nachdem der Schlussakkord des zweiten Satzes verklungen ist: Gott hat uns auch durch diese Dunkelheit geführt, auch wenn der Faden der Gnade nur indirekt und im Nachhinein erkennbar ist!
Der Musiklehrer Kretzschmar in Thomas Manns Roman Doktor Faustus unterlegt in seinem Vortrag über die Sonate der letzten Melodie im zweiten Satz verschiedene Worte.
Die Melodie ist ganz schlicht folgende:
Orgel spielt langsam singend: c´, cis´, d´, g, g
Man könne nach Kretzschmar auf diese Melodie folgendes singen: Leb´ mir ewig wohl! ODER: Nun vergiss der Qual! ODER: Groß war Gott in uns!
Thomas Mann lässt Kretzschmar über den letzten Melodiebogen sagen: „und dieses hinzukommende cis ist die rührendste, tröstlichste, wehmütig versöhnlichste Handlung von der Welt."[61]
Das ist auch der Faden der Gnade: Mit der Gnade erkennen wir, dass Gott groß in uns war und ist, dass die Qual nun geheilt wird, dass dieser Rückblick mit der Gnade Versöhnung schenkt.
2. Satz Takt 161 bis Ende.
UND-Theologie Diese Sonate ist die große Sonate einer UND-Theologie, einer UND-Lebensauffassung! Was meine ich damit?

- Das Leben und die Welt ist Ort für Leid UND Heil.
- Das Leben und die Welt ist Ort für Zerrissenheit UND Versöhnung.
- Das Leben und die Welt ist Ort für Gottferne UND Gottnähe.
- Das Leben und die Welt ist Ort für Tat UND Ruhe, für Aktion UND Kontemplation, für Selbstverantwortung UND Gnade.

Es gibt Theologien, Lebensauffassungen, Spiritualitäten, die diese Spannung auflösen möchten. Sie meinen, sie könnten Leid, Zerrissenheit, Hektik auf irgendeine Weise, durch eine Methode, einen Meditationsweg, durch Erleuchtung oder was auch immer auflösen und zu einer neuen Lebensform der ultimativen Gelassenheit gelangen. Für mich ist das Weltflucht! Das ist nicht Christlich: Jesus ging vom Berg Tabor nach unten, stellte sich seinen Gegnern und nahm das Kreuz auf sich.

In seiner Nachfolge sein, heißt das UND zu leben.

Wer das UND vom ersten und zweiten Satz der letzten Beethovensonate lebt, der wirkt durch den Faden der Gnade, der ihm geschenkt wird, heilend in dieser Welt!

Christkönig: Jesus Christus ist der Kyrios!

Lk 23, 35b-43
Wir feiern heute das Fest Christkönig. Es wurde erst 1925 eingeführt. In der Alten Kirche, in der viele Christen noch griechisch sprachen, hätte man dieses Fest Kyrios-Fest genannt: Jesus Christus ist der Kyrios, der Herrscher.
Kyrios bezeichnet im Griechischen den Herrscher eines Landes. Für die Christen ist Jesus Christus der wahre Kyrios der Welt, der König des Kosmos! Wenn wir am Anfang des Gottesdienst sprechen „Kyrie eleison", Herr erbarme dich, dann begrüßen wir Christus als Kyrios, als den Herrn und König der Welt. Auch wenn uns das nicht mehr so bewusst ist – in jedem Gottesdienst am Anfang bekennen wir, dass wir Jesus Christus für den wahren König, den Herrscher der Welt halten. Und genau das feiern wir heute am Christkönigsfest ganz bewusst.
In einem Christen im ersten Jahrhundert, der die Paulusbriefe und Evangelien las, löste der Satz „Jesus ist der Kyrios!" viele Assoziationen aus. Es lohnt sich für uns heute besonders am Christkönigsfest, diesen verschiedenen Bedeutungsaspekten nachzugehen.
Gegenwärtig Für einen solchen Christ bedeutet Kyrios, dass der Herr lebt, in der Gemeinde gegenwärtig ist, dass er handelt und die Mitte der Gemeinde ist. Das erfährt der Christ besonders in der Tischgemeinschaft und in der Erinnerung an das letzte Abendmahl. Diese Gemeinschaft mit dem Kyrios ist auch Maßstab für das Alltagsleben und Gemeindeleben.
Persönlich Zum Kyrios Jesus Christus pflegt jeder Christ eine persönliche Beziehung. Jeder kann zu ihm beten. Der Christ möchte „im Herrn" leben, die ganze Existenz soll auf den Herrn ausgerichtet sein.

Universell Der Herr ist aber auch König der ganzen Welt, des Kosmos, Herr der Heilsgeschichte, Kyrios der Lebenden und der Toten.
Vollender Und er wird kommen, um die Welt zu vollenden und zu richten. Deswegen rufen die Christen sehnsuchtsvoll: Maranatha – komm, Herr! Damit am Ende „jeder Mund bekennt: Jesus Christus ist der Herr." Phil 2,11
Spannend und wertvoll wird der Titel Kyrios für uns, wenn wir uns auch die **kritischen Diskussionen** klar machen, die mit diesem Titel verbunden waren und sind.
Paulus schreibt z. B. im Römerbrief: „Wenn du mit deinem Mund bekennst: „Jesus ist der Herr!", dann wirst du gerettet." Röm 10,9. Ja es ist wirklich etwas Neues und Entscheidendes, Jesus als Herrn zu bekennen. Damit anerkennt man Jesu göttlichen Ursprung. Denn als Herr, als Kyrios wurde im griechischen Alten Testament, der Septuaginta, nur Gott bezeichnet. Christen bekennen auch Jesus als Kyrios.
Aber schon Jesus selbst sagte: „Nicht jeder, der zu mir sagt, Herr!, Herr!, wird in das Himmelreich kommen, sondern nur, wer den Willen meines Vaters erfüllt!" (Mt 7,12) Es reicht also doch nicht, nur das Bekenntnis „Jesus ist der Herr!" kundzutun.
Ist das ein Widerspruch zu Paulus? Man darf nicht Bekenntnis und Lebenspraxis voneinander trennen. Wer Jesus als den Herrn anerkennt, der steht in seiner Nachfolge und soll Jesu Praxis und Ethik zum Vorbild nehmen. Es reicht also nicht, nur zum Auferstandenen zu beten. Man muss sich auch mit dem Leben, Reden und Handeln Jesu auseinandersetzen, damit der Kyrios Jesus auch unser Lehrer werden kann. Diese Gefahr, den irdischen Jesus als Vorbild zu vernachlässigen, bestand in der ganzen Kirchengeschichte und besteht auch noch heute. Jünger Jesu sein heißt, sein Kreuz auf sich zu nehmen und ihm nachzufolgen. Nur in dieser Nachfolge kann man immer mehr das Wunder, das unglaubliche Paradox

verstehen, dass der Kyrios eben nicht ein mächtiger Herrscher sondern der Gekreuzigte ist! Davon spricht ja auch das heutige Evangelium.

Denn der Herr Jesus ist eben nicht ein typischer Herrscher: **Ohne Triumphalismus!** Seine Macht zeigt sich in seinem Dienst! Dostojewskij hat darunter gelitten, dass oft in der Kirchengeschichte von Klerikern diese Haltung vergessen wurde. So schrieb er die Geschichte „Der Großinquisitor". Jesus kehrt darin zurück und die Menschen spüren sofort, dass er der Heiland ist. Der Großinquisitor will den zurückgekehrten Jesus wieder wegschicken, weil die Kirche nun triumphal da steht und sich als perfekte Gesellschaft präsentiert, in der die Geistlichen mit harter Hand, oft willkürlich, manipulativ und despotisch herrschen können. Er weiß, dass der Herr Jesus ein anderes Herrschaftsmodell vorlebte und sich für seine Kirche gewünscht hat: Einander in Demut dienen, so wie er es in der Fußwaschung vorgelebt hat. Wer aber sich wirklich auf Jesus Christus einlässt, der wird vom Herrn selbst geformt. „Sich dem Herrn unterwerfen" heißt, sich von der Wirklichkeit Christi prägen und formen zu lassen. Sich von Christus formen lassen, das ist Erlösung und Heilung.[62] Der Herr selbst gibt mir die Kraft, damit ich mich mehr und mehr auf ihn ausrichten kann.

Der Herr Jesus Christus ist Herr der Geschichte: Deswegen darf man auch im Namen des Glaubens die Leiden jetzt und in der Geschichte nicht verharmlosen, indem man aufs Ende der Zeiten vertröstet. Sein Reich, das Reich Gottes beginnt jetzt schon. Und gleichzeitig gilt: Bis zum Ende der Zeiten wird dem Reich Gottes Gewalt angetan. Es gibt genügend Kräfte, die immer wieder durch Gewalt, Habgier, Machtsucht und Ehrsucht das Wachsen des Reiches Gottes behindern.

Umso mehr man Christus als den Herrn der Geschichte bekennt, umso mehr fragt man vielleicht wie ein Kleinbauer

in El Salvador: „Aber, Padre, wenn Gott wirklich in der Geschichte handelt, wann ist das alles zu Ende? Warum dauert dann der Krieg nun schon so viele Jahre? Warum gibt es dann diese Tausenden von Toten? Was ist los mit Gott?"[63]
Vielleicht sollte man da an das alte Gebet erinnern, dass Christus keine Hände hat außer unsere Hände, um das Gute zu tun. Wir Gläubigen, so sagt auch Paulus, sind der Leib des Auferstandenen. Man kann also sagen: Um Herr zu sein, „braucht er" uns.[64] Gleichzeitig gilt: Nur durch die Kraft des Herrn können wir ihm nachfolgen und am Aufbau seines Reiches mitwirken.

Und nur durch seine Kraft haben wir den Mut, ihn gegen die zerstörerischen Mächte dieser Welt als DEN Herrn und Kyrios zu bekennen. So zum Beispiel die Brüder Johann und Karl Kinle, die 1934 das bekannte Lied verfassten: Zum ewgen Hohenpriester, zum König aller Welt, hat, Christus, dich der Vater gesalbt und auserwählt. Sie bekennen damit: Ein Adolf Hitler ist nicht der wahre Kyrios und sein Tausendjähriges Reich bringt nicht das Heil!

Was heißt es heute zu sagen: Jesus Christus ist der Kyrios, der König der Welt!? Welche falschen Mächte werden dadurch entlarvt? Ein Beispiel: Immer mehr Lebensbereiche werden unter die Marktlogik gestellt. Das jetzige Finanzsystem dient weniger den Menschen, eher verknechtet es uns und schafft soziale Ungerechtigkeiten weltweit. Wenn wir als Christen sagen, Jesus ist der Kyrios der Welt, dann sagen wir damit auch: Herr der Welt ist nicht die totale Marktlogik. Denn Jesus Christus, der König der Welt, erlöst, heilt und befreit.

Allerheiligen: Werden wir, was wir sind.

Paulus schreibt am Anfang seiner Briefe oft: „Ihr Heiligen" in Ephesus, in Philippi oder in Rom. Alle Gemeindemitglieder waren für Paulus Heilige. „Alle Heilige" heißt für Paulus mindestens alle Getauften. Wir denken dagegen bei dem Fest Allerheiligen an alle Heiligen, die die Kirche heilig gesprochen hat. Wir denken an besondere Menschen, die ein besonders heiliges Leben geführt haben. Wie geht beides zusammen? Alle Heiligen – alle Getauften oder alle Menschen, die besonders heilig gelebt haben?

Eine Antwort auf diese Frage kann uns der Kirchenlehrer Irenäus von Lyon bieten. Ihm fiel auf, dass im Schöpfungsbericht Gott sagt: „Lasst uns Menschen machen als unser Abbild, uns ähnlich." Gen 1,26. Meint Abbild und Ähnlichkeit dasselbe? Irenäus jedenfalls versteht die beiden Wörter unterschiedlich. Der Mensch wurde als Ebenbild, als Abbild Gottes erschaffen. Die Gottähnlichkeit aber ist das Ziel des menschlichen Lebens.[65]

Heilige wurden Gott ähnlich Jeder Mensch ist Gottes Ebenbild und somit heilig. Die Aufgabe des Lebens ist, das immer mehr zu erkennen und aus dieser inneren Heiligkeit, dem heiligen Geist in uns zu leben. Denn Gott hat in seiner Weisheit entschieden, dass er nicht vollkommene Wesen erschafft, sondern Menschen, die sich in Freiheit dazu durchringen und entschließen können, Gott und ihre Mitmenschen zu lieben. Die Heiligen, die die Kirche heilig gesprochen hat, sind diesen Weg gegangen. An ihnen können wir einen Weg der Reifung und des Wachstums erkennen. Sie haben mit der Zeit immer mehr Selbstlosigkeit, Güte, Nächstenliebe, Barmherzigkeit, Verantwortlichkeit, Mut, Ausdauer, Aufrichtigkeit und Weisheit entwickelt. Sie wurden Gott ähnlich. Sie wurden Christus ähnlich. Sie strahlen ihre Gottebenbildlichkeit aus. Sie wurden, was sie sind und schon immer waren: Menschen, beseelt vom Heiligen Geist.

Wie reifen wir? Aber wie vollzeiht sich dieser Wandel? Wie werden wir die Heiligen, die wir eigentlich schon sind? Nicht allein durch eigene Kraft sondern durch die Schule des Lebens und durch die Gnade. Der Theologe Armin Kreiner stellt uns ein interessantes Gedankenspiel vor: „Angenommen, wir hätten als Eltern die Wahl, unsere Kinder in einem völlig schmerz- und leidfreien Paradies, einem Schlaraffenland ungetrübter Lust und Freude aufwachsen zu lassen. Ein auf den ersten Blick verlockender Gedanke! Man würde uns dann aber erklären, dass unsere Kinder niemals das Bedürfnis entwickeln werden, ihre Umwelt zu ergründen und zu erforschen. Sie werden dazu nämlich überhaupt keinen Anlass haben. Auch Werte wie Rücksichtnahme, Selbstlosigkeit und Mitgefühl werden für immer Fremdwörter für sie bleiben. In ihrem Paradies sind diese Werte nämlich allesamt überflüssig."[66]

Überlegen Sie: Würden Sie sich dann trotzdem wünschen, dass Ihre Kinder im Schlaraffenland aufwachsen, oder doch lieber vorziehen, dass Ihre Kinder in dieser Welt mit ihren Irrungen und Wirrungen aufwachsen?

Gewiss wäre eine bessere Welt als unsere wünschenswert. Aber gerade dass solche Verbesserungen notwendig und möglich sind, macht diese Welt zu einem Ort, der uns zu einem Prozess der Seelenbildung einlädt. Die Welt, das Leben, der Alltag provoziert uns immer neu dazu, unsere Heiligkeit zu entdecken und zu verwirklichen. Gerade die Herausforderungen in dieser Welt lassen uns reifen!

Diese Überlegungen sind auch ein kleiner Beitrag, um etwas verstehen zu können, warum Gott diese Welt und den Menschen so erschaffen hat. Dieser Beitrag ist nicht die umfassende Antwort für die Theodizeefrage – die Frage, warum Gott so viel Leid in seiner Schöpfung zulässt. Diese Frage wird wohl erst in der Vollendung für uns eine Antwort finden. Aber dieser Beitrag ist ein uns selbst anspornender Antwortversuch![67]

Heißt das nun, dass wir lernen sollen, alles immer besser, perfekter zu machen? Das eben gerade nicht, wie eine schöne Geschichte von Franziskus und Bruder Leo uns zeigt:

Der Heilige Franziskus war mit Bruder Leo unterwegs. Sie überquerten einen Bach und bewunderten die Klarheit des Wassers. „Franziskus bemerkte, dass Bruder Leo traurig geworden war. Er sprach ihn an: „Du grübelst, scheint mir." „Ja, wenn uns ein bisschen von dieser Reinheit vergönnt wäre, dann hätten auch wir die närrische, überbordende Freude unserer Schwester Quelle und die unwiderstehliche Kraft ihres Wassers." Ein abgründiges Heimweh schwang in Leos Worten. Er starrte melancholisch auf den Bach - ein Bild der Reinheit, die sich dem Menschen für immer versagt.

„Komm", sagte Franziskus und zog ihn mit sich. Die beiden machten sich wieder auf den Weg. Sie schwiegen eine Weile, dann fragte Franziskus „Weißt du, Bruder, was ein reines Herz ist?" „Wenn man sich nichts vorzuwerfen hat", antwortete Leo, ohne lange zu überlegen. „Dann verstehe ich, dass du traurig bist, irgendetwas hat man sich immer vorzuwerfen." „Eben, und deshalb habe ich die Hoffnung auf ein reines Herz aufgegeben." „Ach, Bruder Leo, kümmere dich nicht so sehr um die Reinheit des Herzens! Sieh auf Gott! Bewundere ihn! Freu dich, dass es ihn gibt, ihn, den ganz und gar Heiligen! Danke ihm um seiner selbst willen. Eben das, mein kleiner Bruder, heißt ein reines Herz haben. Und wenn du dich so Gott zugewandt hast, wende dich vor allem nie auf dich selbst zurück! [...] Die Trauer darüber, dass man nicht vollkommen ist und dass man den Sünder in sich entdeckt, ist ein noch menschliches, ein allzu menschliches Gefühl. [...]"

„Aber Gott verlangt, dass wir uns bemühen und ihm treu bleiben", wandte Bruder Leo ein „Gewiß, aber [...] Heiligkeit ist zuerst einmal Leere, die man in sich vorfindet, die man akzeptiert und die Gott in eben dem Maße ausfüllt, in dem man sich seiner Fülle öffnet."[68]

Diese Antwort von Franziskus verdeutlicht uns, dass wir die Reifung nicht selber allein machen müssen. Gott in seiner Gnade bewirkt unsere Heiligung. Wir arbeiten an dieser Heiligung mit, indem wir unsere Leere ihm hinhalten, auf ihn schauen und in unserem Leben uns unseren Herausforderungen stellen.

Anmerkungen:

[1] Wladimir Solowjew: Schriften zur Philosophie, Theologie und Politik, München 1991, S. 192f.
[2] Wladimir Solowjew: Schriften zur Philosophie, Theologie und Politik, München 1991, S. 193.
[3] Marx, Reinhold: Christsein heißt politisch sein. Wilhelm Emmanuel von Ketteler für heute gelesen, 2011, S.47f
[4] Marx, Reinhold: Christsein heißt politisch sein, 2011, S.61f.
[5] Marx, Reinhold: Christsein heißt politisch sein, 2011, S.7.
[6] Jon Sobrino: Der Glaube an Jesus Christus. Eine Christologie aus der Perspektive der Opfer, 2007, S. 457f.
[7] Jon Sobrino: Der Glaube an Jesus Christus, 2007, Vgl. S. 459.
[8] Jon Sobrino: Der Glaube an Jesus Christus, 2007, S. 459.
[9] Jon Sobrino: Der Glaube an Jesus Christus, 2007, S. 229.
[10] Jon Sobrino: Der Glaube an Jesus Christus, 2007, S.237.
[11] Vgl. Walter Simonis: Glaube und Dogma der Kirche: Leitfaden der Katholischen Dogmatik nach dem Zweiten Vatikanum, 1995.
[12] Halik: Nachtgedanken eines Beichtvaters, 1998, S.122.
[13] Walter Wink: The Powers that be, 1998, S. 31.
[14] Walter Wink: The Powers that be, 1998, S. 32.
[15] Halik: Nachtgedanken eines Beichtvaters, 1998, S.226.
[16] Sander, Hans-Joachim: nicht verleugnen. Die befremdende Ohnmacht Jesu, 2001, S.77f.
[17] Vgl Sander, Hans-Joachim: nicht verleugnen. Die befremdende Ohnmacht Jesu, 2001, S. 157
[18] Jon Sobrino: Der Glaube an Jesus Christus, 2007. S. 137.
[19] Deleuze, G.: Differenz und Wiederholung, München 1992, S. 281.
[20] Bergson, H.: Bewusstsein und Leben, in: Seelische Energie, Jena 1928, S. 21f.
[21] Jalics, F.: Miteinander im Glauben wachsen, 1982, S. 46.
[22] Jalics, F.: Miteinander im Glauben wachsen, 1982, S. 46.
[23] Jon Sobrino: Der Glaube an Jesus Christus, 2007, S. 206.
[24] Vgl. Striet, M.; Tück, J-H.: Die Kunst Gottes verstehen Hans Urs von Balthasars theologische Provokationen, 2005 Freiburg, S. 101.
[25] Vgl. Striet, M.; Tück, J-H.: Die Kunst Gottes verstehen Hans Urs von Balthasars theologische Provokationen, 2005 Freiburg, S. 109.
[26] Taylor, Charles: Das Unbehagen an der Moderne, 2014, S. 94.
[27] Taylor, Charles: Das Unbehagen an der Moderne, 2014, S. 57.

[28] Taylor, Charles: Das Unbehagen an der Moderne, 2014, S. S.89.
[29] Der Weg des Schweigens. Ein Brief zur Anleitung, vom Autor der „Wolke des Nichtwissens", 1984, S.32.
[30] Ama Samy: ZEN. Erwachen zum ursprünglichen Gesicht, 2002, S. 71.
[31] Zitiert nach Frankemölle, H.: Der Jude Jesus und der christliche Glaube, in: Der Glaube der Christen. Ein ökumenisches Handbuch, München/Stuttgart 1999, S.602f.
[32] Sobrino, J.: Christologie der Befreiung Bd.1, Mainz 1998, S.35.
[33] Sobrino, J.: Christologie der Befreiung, S.63.
[34] Quelle leider unbekannt
[35] Vgl. Jon Sobrino: Der Glaube an Jesus Christus, 2008. S. 266-294.
[36] Jon Sobrino: Der Glaube an Jesus Christus, 2007, S. 497f.
[37] Siehe Ernesto Cardenal: Das Evangelium der Bauern von Solentiname, 1980, Bd.1, S.95ff.
[38] Rahner, H.: Ignatius von Loyola als Mensch und Theologe, Freiburg 1964,. S. 218.
[39] Hugo Rahner: Ignatius der Theologe. S. 227
[40] Karl Rahner/Paul Imhof: Ignatius von Loyola, 1978, S.11.
[41] Karl Rahner/Paul Imhof: Ignatius von Loyola, 1978, S. 12.
[42] Karl Rahner/Paul Imhof: Ignatius von Loyola, 1978, S. 23.
[43] Karl Rahner/Paul Imhof: Ignatius von Loyola, 1978, S. 23.
[44] Maria Lopez Vigil: Oscar Romero. Ein Porträt aus tausend Bildern, 1999, S.238-240.
[45] Maria Lopez Vigil: Oscar Romero, 1999, S. 161
[46] Berdjajew, Nikolai: Versuch einer eschatologischen Metaphysik, 2001, Seite 286.
[47] Berdjajew, Nikolai: Versuch einer eschatologischen Metaphysik, 2001, Seite 286.
[48] Vgl. Predigt Mariä Himmelfahrt in: Rahner, Karl: Das große Kirchenjahr, hg. Albert Raffelt, 1987, S. 494-501.
[49] Ama Samy: Zen. Erwachen zum ursprünglichen Gesicht, Seite 35.
[50] Ebner S. 122. Vgl auch Martin Ebner: Jesus von Nazaret. Was wir von ihm wissen können, 2004. Bibel heute, Thema „Jüngerinnen und Jünger Jesu", 2013/3. Ebner S. 122.
[51] ZEIT 4.8. Nr33/2016 Gero von Radow: Vorwärts und nicht vergessen.
[52] ZEIT 4.8. Nr33/2016 Gero von Radow: Vorwärts und nicht vergessen.
[53] Kurze Geschichte der Menschheit
[54] Vgl. Zizek, Slavjo: Psychoanalyse und die Philosophie des deutschen Idealismus, 2008, S. 269f
[55] DH 4448f

[56] Zitat Rawls, in: Recht. Gerechtigkeit. Menschenrechte. Kurshefte Ethik/Philosophie, hg. Brigitte Wiesen, Barbara Brüning, 2001, S. 46
[57] ZEIT 6.9. Nr33/2009 Stephen Green: Moral für Banker.
[58] Vgl. Pflaum: „Schöner und erhabener Gottesdienst", 2011.
[59] Rahner, Karl: Schriften zur Theologie, Bd 7, S. 22.
[60] Buber, Martin: Die Erzählungen der Chassidim, 2006, S. 708.
[61] Thomas Mann: Doktor Faustus, 1997, S. 73.
[62] Vgl. Jon Sobrino: Der Glaube an Jesus Christus, 2007, S.253.
[63] Jon Sobrino: Der Glaube an Jesus Christus, 2007, S. 256.
[64] Jon Sobrino: Der Glaube an Jesus Christus, 2007, Vgl. S. 259.
[65] Vgl. Armin Kreiner: Gott und das Leid, 1999, S. 162.
[66] Armin Kreiner: Gott und das Leid, 1999, S. 165-167.
[67] Vgl. Darstellung John Hick: Das Übel und der Gott der Liebe, Armin Kreiner: Gott und das Leid, 1999, S.160-178.
[68] Jalics, F.: Kontemplative Exerzitien, 1994, S. 262f.